协商民主与国家治理

中国深化改革的新路向新解读

Deliberative Democracy and Governance

陈家刚 著

中央编译出版社
Central Compilation & Translation Press

总　序

中央编译出版社计划在该社近年出版的《危机与未来》、《敬畏民意》和《幸福与尊严》等书的基础上，推出"前瞻未来"系列，请我写几句话，作为引言。我欣然答应，因为这几本书或由我编著，或有我参与。更重要的是，我也想借此机会就"前瞻未来"发点议论。

顾名思义，"前瞻未来"就是向前看，放眼前程，思考即将面临而尚未来临的问题。这一点对于极其重视传统的我们中华民族来说，对于我们所处的这个全球化时代来说，尤其重要。曾几何时，我们开始习惯于悖逆性思维。言必称三王，行必提尧舜，理想的时代必定在古代。即使欲对传统有所突破，也要"托古改制"。带着沉重的怀古情节来观察和评判现实，一看到或听到新的观点和理论，往往不是冷静地分析，而是根据既定的标准进行指摘和抵触，这是我们长期以来的思维定式。这种思维定式束缚人们进行观念创新，不利于思想解放，而思想的解放通常是改革创新的必要前提。在我看来，扭转这种传统思维定式的有效途径，就是革新思维方式，在不忘记历史、往后回看传统的同时，把更多的眼光放在未来，仰望星空，眺望远景，超越时代，超越眼前。

人类已经进入了全球化和网络化的时代。全球化是人类历史中一个漫长而巨大的转变过程，它还刚刚开始，远没有终结。全球化不仅极大地改变了人类的生产方式、消费方式和交换方式，也极大地改变了人类的思维方式和行为方式。全球化正在强化我们的过程思维，要求我们特别重视前瞻性思维和理论创新。全球化是现代化的延伸，是对传统的超越，无情地摧毁了过去的各种理想模式。在全球化时代，过去的和现存的每一种社会生活模式都暴露出其固有的缺点。它迫使人们进行前瞻性的思考，把理想模式建立在未来，而不再是过去。在这样一种背景下，对于学术研究而言，进行前瞻性的思考和分析，显得前所未有的重要。

"前瞻未来"不仅仅是一个时间的维度，也是一个发展的维度。这就是说，我们不仅要放眼将来，也要放眼全球，看看其他国家有哪些方面比我们先走一步，其今天的成就和问题，可能是我们明天的现实。从世界历史的角度看，全球化实际上是人类发展的一个新阶段。其基本特征是，在经济一体化的基础上，世界范围内产生一种内在的、不可分离的和日益加强的相互联系。全球化要求我们在进行纵向思维的同时，特别重视横向的比较思维。全球化的重要特征是社会的政治经济发展和人类生活的跨国性，它迫使人们更多地进行横向的思维，即跳出自己狭隘的历史经验，善于学习其他文明的先进要素，善于吸取其他国家在现代化过程中的经验教训。只有这样才能学到发达国家的优点，而避免重蹈它们的覆辙。

"前瞻未来"不是凭空臆想，无的放矢。相反，任何对未来发展的科学分析和正确预测，都必须脚踏实地，从观察和分析现实问题开始。没有对现实的调查研究，就没有对未来的发言权。前瞻未来，归根结蒂是为了解决我们在现代化建设中可能遇到的问题，应对我们在社会政治经济发展中可能遇到的挑战。毫无疑问，没有对中国现实问题的深刻把握，没有对人类眼前境况的透彻了解，对中国和世界未来的前瞻也必定是空中阁楼，没有坚实的基础，难以承载重要的学术使命和政治使命。因而，"前瞻未来"也应当是对重大时代议题的历史的、动态的、过程的和远景式的观照。

上面所说的，既是我对"前瞻未来"的理解，也是我对本系列丛书的期望。

俞可平

2013 年 11 月 27 日晚于京郊方圆阁

目录 | Contents

导　论 …………………………………………………… 1

协商民主

协商民主研究在东西方的兴起与发展 …………………… 3
协商民主的价值、挑战与前景 …………………………… 40
协商民主：概念、要素与价值 …………………………… 59
借鉴现代民主理论新成果，大力推进中国特色的协商民主
　　——访中央编译局比较政治与经济研究中心陈家刚博士 … 77
协商民主是不是一种民主形式？ ………………………… 92
协商民主与当代中国的政治发展 ………………………… 97
协商政治与协商民主的内在关系 ………………………… 144
多元文化冲突更加彰显协商民主的价值 ………………… 149
发挥人民政协作为协商民主重要渠道的作用 …………… 155
温岭改革：开启基层协商民主新路径 …………………… 160
把政治协商纳入决策程序，深入推进政治体制改革 …… 165
如何在实践中健全协商民主 ……………………………… 171

健全协商民主制度，积极推进社会主义民主政治建设
　　——访中央编译局比较政治与经济研究中心陈家刚⋯⋯⋯ 174

存量民主

存量民主：政治体制改革新路径⋯⋯⋯⋯⋯⋯⋯⋯⋯⋯ 193
政府创新要善于激活"存量体制"⋯⋯⋯⋯⋯⋯⋯⋯⋯ 202
在学习和实践中推进党内民主⋯⋯⋯⋯⋯⋯⋯⋯⋯⋯ 207
民主政治建设要有新突破⋯⋯⋯⋯⋯⋯⋯⋯⋯⋯⋯⋯ 211
尊重人民，以人民为师是民主政治建设的根本⋯⋯⋯⋯ 216

顶层设计

政治体制改革需要顶层设计⋯⋯⋯⋯⋯⋯⋯⋯⋯⋯⋯ 223
"顶层设计"之辩⋯⋯⋯⋯⋯⋯⋯⋯⋯⋯⋯⋯⋯⋯⋯ 232
从政府管理走向政府治理⋯⋯⋯⋯⋯⋯⋯⋯⋯⋯⋯⋯ 240
政府创新与民主：一个分析框架⋯⋯⋯⋯⋯⋯⋯⋯⋯ 245

生态文明

生态文明与生态治理⋯⋯⋯⋯⋯⋯⋯⋯⋯⋯⋯⋯⋯⋯ 275
生态文明与协商民主⋯⋯⋯⋯⋯⋯⋯⋯⋯⋯⋯⋯⋯⋯ 279

导 论

从走出蛮荒、走向文明伊始，人类就从未停止过对一种最适宜自身发展的政治制度的追求。从古希腊雅典的直接民主，到中世纪的城市共和国，以至肇始于近代的现代政治体制，民主是迄今为止人类发现的最适合人类自身的政治形式。民主既是一种有赖于思想者和哲学家加以理论化的价值与理想，也是一种有赖于人民在实践中加以采纳和施行的制度设计。理论家的思考启发、丰富和拓展了后人对于民主的认识；而政治家们也不断地用智慧和实践把民主的理想变成现实。马克思主义者也曾直言，民主是实现人类解放的手段，民主政治是一切国家形式的最终归宿，是国家的最终形式。

虽然民主被奉为人类的共同价值和财富，但是，人们对于民主制度建构的路径选择却是多样的，而且是不断发展和完善的。古希腊时期，公民大会是城邦政治生活的重要场所，每个公民都可以直接参与城邦的公共事务，民主在这个时候表现为直接民主的形式；现代国家建立以后，民族国家的规模问题，使代议制民主应运而生，选举、政党政治、权力制衡等要素变成了民主的主要标志。在人类思想发展和政治试验的不断反复、不断选择的过程中，代议制民主的制度设计赢得了话语权并逐渐成为现实民主政治的主流模式。民主在全球范围内为自己赢得了声誉，在当今世界，几乎没有国家声称自己是不民主的。

中国，具有几千年古老文明的国度，在经历过西方列强"坚船利炮"对"刀枪剑戟"的毁灭性打击之后，也同样走上了认识民主、思考民主、探索民主和实践民主的发展道路。晚清预备立宪的尝试，革命军中"马前卒"的呐喊，建立民国的努力，终于在武昌举义之后变成了现实。但建立民主共和国的道路终究是曲折的。不断的"复辟"、"专制"和"独裁"政治没有带来国家的富强、人民的权益，相反却是无尽的贫穷、饥饿和羸弱。

民族危亡的紧要关头，共产党人面对复杂的国际国内形势，在坚持武装斗争的同时，始终坚持民主价值，用民主理想开启民智；始终着力制度设计，依靠程序保障民权。新民主主义革命时期，共产党人高举自由、民主的旗帜，使人民革命的星火在华夏大地形成燎原之势。人民用投黄豆等方式，在抗日根据地推动了轰轰烈烈的民主选举。在社会主义革命和建设时期，在中国共产党的领导下，逐步发展起现代民主政治的重要支柱，即人民代表大会制度、多党合作与政治协商制度、民族区域自治制度和基层民主制度，当代中国的民主政治制度基本确立。改革开放以来，我们党明确提出没有民主就没有社会主义，就没有社会主义现代化。民主政治建设稳步推进，并在实践中创出两票制、公推公选、民主恳谈、协商对话、预算监督等民主形式，民主的制度化、规范化、程序化程度不断加强，民主政治逐渐走向成熟和完善。

然而，传统与革命的双重路径依赖，使中国共产党带领人民追求民主的过程异常曲折和艰难。改革开放的关键时期，转型给我国发展进步带来巨大活力,同时也诱发了这样那样的矛盾和挑战。例如,执政党精神懈怠的危险、能力不足的危险、脱离群众的危险、消极腐败的危险,更加尖锐地摆在全党、全国人民面前;改革在实践中表现出的浅层次、碎片化和非均衡性特点,诱发了二元结构困境、人口资源环境压力、教育医疗住房安全问题以及固化的利益藩篱;民主法制不健全,社会诚信缺失、道德失范,一些领导干部的"本领恐慌"与新形势新任务不相适应;一些领域的腐败现象仍然比较严重,社会不满情绪日益明显,等等。体制机制的严重障碍说明当代中国在国家治理体制和治理能力方面,面临着新的挑战。

2013年11月9—12日,中共十八届三中全会通过的《中共中央关于全面深化改革若干重大问题的决定》,明确将"完善和发展中国特色社会主义制度,推进国家治理体系和治理能力现代化"作为全面深化改革的总目标,首次在党的历史性文献中明确了"国家治理"的理念,这对于当代中国的发展转型、中国的社会主义现代化事业乃至人类政治文明的发展,都具有重大的理论意义和现实意义。所谓国家治理体系,指的是规范政治权力运行、维护公共秩序、促进公共利益的一系列制度和程序,以及内含于其中的自由、平等、公正等价值观念。国家治理体系是一种民主的治理体系,其公权力的产生和运作必然是遵循民主规则的,其私权利必然是得到保障的,公民、社会、市场和政府之间的界限是明晰的;国家治理体系是一种法治的治理体系,宪法和法律是所有治理主体和全部治理行为的最终权威来源。国家治理体系,在内容上包括政府治理、市场治理和社会治理三个主要的方面。现代的国家治理体系是一个有机的、协调的、动态的和整体的制度运行系统。国家治理体系是政治现代化的重要标志。

人类的政治发展总是遵循着从人治走向法治、从专制走向民主、从神秘走向透明、从集权走向分权、从管制走向服务、从统治走向治理这样的规律的。"国家治理体系和治理能力现代化"这一全新政治理念的提出，既是顺应了人类发展的一般规律，也表明我们党对社会政治发展规律有了新的认识，是对改革开放以来理论探索和实践创作的总结和升华。推进国家治理体系和治理能力的现代化，既是全面深化改革的目标，也是当代中国民主政治发展的必然要求。推进国家治理体系和治理能力现代化，对于我们转变思维方式、革新传统观念、探求改革路径等方面将提出许多新的要求。

首先，进一步解放思想是实现国家治理现代化的先决条件。社会政治进步的过程，就是新的思想观念不断战胜和超越落后的思想观念的过程，就是不断学习和借鉴的过程。没有思想的解放和观念的转变，就不可能有扭转中国历史进程的改革开放大业。推动国家治理变革，势必会触动既定的利益格局和守旧力量，引起抵制和反对，这就需要有新思想新观念，需要有"敢为天下先"的勇气，为百姓谋利、为党和国家尽职的责任；需要革除在政治体制改革问题上的形而上学和教条主义。只要有利于解放和发展生产力，有利于实现社会公平正义，有利于促进人的解放，就应该毫不犹豫地放下包袱，以负责的精神和务实的态度，以高超的智慧和真正的勇气，在充分尊重民主共同价值的条件下，积极主动探索民主的多样性实践。

其次，积极推动存量民主是实现国家治理现代化的重要基础。存量民主，指的是围绕建设高度发达的社会主义民主和法治这一首要目标，在由"人民共和国"这一国体性质规定的一整套宪法法律制度基础上，充分利用既有制度优势，通过具体的体制机制和程序设计，将"沉淀的"、"文本的"制度规范用好，使制度的民主走向实践，使民主在实践中运转起来，集中力量解决政治体制改革的重点领域和关键环节，切实地维护人民群众的权利与利益，实现公平正义和社会和谐。存量民主包括三个方面的内容：一是自近代以来中华民族在追求民族独立、国家富强、人民幸福的过程中逐步形成的民主政治观念和文化；二是自推翻统治中国几千年的传统政治体制之后经过逐步探索和多次反复而最终建立起来的民主共和政治制度；三是基于自由、民主、平等、法治等价值观念和民主共和政治制度的民主实践所长期形成的成就和经验。当代中国这种以宪法法律为基础的政治体制架构，是国家治理变革最为根本的存量和现实基础。既有的政治体制架构为改革创新提供了最为坚实的支撑。一切改革和发展，都应该以此为基础，并且不能违背现行宪法和法律框架。由此，必须消除一切对于我国国体和政体等政治制度民主特性的质疑，这也是推进国家治理现代化的底线共识。

第三，在竞争性民主基础上发展协商民主是实现国家治理现代化的战略选择。协商民主指的是自由平等的公民在一种由民主宪法规范的权力相互制约的政治共同体中，通过集体与个体的反思、对话、讨论、辩论等过程，形成合法决策的民主体制和治理形式。随着经济社会的发展，社会利益主体日益多元、利益分化逐渐明显、利益冲突日益剧烈，化解分歧、消除差异、构建和谐，已经成为我国社会发展的关键。协商民主承认并接受多元社会的现实以及不同利益主体之间存在的差异和分歧，能够有效地消除分歧和差异。在一个强调多元、尊重差异的时代，在一个既有体制面临重重危机和挑战的时代，协商民主开启了人类探索民主理想的新历程。协商民主为人类的民主探索提供了一种新的思考路径。民主走向协商，表明人们在持续关注民主的真实性。当代中国的国家治理变革，尤其需要在大力推进竞争性民主的基础上，积极健全社会主义协商民主制度。

第四，将顶层设计与基层改革创新有机结合起来是实现国家治理现代化的关键路径。改革不是昨天的事、今天的事、明天的事，改革持续地存在于社会主义现代化建设的整个历史过程之中；改革不是一个政党的事、一个团体的事、一个部门的事，改革是整个国家的事、整个民族的事；改革不是左一个政策、右一个规定，上一个发现、下一个创新，改革是有方向、有目标、有路径的。从战略高度对改革作出总体设计，破除陈旧观念的束缚，才是正常健康的、整体系统的、符合人民利益的改革。顶层设计，必然要超越"摸着石头过河"，更加重视"总体规划，明确改革优先顺序和重点任务"，对改革的目标、路径、阶段、条件、困难和前景等有清醒的认识和总体规划与设计。必然要超越"二元思维"模式，若简单地将顶层设计等同于理性建构主义、等同于否定地方和基层的积极性，就会落入非此即彼的二元思维模式窠臼。必然要超越既有利益格局，着力打破阻碍改革与发展的既有利益格局。顶层设计的本质是改变利益固化的藩篱，并以巨大的勇气和魄力打破既有利益格局，构筑符合公平正义原则的新利益格局。国家治理变革，既要防止"下改上不改，最后改回来"、"下动上不动，越动越被动"的局面，也要防止"脚踩西瓜皮，滑到哪里是哪里"的盲目性。要将顶层设计的"方向、智慧和勇气"与基层的"甩开膀子""大胆干"结合起来。

第五，积极大胆借鉴人类文明优秀成果是实现国家治理现代化的外部条件。在具有几千年封建政治传统的中国建设民主法治、推动治理变革，没有任何先例可循。要创造比资本主义社会更发达的民主，实现国家治理现代化，需要我们以开放的心态、宽广的视野，学习借鉴人类政治文明的一切优秀成果。在经济领域，我们已经借鉴了公司制、股份制这些曾经被看成是资本主义专属的东西，并有效地利用市场在资源配置中发挥决定性作用。同样，在治理领域，我们也可以积极大胆借鉴人类文明有益成果。自由、平等、民主、法治、人权等不是西方的专属，它们是人类共同的文明成果，是人类共同追求的价值观。虽然在实现人类共同价值过程中，各国走的道路不一样，模式不同，但是，差异并不妨碍我们寻找机会、平台展开更多的交流和沟通。在不同观点、不同文化以至不同文明的对话和碰撞中，我们可以更多将我们的观点、我们所知道的事实表达出来、介绍出去，在了解世界的同时，更多地让世界了解中国，从而避免害怕交流、拒绝对话，也避免自说自话、自我欣赏。实现国家治理现代化，应该与时俱进，不能"身子"到了21世纪，"脑袋"还停在20世纪。学习借鉴也必须从口头上、文字中走向实际、走向具体，否则就变成了一句空话。

中共十八届三中全会明确提出了实现国家治理体系和治理能力现代化的总目标，但实现这个总目标还有很艰巨的任务要完成。在实践中推动国家治理现代化，还需要我们"开动脑筋"，需要再现"实践是检验真理的唯一标准"大讨论、"计划和市场不是社会主义与资本主义的本质区别"明晰定位等在历史上发挥解放思想、推动进步的巨大作用，凝聚全党全国人民的改革共识，下决心推动治理变革。还需要"迈开步子"，"不谋全局者，不足谋一域；不谋万世者，不足谋一时"。治理变革需要拿出"壮士断腕"的勇气，直面挑战；还需要"动起手来"，什么是国家治理，如何推进国家治理，如何评价国家治理，不能总挂在嘴上，而要落到实处，需要有对目标、方向、路径和框架的总体规范。更重要的是要执行有力,"落实下去"。基层群众大胆突破既有格局的勇气,中层智识力量提供的理性支撑,高层果断决策大力推动的智慧,下、中、上互动,才能进而形成制度的良性变革。

推动改革创新,实现国家治理现代化,作为我们党改革开放事业的重大战略构想,对于发展经济、推进民主、改善民生,对于进一步探索中国特色社会主义发展道路,对于丰富人类社会现代文明成果具有极其重要的意义。但是,我们依然要清醒地认识到,实现国家治理现代化并非一朝一夕之功,还会遇到这样那样的困难,尤其需要努力避免一些错误的观念和做法。一是习惯于"治理腐败"、"治理污染"的思维路径,将"国家治理"扭曲为"治理社会"、"治理市场"、"治理群众"。二是将国家治理的目标仅仅理解为维护稳定。稳定是治理转型的重要条件,但稳定的形成,不是靠强力、压制和打击,而是靠协商、对话与合作,治理变革,更多地是要实现公共利益的最大化。三是将"不搞西方那一套"与"借鉴国外有益经验"对立起来,拒绝学习人类有益文明成果。只有清醒认识当前存在的各种挑战和困难,坚持实事求是,立足于当代世界和中国发展变化的实际,积极探索,才能够积极推进中国特色社会主义伟大事业,才能够实现中华民族伟大复兴的"中国梦"。

学术与理论的研究,不仅需要有深切的人文关怀,更要时刻地关注当下的实际。研究者,当有敏锐的把握和深刻的认知,只有这样,其关怀、分析和判断,才能够以建设性的方式影响经济社会的变迁与发展。自进入中央编译局比较政治与经济研究中心工作以来,在选择研究方向和重点领域方面,我一直将探究何种政治设计是人类社会的最佳选择,人类社会是否具有普遍的、超越狭隘利益边界的政治发展规律，具有几千年历史文化传统的中国是否能够走出一条具有自身特色的政治发展之路等问题作为学术研究重点和路径。由此，围绕民主与协商民主、治理与政府治理、社会治理、顶层设计、存量民主等重大选题，以及当代中国改革发展的创新实践专题，我相继发表了一系列文章，在学术界和实践领域产生了一定的影响。中央编译出版社副社长薛晓源先生多次提出要我结集出版，以实现理论的传播与普及。借此机会，我将近年来的文章收录于此，以飨读者。因为写作的缘故，有些文章部分有重复之处，有些文章有增补，还望学界同仁多批评指正。著作即将付梓，虽感欣慰，但也依然惴惴不安，总是希望能够更好些，更精些。感谢中央编译出版社的盛情，感谢责任编辑苗永姝、薛迎春的努力与辛苦。

陈家刚

2013 年 12 月 6 日于北京

协商民主

协商民主研究在东西方的兴起与发展[*]

20世纪80年代以来,西方学术界兴起了协商民主理论研究的热潮。不同国家和学术背景的学者如哈贝马斯、罗尔斯、吉登斯、米勒等都孜孜埋首于探求这种新的理论转向的内在理路。协商民主理论研究还超越了哲学思维和理论研讨的局限,更深入、更普遍地与政治实践联系在一起。理论在拓展自身的同时,也从经验现实中寻找到了越来越丰富的佐证。2000年以后,敏锐的国内学者开始及时地将协商民主理论介绍到国内,一方面在译介的基础上梳理、分析和探讨其基本的理论内涵和架构;另一方面,积极地关注当代中国政治发展的现实,从实践中发掘资源,为协商民主理论提供实践支撑。但是,协商民主理论的研究依然面临着一系列的挑战。较为全面地描述协商民主理论研究在东西方的兴起、发展脉络及其学术影响,客观地评价协商民主理论在民主发展史中的地位、理论架构和内在矛盾,将会促进协商民主理论研究的进一步深入和发展。

---

[*] 本文为国家社科基金青年项目"协商民主与当代中国的政治实践"(批准号:05CZZ006)的阶段性成果。

一、协商民主理论研究的兴起源自国外学者对美国宪政设计的反思与剖析，以及对既有体制所面临的多元文化现实挑战的思考。协商民主理论引入中国，是中国学者基于其敏锐的学术洞察，热切关注中国现实政治实践和发展，并积极与西方学术前沿保持良性互动的结果

澳大利亚国立大学的德雷泽克教授认为，对协商的重视，并不是一个全新的问题。直到20世纪后期，人们才开始比较广泛地使用协商民主。1980年，约瑟夫·毕塞特在《协商民主：共和政府中的多数原则》一文中，提出了"协商民主"的概念。①在这篇基于《联邦党人文集》、论述美国宪政结构的文章中，针对20世纪中期以来将美国宪法的性质归于"精英的"、"贵族的"文献的各种质疑和指责，毕塞特竭力为"美国宪法的民主特性"辩护。他认为，美国宪法既体现了多数原则，同时也是对多数的制衡，但这种制衡并不违反多数原则本身。美国立宪者的观点包含有两方面内容，一是需要限制大众的多数，二是使多数原则有效，这两方面统一体现在制宪者建立协商民主的明确意图之中。②两院制的立法机构、具有否决权的总统、高等法院、选举、分权等构成美国政治制度，美国历史以及当代的实践已经成功证明了立宪者的设计思想。

伯纳德·曼宁和乔舒亚·科恩从公民参与、合法性与决策

---

① Joseph Bessette, "Deliberative Democracy: The Majority Principle in Republican Government," in *How Democratic is the Constitution*? ed. by Robert Goldwin and William Shambra, American Enterprise Institute, 1981, pp. 102–16.

② Ibid.

等角度进一步丰富和发展了协商民主概念的内涵,从而真正赋予了协商民主以动力。

伯纳德·曼宁认为,社会的生存和延续需要一种确定的正义原则和稳定的制度。因此,人们必然要面对什么样的原则是合理的、怎样的制度是合法的,从而依靠怎样的路径作出决策、解决冲突、行使权力,并保存构成社会生活的各种行为和愿望的统一这样的问题。曼宁的政治协商(political deliberation)观念包括如下内容:(1)协商,即各种观点相互比较的过程。(2)协商过程既是集体的,也是个人的,它是话语的和理性的过程。(3)政治协商和辩论以相对理性的听众为前提,协商过程是公众自己建构教育和培训的过程。(4)政治协商概念不应该排斥任何人投票和参与协商的权利,以及有效行使这种权利所必需的基本自由。(5)协商理论仅仅提供了一种不完善的、尽可能合理地作出决策的方式。①乔舒亚·科恩认为,"协商民主意味着一种事务受其成员的公共协商支配的共同体。我认为,这种共同体的价值将民主本身视为一种基本的政治理想,而不仅仅是可以根据某方面的平等或公正价值来解释的衍生性理想。"②协商民主观念来源于一种直观的共同体的理想,在这种共同体中,其条件和状态的正当性是通过平等公民之间的公开争论和推理而实现的。

20世纪90年代后期,协商民主理论的研究成果开始以各种形式表现出来。1996年,詹姆斯·博曼教授出版了《公共

---

① Bernard Mannin, "On Legitimacy and Political Deliberation", *Political Theory*, Vol. 15, No. 3, Aug., 1987, pp. 338 – 68. 该文最初是法文,后经曼斯布里奇等翻译成英文。——译者注

② [美]詹姆斯·博曼、威廉·雷吉主编:《协商民主:论理性与政治》,陈家刚等译,中央编译出版社2006年版,第50页。

协商：多元主义、复杂性与民主》（麻省理工学院出版社）。博曼认为，在多元文化、社会复杂现实和普遍的不平等条件下，协商民主依然可以保证公民自治和主权的民主理想。①而在博曼教授随后与雷吉合编的《协商民主：论理性与政治》（麻省理工学院出版社1997年）一书中，广泛地收录了哈贝马斯、罗尔斯、科恩、扬等学者论述理性、人民主权和协商民主的文章，给研究协商民主的学者提供了初步的思考框架。1998年，乔恩·埃尔斯特教授主编的《协商民主》（剑桥大学出版社）是一本在学界享有盛誉的文集，正如编者所说的，它探讨了作为决策机制的协商民主。约翰·德雷泽克教授分别于2000年和2006年出版了《协商民主及其超越：自由与批判的视角》、《全球协商政治》（牛津大学出版社），集中探讨了超越自由主义和批判理论的协商民主理论，以及全球化背景下协商政治的发展。马克·沃伦还跟踪研究了加拿大英属哥伦比亚的公民大会的政治实践，并主编了《设计协商民主：英属哥伦比亚公民大会》（2008年牛津大学出版社）。关于协商民主的方法论研究，则集中体现在菲什金运用"协商民意测验"方法促进基层政治实践的研究之中。1999年3月，曼彻斯特大学政治思想研究中心举办了一次关于协商民主的研讨会，米勒、塞沃德、库克等都参与了会议。与会论文集中于两个方面，一是公共协商的规范性问题；二是实现规范性协商民主理想的制度机制。

中国学术界开始接触并了解协商民主理论，最初应该是在2002年。德国当代思想家哈贝马斯在华所作"协商民主的三种规范"的演讲，让国内学术界开始知晓了协商政治。真正首次见著于文的"协商民主"研究，则是2003年6月发表的

---

① ［美］詹姆斯·博曼：《公共协商：多元主义、复杂性与民主》，黄相怀译，中央编译出版社2006年版，第13页。

《当代西方政治理论的热点问题》一文。①文章认为，政治行为者之间就共同关心的政策问题进行直接面对面的对话与讨论，这是政治民主最基本的要素之一。政府与公民的协商，既是达到民主决策的必要环节，也是政治合法性的来源之一。2003年8月发表的《协商政治：对中国民主政治发展的一种思考》一文认为，协商政治概念"在一定程度上是作为竞争政治的替代来强调的"②。

从2004年开始，协商民主理论研究开始越来越多地进入国内学术视野。（1）学术杂志开始开设专栏，如《马克思主义与现实》2004年开辟了"协商民主专题"等。（2）课题设置、出版规划和学术研讨等相继丰富了这一热点话题。2004—2005年，国家社科基金及相关单位设置了两项关于协商民主的研究课题。③上海三联书店2004年出版了《协商民主》文集；2005年，国家新闻出版总署将俞可平教授主编、中央编译出版社计划出版的"协商民主译丛"列为国家"十一五"重点图书出版项目；2006年，中国社会科学出版社出版了浙江大学协商民主国际学术研讨会的论文集《协商民主的发展》；2007年，江苏人民出版社出版了《审议民主》文集。（3）学术研讨会相继举行，如浙江大学举办的"协商民主国际研讨会"（2004年11月）；复旦大学举办的"选举与协商：中国民主政治的发展路径"研讨会（2007年7月），以及我国台湾地区的

---

① 俞可平：《当代西方政治理论的热点问题》，载《学习时报》2003年第166期。
② 林尚立：《协商政治：对中国民主政治发展的一种思考》，载《学术月刊》2003年第4期。
③ 中央编译局2004—2005年社科基金课题："当代西方协商民主理论研究"（课题批准号：04B03）；国家社会科学基金青年项目："协商民主与当代中国的政治实践"（课题批准号：05CZZ006）。

学术研讨会等。相关大学和研究机构还经常举办围绕协商民主的小型学术沙龙等。（4）相关研究机构的成立。2006年12月，"中国人民政协理论研究会"成立，并举行了第一次理论研讨会。地方各省市政协理论研究会相继成立，为深入研究人民政协理论与实践、协商民主理论与实践提供了坚实的平台。

就其研究的重点领域而言，国内外学者的主要研究论题包括：协商民主的规范性理想、作为制度结构和决策机制的协商、协商民主视野中的地方民主实践、协商民主试验、全球政治中的协商民主、协商民主的挑战与前景、20世纪民主理论与协商民主的关系、协商民主与中国政治发展的关系，等等。

二、从语文和学术两个方面将 deliberative democracy 的真正意涵用简练的汉语完整并且准确地表达出来，还没有完全对应的汉语词汇。汉语转译的不同表达形式都存在着自身的局限性。"协商民主"在体现原文内涵以及现实关照等方面具有自身的优势

目前，在国内学术界的研究中，deliberative democracy 尚无统一的译名，但越来越多的学者开始采用"协商民主"这一译法，不过也有部分学者不同意这一译法。国内有些学者认为，由于中国存在着政治协商制度，所以，比较认可"商议性民主"的译法。[①]在国内学者的研究中，deliberative democracy 在中文文献中至少有这样几种不同的译法，如："审议民主"或"审议式民主"、"审议性民主"；"商议民主"或"商议性民

---

① 陈剩勇、何包钢主编：《协商民主的发展》，中国社会科学出版社2006年版，第123页。

主"、"商议民主制";"协商民主";"慎议民主";"商谈民主";"审慎的民主";"慎辩熟虑的民主"。

如何准确地理解并用恰当的表达形式将国外的各种学术概念等转译成汉语形式,从而使国内的学术界能够基于同一基点展开研究、讨论,是引介西方学术思潮的关键问题。协商民主理论的研究也不例外。较为一致的看法是,将 deliberative democracy 翻译成"深思熟虑的民主"。但是,这种译法译名太长,从语法上讲不太符合人们的语言习惯。而前述几种译法如"审慎的民主"、"商议民主"、"商谈民主"和"审议民主"等译法或者部分地反映了其学术内涵的一个方面,或者汉语语词本身的局限性使其无法承担此任。"商议"、"商谈"的口语意味较浓,较多用于非正式情境。而"审议"在汉语中,是描述立法机构活动的一个专门的词汇,同时也很容易使人们将 deliberative democracy 仅仅局限于立法机构,虽然立法机构是协商的重要场所。而且,"审议"内含着一种居高临下、非平等的审视意味,违背了 deliberative democracy 的基本内涵之一:平等。

那么,如何准确地翻译 deliberative democracy 呢?这就需要考虑以下几个方面的问题:第一,用做 democracy 限定词的 deliberative 的词典含义与学术含义分别是什么?第二,相关学术词语的相互比较。第三,由于背景、体制和文化的差异,选定汉语词汇的词典意义与学术含义是什么?第四,选定的汉语词汇是否准确反映其基本主旨,并有利于其在不同情境中的选择性发展?

这里就涉及 deliberative、deliberate 和 deliberation 几个词的含义。首先,作为形容词的 deliberative,其含义有两个方面:(1) 具有协商、辩论和审议功能的,如立法会议,就是一个协商的、审慎的机构（having the function of deliberating, as a legislative assembly: a deliberative body）；（2）与政策问题相关；运用智慧和权宜之计应对某一建议（having to do with policy; dealing with the wisdom and expediency of a proposal: a deliberative speech）。其次，作为动词的 deliberate，其含义是：（1）思考、考虑、衡量（to weigh in the mind; consider）；（2）仔细地、慎重地、专注地考虑（to think carefully; or attentively）；（3）正式地咨议、协商（to consult or confer formally）。再则，作为名词的 deliberation，其含义是：（1）决策前的慎重考虑、思考（careful consideration before decision）；（2）正式的咨议或讨论（formal consultation or discussion）；（3）审慎的品质、特性（deliberate quality）。①

就协商民主理论的产生与发展以及实践而言，它强调的是对民主过程情绪化的制衡，突出的是一种基于公民权利的宪政体制，强调公开利用理性，慎重决策以及对权力的制约。因此，翻译 deliberative democracy 一词，首先必须明确民主过程的主体间的平等，虽然很多民主理论家关于其中平等的类型还存在争议，但对平等本身已经形成共识；其次，强调公开利用理性的过程，以及深思熟虑，愿意倾听并尊重他人的声音；第三，基于理性的公开对话和辩论；第四，更深层的权力相互制约；第五，合法性基础，等等。

选择"协商民主"的译法，可以体现上述几个方面的内容。此外，这种译法还可以与既有体制相衔接，一方面将既有的政治协商制度作为协商民主移植的可利用资源；另一方面也可以深化、丰富并提升政治协商制度的作用，促进政治协商制

---

① *Webster's Encyclopedic Unabridged Dictionary of the English Language*, Gramercy Books, New York, 1996, p. 527.

度在中国民主政治发展过程中的转型。但是，应该避免有意无意地将协商民主仅仅局限于目前的政治协商制度，而排斥其他协商政治实践的倾向。这些译法都是不同的研究者从各自的角度所作的努力。选择什么样的译法，学界同仁依然可以在平等对话、理性思考的基础上作进一步的讨论。

三、协商民主指的是自由平等的公民，基于权利和理性，在一种由民主宪法规范的权力相互制约的政治共同体中，通过对话、讨论、辩论等过程，形成合法决策的民主形式。协商民主的理论渊源在于自由主义、共和主义和批判理论

从其作为学术研究的术语开始，"协商民主"就是一个存在争议的概念。虽然来自不同国度、不同领域，具有不同的研究兴趣，但研究者都是"以协商的名义"对这个正在兴起的政治哲学领域进行广泛的研究。

乔恩·埃尔斯特认为，协商民主，就是通过自由而平等的公民之间的讨论进行决策。这种观念包括两个方面的基本内容：第一，协商民主涉及集体决策，所有受此决策影响的人或其代表都应该参与这一过程，即决策是民主的；第二，涉及集体的决策都应该经过参与者之间的讨论、争论，这些争论既来自参与者，也面向参与者，参与者本身也都具备了理性和公正这样的品德，这是民主过程的协商部分。①也就是说，协商民主明确内含着协商与民主两个部分。弗兰克·I. 米歇尔曼也认

---

① Jon Elster, *Deliberative Democracy*, Cambridge University Press, 1998, Preface and Chap. 4.

为，协商民主"是民主与协商的混合物"①。埃尔斯特认为，对协商和民主这两个方面的认识，比较合理地表达了协商民主的外延部分的共同点。但是，关于协商民主的内涵，也有学者持不同的看法，表现出不同的侧重点。例如，苏珊·斯托克斯（Susan Stokes）认为，协商就是由交流所导致的偏好的内在改变；迪戈·甘贝塔（Diego Gambetta）指出，协商的特征就是所有人在作出集体决策之前依次发表看法和聆听意见的交谈；科恩则是要超越讨论的概念，来探究平等公民之间自由而公开推理的观念；费伦的目的是考察各种经验上可确认的讨论现象是否会带来好的结果以及何时会带来好的结果。②

哈贝马斯认为，所谓政治，实际就是意见和意志的民主形成过程，其形成的过程不仅表现为议会中利益的妥协，而且也与公民的政治公共领域的自由协商有关。协商民主理论在更高的层次上提出了一种关于交往过程的主体间性，它将涉及正义问题的协商规则和辩论形式作为民主政治的核心。非正式的意见形成转化为制度化的选举抉择和决策之中，通过它们，交往权力就转换成了行政权力。因此，公共权威也就获得了坚实的合法性基础。③

美国耶鲁大学的伊桑·J. 莱布博士认为，协商民主政治概念首先强调人民主权是其价值追求所欲达致的理念。其次，协商民主试图寻找一些更为实质的方式，通过让权力经由公民积极参与而非在统治高压下的政治冷漠所达成的一致性的过程，

---

① [美]詹姆斯·博曼、威廉·雷吉主编：《协商民主：论理性与政治》，陈家刚等译，中央编译出版社2006年版，第107—108页。

② Jon Elster, *Deliberative Democracy*, Cambridge University Press, 1998, Preface.

③ [德]尤尔根·哈贝马斯：《民主的三种规范模式》，载《包容他者》，曹卫东译，上海人民出版社2002年版，第279—293页。

以使权力行使合法化。再则，协商民主提倡将公民、选举的代表、利益集团的领导以及法官吸纳进协商过程中，公民直接参与法律制定能够克服一些立法上的缺陷。另外，面对面的互动式的协商应该优于远程民主。最后，协商民主应该注重争辩与论争，并努力在通过投票来形成偏好聚合之前促成一场完全的、公正的就问题而展开的讨论。协商将会给公民带来更大的自由，并使政府权力的行使更趋合法性。①

协商民主概念主要有这样几种含义：

第一，作为政府形式的协商民主。毕塞特认为，协商民主，就是体现为美国建国者设计的代议民主体制。美国政府体制是基于人民主权原则建立的，是既尊重多数又保护少数的政府。在此基础之上，梅维·库克则突出了政治生活中的理性讨论过程，即"如果用最简单的术语来表述的话，协商民主指的是为政治生活中的理性讨论提供基本空间的民主政府"②。科恩也认为，协商民主是一种事务受其成员的公共协商所支配的共同体。③

第二，作为决策形式的协商民主。戴维·米勒认为，当一种民主体制的决策是通过公开讨论——每个参与者能够自由表达，同样愿意倾听并考虑相反的观点——作出的，那么，这种民主体制就是协商的。④在协商民主模式中，民主决策是平等公民之间理性公共讨论的结果。"在协商民主中，公民运用公共

---

① 陈剩勇、何包钢主编：《协商民主的发展》，中国社会科学出版社2006年版，第165—166页。

② Maeve Cooke, "Five Arguments for Deliberative Democracy", *Political Studies*, 2000, Vol. 48, pp. 947–969.

③ Joshua Cohen, "Deliberation and Democratic Legitimacy", *Deliberative Democracy* edited by James Bohman and William Rehg, The MIT Press, 1997, p. 67.

④ David Miller, "Is Deliberative Democracy Unfair to Disadvantaged Groups?" in *Democracy as Public Deliberation: New Perspectives*, Edited by Maurizio Passerin D'entrèves, Manchester University Press, 2002, p. 201.

协商来作出具有集体约束力的决策。……协商民主的吸引力源于其能够形成具有高度民主合法性决策的承诺。"①协商民主要求容纳每个受决策影响的公民；实现参与的实质性政治平等以及决策方法和确定议程上的平等；自由、公开的信息交流，以及赋予理解问题和其他观点的充分理由。

第三，作为治理形式的协商民主。现代社会的最显著特征就是文化的多元化。多元文化民主面临的最大危险就是公民的分裂与对立。"协商民主是一种具有巨大潜能的民主治理形式，它能够有效回应文化间对话和多元文化社会认知的某些核心问题。它尤其强调对于公共利益的责任、促进政治话语的相互理解、辨别所有政治意愿，以及支持那些重视所有人需求与利益的具有集体约束力的政策。"②作为民主治理形式的协商民主在本质上以公共利益为取向，主张通过对话实现共识，明确责任，进而作出得到普遍认同的决策。

因此，协商民主就是基于人民主权原则和多数原则的现代民主体制。其中，自由平等的公民，以公共利益为共同的价值诉求，通过理性的公共协商，在达成共识的基础上赋予立法和决策以合法性。其基本含义包括：以人民主权原则为基础的代议体制、权力分立及制衡、选举以及政党政治；既强调代表的智慧与能力，也尊重多数的意愿表达；承认多元分歧，以及以此为基础的广泛参与和对话；强调超越狭隘的个人利益，诉诸公共利益，以及公开利用理性；合法性源自公民的广泛参与、

---

① Christian Hunold, "Corporatism, Pluralism and Democracy: Toward a Deliberative Theory of Bureaucratic Accountability", *Governance: An International Journal of Policy and Administration*, Vol. 14, No. 2, Blackwell Publishers, 2001.

② Jorge M. Valadez, *Deliberative Democracy, Political Legitimacy, and Self-Democracy in Multicultural Societie*, USA Westview Press, 2001, p. 30.

偏好表达与共识达成；协商是规范性理想与经验现实的结合；协商思想的理论渊源在于自由主义、共和主义与批判理论。

四、协商民主理论基于发达资本主义国家的政治现实，是自由民主发展到一定阶段的产物，是对自由民主的矫正和超越。协商民主与自由民主并不是非此即彼的关系。而对话民主、交往民主和话语民主的提出，进一步丰富了协商民主理论的内涵

吉登斯认为，"自由民主政体似乎在所有的地方差不多都有麻烦。在许多自由民主制度中我们看到的是政治制度的大规模异化，或者最低程度也是对政治的冷漠，在大多数西方国家，选民的偏爱变得反复无常。许多人觉得政党政治中发生的事情与他们生活的问题或机会没有什么关系。"[1]随着实践的发展和深入以及社会经济条件的变化，自由民主制度明显遭遇了严峻的挑战。

首先，自由民主体制以个人主义和利益为基础，对政治过程的理解往往具有私人化的倾向。"以利益为基础的民主模式还认定人们不能向别人提出有关正义或公益的要求，也不能援引各种理由对这些要求进行辩护。"[2]其次，自由民主主要是纯粹政治民主，而非经济、文化或管理方面的民主。经济上的不

---

[1] ［英］安东尼·吉登斯：《超越左与右》，李惠斌等译，社会科学文献出版社2000年版，第113—114页。

[2] I. M. Young, "Communication and the Other: Beyond Deliberative Democracy", in S. Benhabib ed. *Democracy and Difference: Contesting the Boundaries of the Political*, Princeton University Press, 1996, pp. 120 - 35.

平等限制了民主的潜力。第三，在自由民主中，遵循多数原则的投票活动，实际上只是简单地聚合选民的利益倾向，或者说偏好，投票的结果无法保证能够满足公共利益。第四，自由民主包含着大量的操纵和盲目决策。第五，利益集团操纵政治，"不管怎样组织，代议制民主制度国家指的是由远离选民的团体统治，而且往往受政党政治的琐事所支配"①。

因此，民主理论家认为，基于自利观念的个人主义已经腐蚀了民主的核心理念。"如果想保存乃至深化我们的民主生活，我们必须把未来掌握在我们自己手中。我们必须创造一种能支持公民参与公共对话的制度。"②这种支持公民参与、鼓励对话的民主制度，就是协商民主。协商民主是一个克服自由民主弱点的改革性步骤，或者本质上是批评的和有改革能力的实践。协商民主不同于代议制民主或共和政体式的民主，超越了选举参与以及公共与私人利益在决策上的制度整合，旨在倡导基层协商和公共事务的决策。协商政治作为一种民主理论，是在强调选举政治的西方代议制民主上发展起来的。对于现代民主体制来说，协商民主是恰当的补充、修正、完善和超越。如果说过去人们强调的是现代民主体制中的选举、政党竞争和权力制衡的话，那么，协商民主强调的就是这一体制中的理性思考、对话和参与等要素，但同时并不排斥竞争性的选举和权力制约。

协商民主理论提出之后，吉登斯、扬以及德雷泽克等学者在其影响下，从不同的角度，提出了对话民主、交往民主和话

---

① ［英］安东尼·吉登斯：《超越左与右》，李惠斌等译，社会科学文献出版社2000年版，第116页。

② Bruce Ackerman and James S. Fishkin, "Deliberation Day", *The Journal of Political Philosophy*, Vol. 10, No. 2, 2002, pp. 129–52.

语民主等概念，进一步丰富和发展了协商民主理论。

吉登斯认为，"对话民主指的是这样一种情况：那里有发达的交往自主权，这种交往构成对话，并通过对话形成政策和行为。"①"对话民主化不是自由民主的延伸，甚至也不是它的补充；不过，从一开始，它就创造了社会交流的形式，这可能对重建社会团结是一个实质性的（甚至是一个决定性的）贡献。""对话民主制的中心不是国家，而是以一种重要的方式折射回到它身上。处在全球化和社会反思的情况下，对话民主制在自由民主政体范围内鼓励民主国家的民主化。"②对话民主是克服自由民主缺陷的有效形式。

扬认为，虽然协商民主的提出具有很大的价值，但是，协商民主概念也存在不足。扬"建议对协商民主理论进行某些修正，我将其称为交往民主。第一，我认为在民主讨论中，文化、社会视角或排他主义承诺上的差异都应该被视为促进理解的资源，而不是必须予以消除的分歧。第二，我对民主交往概念进行了扩展。除了论证以外，问候、修辞和叙事都应该是对政治讨论有所裨益的交往形式"。"交往民主理论则关注社会差异以及权力对言谈本身的渗透方式，承认协商实践的文化特殊性，提倡一种更具包容性的交往模式。"③

德雷泽克指出，民主走向协商，表明人们在持续关注民主的真实性：即在多大程度上，民主控制是实质的而不是象征的，而且公民有能力参与民主过程。但是，他主张采用话语民

---

① ［英］安东尼·吉登斯：《超越左与右》，李惠斌等译，社会科学文献出版社2000年版，第119页。

② 同上，第116—117页。

③ I. M. Young: "Communication and the Other: Beyond Deliberative Democracy", in S. Benhabib ed. *Democracy and Difference: Contesting the Boundaries of the Political*, Princeton, NJ: Princeton University Press, pp. 120–35.

主的概念。"准确地讲,话语民主并不是一种民主模式,因为它并没有给出一个详细而确定的制度体系。相反,我们最好把话语民主看做一种民主化策略,它要解决的问题是,在任何社会,任何时间,当处在面对一系列制度的任一情形下,我们该如何来实现民主。当政治理论进入与政治体制中的个体相关的对话时,对话语民主的诉求本身就应该是协商的、民主的。"① 话语民主是多元的,它意味着有必要在不消除差异的情况下进行交往;话语民主是反思性的,它质疑既有传统;话语民主是跨国的,它有能力跨越国家边界,进入没有宪政框架的情景;话语民主是生态的,它与非人类的自然的交往是开放的;话语民主是动态的,它对民主化的约束和机会是不断变化的。

五、协商民主的实践存在于不同的层次和领域。除了现代民主国家的制度设计之外,在全球治理的制度安排中,区域性组织、多边组织、基层民主政治等各个层次和领域都能够发现协商民主的经验支撑

协商民主的领域非常广泛。协商民主可能发生在国家制度、特设论坛以及公共领域等不同层面。具体讲,我们可以在各国的基层治理实践、全球性的多边组织和区域性组织,以及国际事务中发现协商民主的影响和实践。

1. 地方治理中的协商实践。20世纪80年代以后,西方发达国家出现了方兴未艾的地方治理革新运动。德国、法国、瑞典、加拿大、美国、英国等西方发达国家都对地方政府的管理

---

① [澳]约翰·德雷泽克:《协商民主及其超越》,丁开杰等译,中央编译出版社2006年版,中文序。

进行了一系列的革新，寻求依靠地方治理应对各种挑战。协商民主，当其作为一种治理形式时，由于其对公民参与、对话和讨论、尊重与理解的强调，对经由共识实现合法决策，促进公共利益的诉求，而成为推动地方治理的重要因素。

协商民主在地方治理中最为典型的例证主要有参与式预算、市镇会议、公民大会、委员会、评议会等形式的制度平台。"参与式预算是一个直接的、自愿的、普遍的民主过程，其中，人们能够讨论和决定公共预算和政策。公民参与并不局限于投票选举行政官员或立法者，而且还能够决定政府支出的优先性，控制政府的管理。它不再是传统政治中的驱动者，而变成了公共管理过程中的经常性角色。参与式预算将直接民主和代议制民主结合起来，是一种应该受到维护和称赞的成就。"①参与式预算是走向更广泛政治包容和更普遍社会公正的重要步骤。而市镇会议（town meeting）和市镇委员会（town council）是美国地方治理中的重要制度形式，它为社区居民参与当地政治生活提供了充分的机会。公民可以借助不同的形式参与政治活动，通过各种渠道与政府对话，参与讨论政治决策，影响政府的行为。居民可以进行各种各样的辩论，充分发表意见，平等对话和交流。

2. 区域性政治中的协商政治。全球化时代，深化和扩展民主已经成为各个国家、各地区推进发展的重要行动。这种民主化必然要求把那些以往被排斥在外的社会成员纳入到政治生活中来，建立一个包容性的制度框架，通过参与和对话机制保证治理的实施，确保公正和理性原则的实现，协商民主政治为区域性政治和多边组织提供了充分的实践空间。协商民主是应对

---

① UN – HABITAT, 72 Frequently Asked Questions about Participatory Budget, Urban Governance Toolkit Series, July 2004.

多边组织治理困境的恰当选择。多边组织中的决策应该更趋向协商民主。协商理想本身对于支持和赞同以及国际层面协商决策的准确形式,应该持开放的态度,促进连续性地讨论和对话。纵观欧洲社会,一些被欧洲民众普遍接受的价值标准和价值规范,包括文化多样性、包容性、可持续发展、生态环保意识以及相互依赖性等,正是通过公共领域中的交流探讨、在公众舆论的反复论证过程中逐步得到确立的。

3. 风险社会的协商选择。贝克认为,我们正处在从古典工业社会向风险社会的转型过程中。风险社会的影响在于:"行动和国家机构的合法性核心在第一次现代化中遭受了这么大的损害。信任危机又加强了风险意识,因为当人人都不愿再相信这样一些宣布安全公告的公共机构时,它们反复发誓说,一切都完全处于控制之中,而种种相反的情景都预示着灾难即将来临。"[1]同时,"迷宫式的公共机构都是这样安排的,即恰恰是那些必须承担责任的人可以获准离职以逃避责任。我认为,这是这种风险判断中最引人注意的方面之一,即有组织地不负责任"[2]。没有人或机构明确地为任何危机和风险负责。风险社会的政治改革预示了社会传统民主体制已经失去现实意义。"基本上讲,风险社会的转型为我们提供了拓宽和加强民主政治的机会,超越古典工业社会中其'断章取义'的版本,其中'社会科技变化的问题仍旧超越议会政治决策的范围。'"[3]风险社会的出现赋予人类加深和拓展民主的机会,即构建基于公民参与、理性审视、公开讨论基础上的协商民主。风险社会中的

---

[1] 薛晓源、周战超主编:《全球化与风险社会》,社会科学文献出版社2005年版,第14—15页。
[2] 同上,第23页。
[3] 同上,第329页。

政治转型需要尊重参与、合法性等基本原则，民主政治不能局限于自由民主的常规政治体制之中，而要在由更广泛的社会民主所搭建的协商讨论之中开放。

4. 全球治理中的协商民主。全球化时代，各种危机、冲突、矛盾等问题都不可能再被理解为是一个国家内部的问题，而只能被理解为国家与国家之间的问题。恐怖主义、核危机、全球气候变暖、生态危机、贫困问题、和平利用太空等挑战已经超越了民族国家的边界。因此，替代性治理形式必须能够恰当解决全球层面的国家间协调问题。在协商民主论者看来，全球化的发展、欧盟的合法性危机及其治理实践为协商民主理论提供了充分的经验材料。就妇女政策、环境政策、安全政策等鼓励更多公民的参与、促进决策透明度，以及实现共识是世界各国面临的重大问题，协商民主则是其恰当的选择和安排。正是协商民主的价值、理念和程序才能够最大程度地解决全球治理过程中面临的问题。在既有成员国忠诚于自身民主实践和价值的基础上，协商民主能够解决当前的参与问题，并包容差异性观点。①尊重多样性，包容差异，倾听各种利益表达，增强沟通、交流与讨论，将是全球治理过程中有效应对危机的恰当途径。协商民主为寻求一种全球民主的可能性开辟了道路。

---

① Paper for the Political Studies Association – UK 50th Annual Conference 10 – 13 April 2000, London.

六、从其产生之时起，协商民主理论就面临着各种不同形式的批评，这些批评包括精英主义的批评、自由主义的批评，以及协商民主理论家本身的批评

不管是作为一种复兴的理论探讨，还是作为一种政治实践，协商民主一直面临着来自各方面的批评。

第一，协商民主理论明显具有精英主义的倾向。桑德斯和扬认为，在协商制度中强势和弱势群体之间存在着不平等。①协商民主倾向于受过良好教育、具有相当社会地位、掌握协商技巧的社会阶层。协商民主歧视那些历史上的弱势群体——穷人、少数民族、妇女等。协商并不是一个中立程序，而是偏向带有某种文化特征的人群，尤其是白人中产阶级男性。虽然协商民主形式上应是包容的，即民主论坛允许任何人进入并发表演讲。但如果辩论的本质是偏向某一群体而牺牲其他人，那么实际上它就不具备包容性了。对此，米勒认为，弱势群体和处于事实与文化弱势的少数民族等有着更少的资源和机会，也没有什么政治影响力。但是，"对于处在这种地位的团体，协商民主似乎提供了最好的机会来利用政治权力抵消社会弊端。但即使在这里，他们唯一真正的资源只是唤起其同伴公民正义感的能力，并使用它赢得有利于他们的政策"②。

---

① L. Sanders, "Against Deliberation", *Political Theory*, 1997, Vol. 25, pp. 347 – 76; I. M. Young, "Communication and the Other: Beyond Deliberative Democracy", in Benhabib, *Democracy and Difference*; I. M. Young, "Difference as a Resource for Democratic Communication", in *Deliberative Democracy: Essays on Reason and Politics*, Edited by James Bohman and William Rehg, The MIT Press, 1997.

② [南非] 毛里西奥·帕瑟林·登特里维斯：《作为公共协商的民主》，王英津等译，中央编译出版社 2006 年版，第 140—158 页。

第二，协商民主理论具有浓厚的理想化和乌托邦色彩。许多批评者都认为协商民主是任何情况下都无法实现的理想。例如，文化多元主义，它损害的是普遍意志、一种团结的共同的善以及单一的公共理性之可能性，导致了深层而持久的道德冲突；社会不平等，它能产生一个将有效参与排斥在协商之外的恶性循环，使很多人难以有效地参与公共决策；社会复杂性，它使得协商必须在大且日益强大的机构中进行，将较大的、分散的公共领域包括进来；共同体范围的偏见，则限制了公共交往并缩小了对社会冲突和问题的解决办法的范围。社会选择理论认为，协商民主假定从协商过程中能够产生类似于普遍意志的东西，是不可能的幻想。[①]但是，协商民主同时也是通过提供有利于参与、交往和表达的条件而促进平等公民自由讨论的一种社会和制度条件框架，以及通过建立确保政治权力以定期的竞争性选举、公开性和司法监督等形式而对此形成的回应性和责任性框架。[②]

第三，协商理想和现存民主实践之间存在着不可逾越的鸿沟。最为典型的疑问就是，一个在本质上小而迟缓的协商团体如何治理庞大而复杂的社会？协商民主如何在各种决策如军事决策、金融决策等必须在几分钟而非几天就决定，没有时间咨询大众更别提协商的社会中起作用？即使协商集会在决策中是可行的，但是，怎样才能够使参与者遵守协商原则而不被个人

---

① W. H. Riker, *Liberalism against Populism*, San Francisco: Freeman, 1982; J. Coleman, J. Knight and J. Johnson, "Democracy and Social Choice", *Ethics*, 97 (1986), pp. 6 – 25; J. Knight and J. Johnson: "Aggregation and Deliberation: on the Possibility of Democratic Legitimacy", *Political Theory*, 22 (1994), pp. 277 – 96; D. van Mill, "The Possibility of Rational Outcomes from Democratic Discourse and Procedures", *Journal of Politics*, 58 (1996), pp. 734 – 52.

② Gordon Wood, *The Radicalism of the American Revolution*, New York: Knopf, 1993, pp. 162 – 66.

或团体私利所操纵呢？协商过程的参与者在实际上是否拥有理想状态所要求的很高的社会责任感、美德和品质呢？[①]实际上，民主是真正的"未竟的现代性工程"，协商民主理念的实现，还需要矫正、改变某些社会状况。有些因素是与协商民主不相容的，但是，它们的存在并非协商民主的障碍。在某种程度上，多元主义、复杂性等或许能在充满活力的世界性公共领域中促进自由、平等和理性的协商。协商民主既能够适用于小规模的市镇会议，也能够适用于大规模的民族国家。从陪审团、市镇会议、到区域治理组织、全球治理结构，以及现代民主体制等，这些多样性的实践充分表明，协商民主能够让人们认识到一个共享的公民文化的可能性，协商民主能够在经验现实中发现其深厚的制度支撑。

第四，协商的失败或无效。协商过程可能存在着无效与失败。复杂社会中的公民甚至无法进行有效的协商。即使美国宪法中用来促进协商的制度设计，也无法促进更充分地利用信息，更好地决策。相反，这些制度倒是强化其力图避免的"派系的危害"。而且，在很大程度上，策略取代了争论和讨论。[②]立法机构好像越来越对协商不感兴趣，其决策好像越来越多地变成了"纯粹"多数统治。另外，制度设计、经济条件等将一部分人排斥在协商过程之外，实际上就是民主的失败。协商理论家认为，认为所有问题都可以通过当前可行的协商得以解决是一种过分的理性。超理性是认识不到理性失灵之处的表现。

---

① G. Sartori, *The Theory of democracy Revisited*, Chatham NJ: Chatam House, 1987; A. Przeworshi, *Democracy and the Market*, Cambridge University Press, 1991; D. Zolo, *Democracy and Complexity: A Realist Approach*, Pennsylvanis State University Press, 1992.

② [美]詹姆斯·博曼：《公共协商：多元主义、复杂性与民主》，黄相怀译，中央编译出版社2006年版，第1—2页。

过多的理性对任何民主决策来说都是个问题，不管复杂性和分化的具体情况如何。过多的理性是一种非理性，违背了公开利用理性的自我批判基础。

越来越多的哲学家和社会科学家认为，协商民主观念是不真实的，也不可行。现代社会的"事实"，特别是它的多元主义和复杂性，似乎是协商民主的基本障碍。多元主义导致了难以解决的冲突，从而损害到协商。民族主义和宗教狂热主义的复苏使得诸如"普遍意志"甚或公共讨论之类的理念变得更加遥远了。现代社会的规模和复杂性好像使得对于协商的大部分思考变得不切实际。在现代民族国家的制度与组织中，这种协商期望似乎是不理智的。协商更像是精英主义的，更适合于大学的研讨会和科学团体而不是普通公众。虽然协商民主理论家面对批评也作了辩护性阐释。但是，这些疑问和批评本身能够使我们更全面更深入地认识协商民主理论。

七、在全球化的过程中，为了应对多元文化冲突的现实，推进民主化进程，协商民主具有规范和工具两方面的价值。协商民主开启了人类追求民主理想的新历程

协商民主重新恢复了传统政治理论和实践中对于公民美德、理性思考和合法决策的重视。协商民主既吸引了学者的目光，也引起了为政者的关注，"甚至批评者也倾向于承认民主协商的自然魅力"①。作为一种复兴的民主范式，协商民主在现

---

① 陈家刚选编：《协商民主》，上海三联书店2004年版，第43页。

实政治实践中具有超越既有政治模式的意义。

1. 改善立法和决策的质量，促进合法决策。政治决策只有在获得广泛的信息、充分关注和了解政策对象的真实感受的基础上，才能够作出比较恰当和完善的决策，而政治决策也只有获得广大政策对象的认同和支持，即在获得合法性的基础上才能够有效地加以实施。克里斯蒂亚诺指出，"我们应该将公共协商主要看做是具有工具价值。它是作出高质量决策的工具。如果公共协商不是服务于这个目标，那它就没有价值。"①公共协商普遍地改善了立法的质量。那些在所有公民中就可选择性建议的优点进行善意讨论和理性争论的社会往往会更公正，或者能更好地保护自由。法律和社会制度的正义将通过讨论过程而得到增强。"协商过程的政治合法性不仅仅出于多数的意愿，而且还基于集体的理性反思结果，这种反思是通过在政治上平等参与尊重所有公民道德和实践关怀的政策确定活动而完成的。"②"当且仅当它们是平等公民之间的自由、理性一致的结果时，这些结果才是民主合法的。"③

2. 培养公民精神，促进政治共同体的形成。良好的公民精神是健康民主政治的重要基础，协商民主则是建构这一基础的重要途径。首先，协商民主能够培养出健康民主所必需的公民美德，如政治共同体成员之间的相互理解、相互尊重。尊重他人的需求和道德利益，妥协和节制个人需要等。其次，协商民主能够形成集体责任感。协商民主能够使人们看到，政治共同

---

① ［美］詹姆斯·博曼、威廉·雷吉主编：《协商民主：论理性与政治》，陈家刚等译，中央编译出版社2006年版，第194页。

② Jorge M. Valadez, *Deliberative Democracy, Political Legitimacy, and Self-Determination in Multicultural Societies*, USA Westview Press, 2001, p. 32.

③ Joshua Cohen, "Deliberation and Democratic Legitimacy", in *The Good Polity*, eds. Alan Hamlin and Philip Petti, Blackwell, 1989, p. 22.

体的每个人都是更大社会的一部分，承担责任有利于促进共同体的繁荣。第三，随着文化多元化的发展，协商民主能够促进不同文化间的沟通与理解。通过公开的对话、交流和协商，各种文化团体之间就会维持一种深层的相互理解，从而成为建立参与持续性合作行为所需要的社会信任的基础。最后，协商过程和程序包容存在差异的种族、文化团体，平等、公正地对待社会的异质性，促进多元文化国家的政治合法性。当公民必须参与协商过程中来时，他们身上某些优良品质就会得到发扬。公共协商的过程，是实现正义、合法性和美德等价值的过程。

3. 矫正自由民主的不足。随着国家角色、政体规模，以及异质性因素的变化，自由民主以及基于自利观念的个人主义已经腐蚀了民主的核心理念，在一定程度上它已经和民主政府的良性运作不相容了。"如果想保存乃至深化我们的民主生活，我们必须把未来掌握在我们自己手中。我们必须创造一种能支持公民参与公共对话的制度。"[1]而协商民主则开始重新强调公民对于公共利益的责任、强调通过共识形成决策的过程，改变了重视自由而忽视平等的传统。作为协商民主的核心，协商过程是对当代自由民主中流行的个人主义和自利道德的矫正。协商过程不是政治讨价还价或契约性市场交易模式，而是公共利益责任支配的程序。协商民主理论最主要的特点首先表现为对自由民主规范实践的批评。作为一种具有潜在影响的改革和政治理想计划，协商民主延续着"激进"民主的传统。不过，它延续的方式是通过强调公共讨论、推理和判断来调和激进的包容性的参与观点。

4. 制约行政权的膨胀。20 世纪以来，自由民主制度面临

---

[1] Bruce Ackerman, James S. Fishkin, "Deliberation Day", *The Journal of Political Philosophy*, Vol. 10, No. 2, 2002, pp. 129–52.

的另外一个重要挑战就是行政机构的权力或者说官僚自由裁量权的日益膨胀。怎样控制行政权力的非民主取向,已经成为各国学者关心的重要问题。官僚自由裁量权的问题是行政机构获得了制定规则以确定公共政策的内容而无须承担同等民主责任的问题。那么,怎样应对政府公信力丧失、怎样实现对行政权膨胀的制约呢?"控制官僚自由裁量权的恰当途径是施行协商民主,实行协商的民主立法模式"①,只有协商模式才能规范、建构现代的公共行政。真正的公共行政需要在讨论和决策中把公开性、平等和包容性最大化,所有政策协商的参与者都有确定问题、争论证据和形成议程的同等机会,协商过程能够包容各种不同的利益、立场和价值,协商能够使讨论和决策过程中的社会知识最大化。协商规范有助于人们辨别民主形式的公共行政,从而指导制度实验和改革。

5. 协商民主能够充分发挥理性的作用。"协商民主的一个主要优点在于,它致力于使理性在政治中凌驾于权力之上。政策之所以应该被采纳,不应该是因为最有影响力的利益取得了胜利,而应该是因为公民或其代表在倾听和审视相关的理由之后,共同认可该政策的正当性。虽然传统的共和主义存在某种精英主义的倾向,但当代的协商论者认为,较之以利益为基础的民主,协商民主潜在地具有更大的包容性和平等性。"②因此,基于利益的民主体制并不阻止金钱和人数对于决策的影响,而协商理论则强调的是,民主要求所有的公民在表达要求方面拥

---

① Christian Hunold, "Corporatism, Pluralism and Democracy: Toward a Deliberative Theory of Bureaucratic Accountability", *Governance: An International Journal of Policy and Administration*, Vol. 14, No. 2, Blackwell Publishers, 2001.

② I. M. Young, "Communication and the Other: Beyond Deliberative Democracy", in S. Benhabib ed. *Democracy and Difference: Contesting the Boundaries of the Political*, Princeton University Press, 1996, pp. 102 – 16.

有平等的发言权，无论他们的社会地位和权力如何。理性而非情绪化的诉求在表达、倾听和讨论的过程中发挥着重要的作用。

在一个强调多元、尊重差异和多样的时代，在一个既有体制面临重重危机和挑战的时代，协商民主开启了人类探索民主理想的新历程。协商民主为人类的民主探索提供了一种新的思考路径。协商使民主成为一个持续性的创造性的过程。民主走向协商，表明人们在持续关注民主的真实性。协商民主理论，以及协商民主的实践已经超越了对于民主真实性、政治合法性的关注，并且已经不再局限于欧洲和北美的发达国家。

八、在中国的政治实践中，从国家制度层面到基层治理领域，存在着丰富的协商政治实践。例如，政治协商制度、立法听证、民主恳谈、网络论坛等。这些制度形式不同程度地反映了协商民主的特征

在我国的民主政治实践中，存在着丰富的协商民主形式，这些不同的制度设计，在各个侧面反映了协商民主的特征。

1. 政治协商制度。中国共产党领导的多党合作和政治协商制度是我国的一项基本政治制度。政治协商能够充分发挥自身联系各党派、人民团体、社会各界和少数民族等群众的优势，有利于促进社会各阶层、团体和党派的有序政治参与；能够最大程度地包容和表达各种利益诉求；能够促进党和国家决策的民主化、科学化；能够加强对国家权力运作过程的民主监督。政治协商制度是国家层面的协商民主形式。作为国家制度层面的制度平台，政治协商制度必然会在决策过程中的信息聚合、

慎重讨论、沟通交流、政策表达等各方面发挥关键作用。第一，充分发挥人民政协的作用，构建并完善基于权利的制度平台。第二，包容、尊重由于社会分化而产生的各种社会群体，反映并维护其利益。第三，积极引导并促进各行为主体的参与、表达和对话，在理性交往过程中增强自身的责任性。第四，增强政协制度参与主体的独立性，赋予更广泛的平等机会、资源，增强能力建设，实现参与过程的权利和话语平等权。第五，加强权力监督和制约。通过协商民主这种治理形式加强监督，是在以权力制约权力这一监督机制之外，建构一种以社会制约权力的机制。

2. 基层民主治理。20世纪80—90年代以来，中国城乡社会已经发展出了许多协商制度形式，如民情恳谈会、民主恳谈会、民主理财会、居民论坛、乡村论坛、民主听证、议政会等。基层的这种协商民主形式，是一种协调公民与公民、公民与政府之间关系的重要政治程序和途径。民主恳谈是浙江省温岭市在世纪之交创造的一种基层民主形式。民主恳谈过程的参与者能够通过倾听、对话和沟通，在充分讨论的基础上形成基本共识，从而赋予决策以合法性，并最大限度地促进公共利益。随着社会管理体制的改革，基层民主政治建设的发展，在城市基层政治实践中，社区作为一种平台，为协商民主提供了新的制度架构。新的社区出现了新的权力关系，即以居民、小区业主委员会、社区居委会、物业管理公司、房产开发商等为主体的多元互动权力结构。协商民主在尊重不同利益群体平等地位、充分反映不同群体的意见、促进沟通对话和理解等方面能够发挥有效的作用。"即使中国能找到使人民协商制度产生实际的政治效果的某些方式，即使人民协商制度在国家层面上能被采用，它首先需要在地方社团层面上试验，这对于在一个政治的实质结构转型中保持一种完美理想来说是绝对重要的；只有这样，民主协商的理念才能成为现实。"①

3. 立法听证。作为一种程序民主，立法听证是立法机关在立法过程中，直接地、公开地听取社会意见的一种重要方式。立法听证最大的特点，是公开、透明、公正、客观、程序性强、注重实证等。立法听证的价值理念，就是力图通过程序正义进而实现实质正义。作为不同利益主体进行利益表达的程序性制度，立法听证是政治国家与市民社会良性互动的重要法律机制，是锻炼民众民主能力、实践民主制度的重要渠道，具有控制公共权力并使其公正行使、保护权利不受侵犯的宪政功能。作为协商民主的一种重要形式，立法听证通过利益相关者参与政治决策过程，并在对话、沟通和交流的基础上，形成最终的共识，从而对于立法决策产生影响。立法过程中的表达、陈述、对话和思考，即协商，会因为其产生的结果而具有价值。那些在所有公民中就可选择性建议的优点进行善意讨论和理性争论的社会往往会更公正，或者更好地保护自由。同时，与那些没有经过针对立法的深入协商过程的社会相比，这些社会的法律在其公民眼中往往在理性上更为正当。

4. 公共论坛。公共论坛包括实践空间中的公共讨论、网络论坛等基本形式。在中国的政治和社会实践中，公共论坛具有怎样的意义？怎样充分利用公共论坛这样的形式促进公民参与和利益表达呢？北京大学许纪霖教授以2003年北京大学教师聘任制改革方案为例，详细地探讨了公共论坛中的协商。许教授认为，以《北京大学教师聘任和职务晋升制度改革方案（征求意见稿）》为诱因，网络舆论和平面媒体的互动，形成了一

---

① 陈剩勇、何包钢主编：《协商民主的发展》，中国社会科学出版社2006年版，第173页。

个相当独特的公共领域和公共舆论平台,从而使关于北大改革的大讨论"从校园内部的咨询政治"转向协商民主。在社会利益已经高度分化、社会精英与底层日益对立的当代中国,决策仅仅遵循原来的咨询政治的渠道来吸纳社会反馈,已经失去了有效性。而协商民主将为包括改革在内的各种公共决策,提供一个新的合法化空间。

此外,科技进步使网络论坛很快地发展成为公民表达利益的重要渠道。网络论坛作为一种立基于新传播技术之上的参与方式,打破了空间、时间的限制,增加公民之间以及公民与政府之间直接的、全面的参与和沟通的可能性。它在一定程度上实践着协商民主的理想,体现着民主的价值和精神。网络论坛造就了多元化的语境,包容少数,弱化了精英控制,促进了公民之间、公民与政府之间的沟通交流和对话。

九、协商民主对于加强执政党执政能力建设、推动政府管理体制改革、促进民主发展、构建和谐社会以及促进合法决策和民主监督具有积极的意义

第一,协商民主有助于推进社会主义宪政建设,实现党的领导、依法治国与人民当家作主的有机统一。社会主义宪政是以社会主义宪法为前提,以人民当家作主为核心,以法治为保障,以切实保障人权和实现社会实质性正义为目的的政治形态。社会主义宪政是一种高度的政治文明成果,是社会主义的本质要求。我们也应该看到,在中国这样一个有着悠久的历史文化传统、封建专制制度传统以及特殊的革命传统的国家,社会主义宪政建设依然面临着诸多的挑战。社会主义宪政的完善

与发展,可以通过发展协商民主来实现。协商民主制度的基本理念是,通过协商机制寻求并确立利益制约的机制,从而实现个人利益的平衡与公共利益的最大化。协商民主是一种以宪法为中心的程序民主,强调程序正义,注重体现竞争的公平性和公正性。"一个秩序良好的宪政民主"应当"被理解为协商民主",因为"协商民主是自由宪政的核心思想",制宪本身就是协商过程,而宪法不过是"自由而平等的公民基于共同的人类理性而能接受的原则和思想,我们可以合理地预期这是所有公民认可的必要条件之一"[①]。

第二,协商民主有助于制衡行政自由裁量权的膨胀,推进法治政府、责任政府、服务型政府、透明政府和廉洁政府建设。在我国经济高速增长、社会急剧分化、发展极不平衡的同时,政府管理出现了一系列突出的问题:公共利益部门化;决策缺乏民主;行政权力缺乏有效监督;依法行政不足;重管制、轻服务;政府与公民缺乏合作;行政成本高;管理过程不透明;公信力缺乏;腐败严重,等等。[②]应对我国政府管理中的诸多挑战,协商民主路径是一种恰当的选择。协商民主可以有效地规范和建构现代的公共行政。因为真正的公共行政需要在讨论和决策中把公开性、平等和包容性最大化,所有政策协商的参与者都有确定问题、争论证据和形成议程的同等机会,协商过程能够包容各种不同的利益、立场和价值,协商能够使讨论和决策过程中的社会知识最大化。透明和负责的政府决策过

---

① John Rawls: "The Idea of Public Reason Revisited", *University of Chicago Law Review*, 1997, pp. 765 – 807;[美] 约翰·罗尔斯:《政治自由主义》,万俊人译,译林出版社 2002 年版。转引自[澳] 约翰·S. 德雷泽克:《协商民主及其超越》,丁开杰等译,中央编译出版社 2006 年版,第 7 页。

② 俞可平:《2008:预测与战略》,在《财经》年会上的发言。2007 年 12 月 10 日。

程，使民众能够有效地监督和制约政府机构，使政府发挥其应尽的责任，避免其超越责任范围、法律界限。

第三，协商民主有助于拓展利益表达渠道、推动公民个体、社会组织与政府的对话和交往，增强政策的合法性基础，扩大并促进公共利益。改革开放以来，中国逐渐形成了一种多元化的社会政治和经济格局。在各种利益相互比较、竞争和冲突的过程中，单独依靠某一个行为者很难有效地协调复杂的利益矛盾。协商民主通过各方平等、自由的对话、讨论、辩论和协商的过程，使社会主体都能够充分表达自己、了解其他各方的利益，进而在平等开放的对话中，形成关于公共利益的共识。协商民主的包容性提升了决策的合法性。同时，公共舆论更有可能基于所有视角、利益和信息而形成，而不大可能将合法利益、相关知识或适当的反对意见排除在外，[1] 从而维护公共利益。协商民主关注公共利益，并不意味着对弱势群体利益的忽视，协商的公共性保证所有发言人都可有效参与辩论和商讨，每个人都期待其他人回应他们。协商民主还在很大程度上促进了不同团体和集体的跨文化交流，有助于对不同文化的理解、尊重与学习。

第四，协商民主有助于促进公民有序的政治参与，促进基层民主的深度与广度。中国是一个缺乏民主传统的国度，数千年君主专制的权力结构导致了民众自主性的迷失。民主意识的缺失、参与的不足，决定了中国的政治发展必然要更为主动地推动公民有序政治参与。协商民主鼓励立法和决策的利益相关者积极参与公共协商，在参与过程中公开自己的偏好，尊重他人的意见。参与能够在公民之间，以及公民与相关问题、制度

---

[1] [美]詹姆斯·博曼：《公共协商：多元主义、复杂性与民主》，黄相怀译，中央编译出版社2006年版。

和政治体系之间建立联系；能够为公民有平等的表达机会、发言权创造条件；能够有效地维护公民个人以及共同体的利益。协商民主能够使民众获得了"自主"的感觉。正如有学者指出的，公民自治的实现是通过引进各种防范措施来制约少数人企图建立对多数人统治权威的倾向。①我国最广泛的民主实践是村民自治与社区自治。在这两种形式的基层民主实践中，通过协商民主的协商，鼓励公民自觉参与政治对话、民主选举、政策监督，则能够有效地推动基层民主向纵深发展。

  第五，协商民主有助于公民社会的健康发展，从而奠定社会主义民主政治的社会基础。公民社会是协商民主的社会基础，是除国家以外的推动民主化尤其是协商民主进程的主要行动者。"只有民主的国家才能建立一个民主的公民社会；也唯有一个民主的公民社会才能支撑起一个民主的国家。"②但是，传统中国是一个全能主义的国家，公民社会一直是弱小的、甚至是缺位的。如果充满活力的公共领域能够充分实现的话，那么，对于中国使其庞大的、充满活力的政体民主化的努力来说，这种制度化的、广泛并且深入的公共协商可能会成为一种模式。③改革开放以来，我国的公民社会逐渐发展并成长起来，但是，处于从生长发育到初步成长时期的公民社会尚存在很多问题，如民间组织的行政化、等级化、政治化和依附性倾向明显；自治功能和社会作用无法独立发挥；外部缺乏法律制度环境的有效保障，等等。因此，我们需要利用协商民主进一步促

---

① ［法］让·布隆代尔：《民主与宪政》，载猪口孝等编：《变动中的民主》，林猛等译，吉林人民出版社 2003 年版。
② ［美］阿兰·博耶：《公民共和主义》，应奇等译，东方出版社 2006 年版，第 302 页。
③ ［美］詹姆斯·博曼、威廉·雷吉主编：《协商民主：论理性与政治》，陈家刚等译，中央编译出版社 2006 年版，中文序第 9 页。

进公民社会的健康发展。一方面，通过开放、多样的协商路径不断完善民主制度，激发民众参与对话和讨论的热情，培养公民的公共精神和协商能力；另一方面，得到民主保障并积极参与的公民社会又不断开拓协商的新领域，创制协商民主的新形式，在与国家和各团体之间的博弈和协商中推进宪政民主的发展。

第六，协商民主有助于在实践中形成健康民主社会所需要的政治文化，形成一种宽容、理解、对话、倾听和理性的民主氛围。协商民主能够在实践中培养出良好的公民精神，建构民主政治的文化心理基础，从而形成和谐社会的精神纽带。在现实的运转中，协商民主首先能够培养出健康民主所必需的公民美德，如政治共同体成员之间的相互理解、相互尊重、妥协和节制个人需要等；其次，协商民主能够形成集体责任感。协商民主能够使人们看到，政治共同体的每个人都是更大社会的一部分，承担责任有利于促进共同体的繁荣；第三，随着文化多元化的发展，协商民主能够促进不同文化间的沟通与理解。通过公开的对话、交流和协商，各种文化团体之间就会维持一种深层的相互理解，从而成为建立参与持续性合作行为所需要的社会信任的基础。最后，协商过程和程序能够包容存在差异、边缘化的少数族群、文化团体，平等、公正地对待社会的异质性，促进多元文化国家的政治合法性。

十、在进一步推进竞争性民主的基础上，大力推进协商民主是中国民主政治发展的明智的战略选择

中国的政治发展具有中国自身的特色。在长期的革命和建

设实践中，中国根据自身的历史、传统、文化和基本国情，已经走出了一条符合中国国情的中国特色社会主义政治发展道路。这条道路，既能广泛发扬民主，又能实现高度集中。既充满生机活力，又富有效率。既尊重大多数人的意愿，又维护少数人的权利。

但是，随着我国改革开放的进一步深入，中国政治发展面临的挑战也越来越严峻：（1）如何在中国共产党从领导人民利用武装斗争夺取政权的革命党转变成领导人民发展经济、走向民主富强文明的执政党之后，进一步提高执政能力，进一步建构更广泛、更坚实的合法性基础？（2）如何坚持党的领导、人民当家作主、依法治国有机统一，按照党总揽全局、协调各方的原则，规范党委与人大、政府、政协以及人民团体的关系，支持人大依法履行国家权力机关职能，支持政府履行法定职能依法行政，支持政协围绕团结和民主两个主题履行职能，支持人民团体独立负责地开展工作？（3）如何进一步调整和规范政府与市场的关系，如何建设法治政府、透明政府、廉洁政府、责任政府和服务型政府，完善和发展廉洁高效公正的运作体制？（4）如何应对发展过程中出现的腐败蔓延、贫富差距拉大、社会不公、生态危机、地区发展不平衡等严峻挑战？（5）如何鼓励并促进公民的有序政治参与？如何促进公民社会组织健康发展，推动社会进步？如何与人民政治参与积极性不断提高相适应，从各个层次、各个领域扩大公民有序政治参与？（6）如何更积极地应对全球化过程中的政治影响？

在应对这些严峻挑战的问题上，协商民主理论的引入，为我们推进中国的政治发展提供了可资借鉴的理论成果和经验设计。但是，我们也必须清醒地认识到：第一，协商民主是对西方政治体制的回顾、描述与反思，是对西方既有政治体制的补充、完善和超越。协商民主不是一种孤立的理论或实践，它深深植根于当代西方发达资本主义国家的政治传统与现实。第二，在理论与体制实践中，选举、权力制衡、理性表达、参与和对话等要素都是协商民主的内在要素。也不能仅仅将协商民主理解为单纯的行政民主。要完整地理解协商民主，避免非此即彼的二元思维路径。第三，协商民主体现在不同领域和层面。在国际层面，如欧盟治理过程的协商，在国家层面如现代民主体制，在基层如地方治理和市镇会议等。我国的协商民主具有多种多样的表现形式，例如：国家层面的政治协商制度、立法机构的听证及审议实践，地方政府创新中的民主恳谈以及社区治理过程中的议事会，等等。第四，对于我国的政治发展来说，协商民主的价值在于我们可以借鉴其中的某些价值观念、某些制度要素、某些方法来丰富和完善中国特色的协商民主政治。但是，制度的学习和借鉴不是照搬照抄。

当代中国政治发展道路的选择，必然是尊重自身历史、文化传统，尊重自身国情的政治发展；必然是尊重通过多次反复而历史地选择的既有政治制度，并充分利用既有制度空间，推动创新与变革的政治发展；必然是以开放的心态、开阔的视野，了解、认识、学习和借鉴其他国家先进政治文明成果，并使之本土化的政治发展；必然是以思想解放、观念转变为先导，以意识形态的完善和发展所推动的政治发展；必然是一种将党内民主、人民民主、基层民主、社会民主结合起来，而非单一强调某一方面的要素，是将民主价值、民主制度、民主机制和程序以及民主意识、民主精神有机结合起来，而非片面理解的政治发展；必然是在民主的实践中创造民主条件的政治发展。经济发展水平不高、公民文化素质低、传统封建专制及宗族等消极因素的存在不是拒绝或延缓民主的借口。民主的条件是在民主的实践中创造的。在继续推进选举民主的基础上，大力发展协商民主，是我国社会主义民主政治建设的明智的战略选择。

（原载《毛泽东邓小平理论研究》2008年第7期）

协商民主的价值、挑战与前景[*]

20世纪后期,西方学术界兴起了对协商民主理论的研究。不同领域的学者都开始关注并深入探讨协商民主理论。国内的学者也及时地将协商民主理论引进到中国,并以此为基础来分析当代中国的政治实践。从协商民主研究兴起至今,关于协商民主的争论就没有停止过。赞誉者有之,批评者有之,观望者有之。那么,在20世纪民主理论发展的脉络中,协商民主是一种什么样的民主模式,在批判和建构的意义上具有何种价值?协商民主理论研究的兴起,是否就意味着协商民主能够为人类的民主未来指明一个新的方向?协商民主能否在众多关于民主的设计模式中赢得最终的优先性?本文将根据协商民主理论研究的最新成果,对上述问题作一概略的梳理,希望为学界深入的探讨提供一些参考性的资料。

---

[*] 本文为国家社科基金青年项目"协商民主与当代中国的政治实践"(批准号:05CZZ006)的阶段性成果。

一、协商民主的价值

作为一种民主体制，协商民主强调基于理性的参与，强调政治决策过程应该充分考虑普通公民的意见、建议，而这种决策也应该是在公共利益的诉求下，在参与者建立共识的基础上形成的。协商民主重新恢复了传统政治理论和实践对于公民美德、理性思考和合法决策的重视。协商民主既吸引了学者的目光，也引起了为政者的关注，用爱尔兰学者梅维·库克的话说就是，"甚至批评者也倾向于承认民主协商的自然魅力"[1]。

库克认为，人们之所以支持协商民主，其原因在于协商民主本身所具有的五个方面的价值。总体上讲，协商民主值得人们为之辩护。"在支持协商民主的各种观点中，人们主要关注：（1）公共协商过程的教育作用；（2）公共协商过程形成共同体的力量；（3）公共协商程序的公正性；（4）公共协商结果的认识平等；（5）协商民主表述的政治理想与'我们是谁'的一致性。"[2] 而托马斯·克里斯蒂亚诺专门探讨了协商民主的意义与价值。他认为，协商民主强调民主决策应该以实质的公共协商过程为基础，其中，各种支持或反对法律和政策的观点是根据其是否促进公民的共同的善以及政治社会的正义而提出的。协商民主具有"普遍的"价值，即虽然公共协商本身在提高民主政治中的决策质量具有独特的工具价值，它对民主政治产生正义结果的能力有着重要贡献，但公共协商过程中的平等

---

[1] 陈家刚选编：《协商民主》，上海三联书店2004年版，第43页。
[2] 同上，第43—44页。

具有基于正义要求的内在价值。①协商民主之所以具有这样的价值，是与其自身的目标相关的。古特曼和汤普森认为，"协商民主的基本目标是为处理政治生活中的道德分歧提供最具正当性的概念"。与此相关，存在四个相互关联的目标。首先，它力图促进集体决策的合法性。面对稀缺的资源，协商有助于使那些没有得到其所想乃至所需的人接受集体决策的合法性。第二，鼓励公民本着公共精神来考虑公共问题。组织良好的协商，通过鼓励参与者用一种更开阔的眼光来观察涉及公共利益的问题。第三，促进决策过程中的相互尊重。协商无法使那些无法调和的价值相互兼容，但它能帮助参与者认识到对手的观点在道德上的价值。第四，有助于纠正集体行动时候的失误。组织良好的协商，通过相互的辩驳，参与者相互学习，能够认识到个体和集体存在的各种误解，并提炼出更能经得起检验的新观点和新政策。②

从不同学者的分析和阐释中，我们可以将这些不同规范价值和工具价值的论述作一简单的梳理。作为一种复兴的民主范式，协商民主在现实政治实践中具有超越既有政治模式的意义。

1. 改善立法和决策的质量，促进合法决策。政治决策只有在获得广泛的信息、充分关注和了解政策对象的真实感受的基础上，才能够作出比较恰当和完善的决策；而政治决策也只有获得广大政策对象的认同和支持，即在获得合法性的基础上才能够有效地加以实施。

---

① [美]詹姆斯·博曼、威廉·雷吉主编：《协商民主：论理性与政治》，陈家刚等译，中央编译出版社2006年版，第184—185页。
② Amy Gutman, Dennis Thompson, *Why Deliberative Democracy?*, Princeton University Press, 2004, pp. 8–9.

首先，经由协商的决策过程能够包容所有受决策影响的利益相关者，他们都能够平等地参与政治讨论，没有人具有超越任何其他人的优先性。在一个利益、文化、族群、信仰等存在多样性的社会中，冲突与分歧是实现公平正义和产生美德的最肥沃的土壤。因为它们的存在，共同的善、正义、公共利益等诉求才会要求对所有人应该平等地考虑。正义就要求每个人都能够平等地参与公共协商。其次，公共协商能够改善民主决策的结果。"我们应该将公共协商主要看做是具有工具价值。它是作出高质量决策的工具。如果公共协商不是服务于这个目标，那它就没有价值。"① 讨论和协商使我们的理解能够接受批判性审视的检验。通过增强公民对其社会以及应该支配其社会的道德原则的理解，公共协商普遍地改善了立法的质量。那些在所有公民中就可选择性建议的优点进行善意讨论和理性争论的社会往往会更公正，或者能更好地保护自由。法律和社会制度的正义将通过讨论过程而得到增强。再则，协商民主能够通过讨论、审议等过程赋予立法和决策以合法性。"协商过程的政治合法性不仅仅出于多数的意愿，而且还基于集体的理性反思结果，这种反思是通过在政治上平等参与尊重所有公民道德和实践关怀的政策确定活动而完成的。"②科恩认为，"当且仅当它们是平等公民之间的自由、理性一致的结果时，这些结果才是民主合法的。"③民主协商及其理性一致能够证明结果的正当性。对于其参与者而言，经由这种过程的决策结果在政治上

---

① [美]詹姆斯·博曼、威廉·雷吉主编：《协商民主：论理性与政治》，陈家刚等译，中央编译出版社2006年版，第194页。

② Jorge M. Valadez, *Deliberative Democracy, Political Legitimacy, and Self-Determination in Multicultural Societies*, USA Westview Press, 2001, p. 32.

③ Joshua Cohen, "Deliberation and Democratic Legitimacy", in *The Good Polity*, eds. Alan Hamlin and Philip Petti, Blackwell, 1989, p. 22.

是正当的。协商能在公民之间就立法的优点达成理性一致,合法性借助协商而得到增强。

2. 培养公民精神,促进政治共同体的形成。良好的公民精神是健康民主政治的重要基础,协商民主则是建构这一基础的重要途径。

首先,协商民主能够培养出健康民主所必需的公民美德,如政治共同体成员之间的相互理解、相互尊重。尊重他人的需求和道德利益,妥协和节制个人需要等。当公民必须参与到协商过程中来时,他们身上某些优良品质就会得到发扬。那些作为自由、平等公民而经常参与协商的人更有可能形成自主、理性和道德特征。公共协商的过程,是实现正义、合法性和美德等价值的过程。其次,协商民主能够形成集体责任感。协商民主能够使人们看到,政治共同体的每个人都是更大社会的一部分,承担责任有利于促进共同体的繁荣。第三,随着文化多元化的发展,协商民主能够促进不同文化间的沟通与理解。通过公开的对话、交流和协商,各种文化团体之间就会维持一种深层的相互理解,从而成为建立参与持续性合作行为所需要的社会信任的基础。最后,协商过程和程序能够包容存在差异的种族、文化团体,平等、公正地对待社会的异质性,促进多元文化国家的政治合法性。

3. 矫正自由民主的不足。随着国家角色、政体规模以及异质性因素的变化,作为自由民主制度形式的代议制民主与技术官僚管理开始越来越不适应21世纪人类面临的各种新问题。以代议制为平台的自由民主体制,是以个人主义和利益为基础的民主模式,其对政治过程的理解往往具有私人化的倾向。"二战"以后,西方国家经济和科学技术迅速发展刺激了利益集团政治的兴起,它们直接参与政治决策,对传统的代议制民主提出了挑战。代议体制已经无法有效实现民主政治的核心理想，即：促进公民的积极政治参与；通过对话形成政治共识；设计并实施基于生产经济和健康社会的公共政策；确保所有公民都得益于国家福利。基于自利观念的个人主义已经腐蚀了民主的核心理念，在一定程度上它已经和民主政府的良性运作不相容了。因此，"如果想保存乃至深化我们的民主生活，我们必须把未来掌握在我们自己手中。我们必须创造一种能支持公民参与公共对话的制度。"[①]而协商民主则开始重新强调公民对于公共利益的责任，强调通过共识形成决策的过程，改变了重视自由而忽视平等的传统。作为协商民主的核心，协商过程是对当代自由民主中流行的个人主义和自利道德的矫正。协商过程不是政治讨价还价或契约性市场交易模式，而是公共利益责任支配的程序。协商民主理论主要的特点首先表现为对自由民主规范实践的批评。作为一种具有潜在影响的改革和政治理想计划，协商民主延续着"激进"民主的传统。不过，它延续的方式是通过强调公共讨论、推理和判断来调和激进的包容性的人民参与观点。

4. 制约行政权的膨胀。20 世纪以来，自由民主制度面临的另外一个重要挑战就是行政机构的权力或者说官僚自由裁量权的日益膨胀。怎样控制行政权力的非民主取向，已经成为各国学者关心的重要问题。官僚自由裁量权的问题，实质是行政机构获得了制定规则以确定公共政策的内容而无须承担同等民主责任的问题。

怎样最好地控制官僚自由裁量权一直是学术争论和实际改革中经常讨论的话题，但问题仍然存在。有些观察家想通过加

---

① Bruce Ackerman and James S. Fishkin, "Deliberation Day", *The Journal of Political Philosophy*, Vol. 10, No. 2, 2002, pp. 129 – 52.

强立法机构的监督来控制官僚的自由裁量权。然而,由于立法机构有限的监督能力,这种路径的前景并不被看好。此外,官僚自由裁量权的主要问题并不是行政权力,而是其不民主的实践。行政机构对公共政策内容有很大的影响,而立法机构似乎正在衰落,虽然有人希望立法与官僚机构的权力平衡发生有利于前者的变化。

当代许多对民主的怀疑都源于将健康的民主体制等同于充满活力的立法机构。然而,如果官僚组织能够通过公共协商而承担责任,那么,基于立法机构衰落的民主批评将会失去其应有的吸引力。那么,怎样将行政制度及其决策与协商、争论以及论证的网络和组织联系在一起呢?协商民主强调的是运用公共理性和对话、讨论。公开性具有监督官僚权力和行政制度的能力,制度改革应该为政治制度及其与公众之间的协商保留空间和途径。在博曼所谓的"真正公共的行政形式"中,行政人员通过解释决策过程受影响的那些人如何表达公共理性的公共影响观点而负起责任。真正的公共行政需要在讨论和决策中把公开性、平等和包容性最大化。[1]

协商民主论者认为,"控制官僚自由裁量权的恰当途径是施行协商民主,实行协商的民主立法模式"[2],只有协商模式才能规范、建构现代的公共行政。因为真正的公共行政需要在讨论和决策中把公开性、平等和包容性最大化,所有政策协商的参与者都有确定问题、争论证据和形成议程的同等机会,协商过程能够包容各种不同的利益、立场和价值,协商能够使讨论

---

[1] Christian Hunold, Corporatism, Pluralism and Democracy: Toward a Deliberative Theory of Bureaucratic Accountability, *Governance: An International Journal of Policy and Administration*, Vol. 14, No. 2, Blackwell Publishers, 2001.

[2] Ibid.

和决策过程中的社会知识最大化。从广义上讲，行政责任的协商模式将具有超越公共行政的意义。

5. 协商民主能够充分发挥理性的作用。公共协商就是交换理性的对话过程，目的是解决那些必须通过人际间协作与合作的问题情形。①公共协商是协商民主的核心概念。"协商民主的一个主要优点在于，它致力于使理性在政治中凌驾于权力之上。政策之所以应该被采纳，不应该是因为最有影响力的利益取得了胜利，而应该是因为公民或其代表在倾听和审视相关的理由之后，共同认可该政策的正当性。"② 协商理论强调的是，理性而非情绪化的诉求在表达、倾听和讨论的过程中发挥着重要的作用。公共协商更有可能在认识上提高政治决策正当性的质量。当协商在开放的、公共论坛上进行的时候，理性的质量就可能提高。政治正当性中理性质量的提高最终会影响到决策结果：理性会更具有公共性，因为它们反映了所有受到影响的协商者更为广泛的要求。

二、协商民主面临的挑战

不管是作为一种复兴的理论探讨，还是作为一种政治实践，协商民主一直面临着来自各方面的批评和挑战。

1. 协商民主具有精英主义的倾向。这种批评体现在桑德斯

---

① ［美］詹姆斯·博曼著：《公共协商：多元主义、复杂性与民主》，黄相怀译，中央编译出版社2006年版，第24页。

② Iris M. Young, "Communication and the Other: Beyond Deliberative Democracy", in S. Benhabib ed. *Democracy and Difference: Contesting the Boundaries of the Political*, Princeton, NJ: Princeton University Press, pp. 120 – 35.

和扬等人的著作之中。桑德斯和扬认为,在协商制度中强势和弱势群体之间存在着不平等。①协商民主倾向于受过良好教育、具有相当社会地位、掌握协商技巧的社会阶层。协商民主歧视那些历史上的弱势群体——穷人、少数民族、妇女等。协商并不是一个中立程序,而是偏向带有某种文化特征的人群,尤其是白人中产阶级男性。理想的协商存在两个问题:"首先,通过将民主讨论的概念严格限定为批判性的论证,大多数的协商民主论者实际上预设了一种基于文化偏见的讨论概念,这将造成某些人或群体的失语或者是对他们的贬低。此外,他们倾向于把以达致理解为目的的讨论过程错误地理解为要么以共识为前提,要么以共同利益为目标。"②也就是说,在社会经济和政治生活中处于弱势的群体,可能会因为缺乏表达、论证能力和技巧,而无法充分参与协商过程。另外,扬认为,妨碍人们成为平等对话者的社会权力不仅源于经济上的依赖和政治上的支配,而且与人们对于自己是否有权利发言的内在感觉有关。此外,还与对言谈风格的评价有关,有些人的言谈风格遭到贬低而另一些人的言谈风格被抬高了。协商理想倾向于认为,当我们消除了经济和政治权力的影响后,人们的言谈方式和理解的方式就会一样。但事实上,只有当我们进一步将他们在文化和社会地位上的差异抹平后,这种设想才能成为现实。

---

① L. Sanders, "Against deliberation", *Political Theory*, 1997, Vol. 25, pp. 347 – 76; I. M. Young, "Communication and the Other: Beyond Deliberative Democracy", in Benhabib, *Democracy and Difference*; I. M. Young, "Difference as a resource for democratic communication", in Bohman and Rehg, *Deliberative Democracy*.

② I. M. Young, "Communication and the Other: Beyond Deliberative Democracy", in S. Benhabib, *Democracy and Difference*, Princeton, NJ: Princeton University Press, pp. 120 – 35.

针对这种批评，米勒认为，弱势群体以及那些处于弱势的少数民族，他们与主流民众相比，有着更少的资源和机会，几乎没有什么政治影响力。"对于处在这种地位的团体，协商民主似乎提供了最好的机会来利用政治权力抵消社会弊端。但即使在这里，他们唯一真正的资源只是唤起其同伴公民正义感的能力，并使用它赢得有利于他们的政策。"[①]民主协商不只是寻找能把大多数协商参与者拉到自己一边的观点，协商过程也必须旨在发现最能赢得广泛支持的政策结果。协商不是要求每个人提出共同体内所有人都赞赏的理由和观点，而是要在尊重竞争对手及其信仰的基础上寻求解决方案。

2. 协商民主过于理想化，乌托邦色彩浓厚。弗兰克·I. 米歇尔曼认为，协商民主是一种程序理想，这种理想是关于宪政民主社会的实际政治自我理解的理性重建的一部分。[②]以民主理想的高调认知来界定协商民主，在博曼那里，表现得比较明显。博曼指出，20世纪后期出现的协商民主概念意味着政治理论令人激动的进展。协商民主是对民主的规范性描述，它唤起了理性立法、参与政治和公民自治的理想。它呈现的是一种基于公民实践推理的政治自治的理想。[③]批评者认为，协商民主向一般公民和政治制度都提出了相当多的要求，因此，协商民主是任何情况下都无法实现的理想，现实本身就会使这种理想破灭。例如，文化多元主义，它损害的是普遍意志、一种团结的共同的善以及单一的公共理性之可能性，导致了深层而持久的

[①] [南非] 毛里西奥·帕瑟林·登特里维斯主编：《作为公共协商的民主：新的视角》，王英津等译，中央编译出版社2006年版，第140—158页。

[②] [美] 詹姆斯·博曼和威廉·雷吉主编：《协商民主：论理性与政治》陈家刚等译，中央编译出版社2006年版，第110—111页。

[③] 同上，导言。

道德冲突；社会不平等，能产生一个将有效参与排斥在协商之外的恶性循环，使很多人难以有效地参与公共决策；社会复杂性，使得协商必须在大且日益强大的机构中进行，将较大的、分散的公共领域包括进来；共同体范围的偏见，则限制了公共交往并缩小了对社会冲突和问题的解决办法的范围。

科恩则认为，根据协商的观点，民主不仅是一种政治形式，更是通过提供有利于参与、交往和表达的条件而促进平等公民自由讨论的一种社会和制度条件框架，以及通过建立确保政治权力以定期的竞争性选举、公开性和司法监督等形式而对此形成的回应性和责任性框架，将行使公共权力的授权与这种讨论联系起来。①博曼认为，克服这些障碍，需要"超越公民共和观和源自康德的协商民主理论"，进而将理性的对话机制建立在政治平等的公民之间持续性合作之实际目标之上。保持这种平等的和参与性民主理论的核心要素以及它们对当下制度的批评性导向。制度及其公众之间的互动对协商民主的意义，不但使创新和民主变革成为可能，而且还使得制度更具回应性、更有效力。②协商形式的民主之成功有赖于可以培育公开利用理性的社会条件和制度安排的创造。

3. 协商理想和现存民主实践之间存在着的巨大、似乎不可逾越的鸿沟。③针对协商民主理论，现实主义民主理论家最为典

---

① Gordon Wood, *The Radicalism of the American Revolution*, New York：Knopf, 1993, pp. 162 – 66.

② ［美］詹姆斯·博曼：《公共协商：多元主义、复杂性与民主》，黄相怀译，中央编译出版社2006年版，第198—199页。

③ G. Sartori, *The Theory of Democracy Revisited*, Chatham NJ：Chatam House, 1987; A. Przeworshi, *Democracy and the Market*, Cambridge：Cambridge University Press, 1991; D. Zolo, *Democracy and Complexity：A Realist Approach*, University Park PA：Pennsylvanis State University Press, 1992.

型的疑问就是，一个在本质上小而迟缓的协商团体如何治理庞大而复杂的社会？围绕这个主题，批评者提出的疑问有，协商民主如何在各种决策如军事决策、金融决策等必须在几分钟而非几天就决定，没有时间咨询大众更别提协商的社会中起作用？即使协商集会在决策中是可行的，但是，怎样才能够使参与者遵守协商原则而不被个人或团体私利所操纵呢？协商过程的参与者在实际上是否拥有理想状态所要求的很高的社会责任感、美德和品质呢？

针对这些疑问，博曼指出，民主原则和新公众的创新性影响，不但可运用到我们现代社会大规模的制度中，还可以在范围上再扩大。①民主是真正的"未竟的现代性工程"。协商民主理念的实现，还需要我们去矫正、改变某些社会状况。有些因素是与协商民主不相容的，但是，它们的存在并非协商民主的障碍。在某种程度上，它们，例如多元主义、复杂性等或许能在充满活力的世界性公共领域中促进自由、平等和理性的协商。协商民主需要更多的实践，需要更多的制度设计。例如，美国的"市镇会议"能够让美国人即便在认识到他们新的多样性的情况下，也重新思考一个共享的公民文化的可能性。事实上，正是通过公共协商我们才能最好地保存一个合作的、宽容的、民主的多元主义。②协商民主既能够适用于小规模的市镇会议，也能够适用于大规模的民族国家。

4. 关于协商民主的程序性描述过于狭隘，程序性的描述不利于协商民主的发展。批评者认为，关于协商民主的程序性描述，那些人要求的协商定义太过狭隘。在对话和交往中，仅有

---

① [美]詹姆斯·博曼：《公共协商：多元主义、复杂性与民主》，黄相怀译，中央编译出版社2006年版，第16—20页。

② 同上，前言。

程序无法确定公平或理性的标准。例如，在一个允许团体中的每个人都有同等发言权的程序中，即使机会相同，也并不是每个发言人都能以有利于自身的方式影响协商的结果。既然开放的、非正式的程序如简单的轮流，不能排斥策略性的操纵，就有必要考虑发言者的效果，而不仅仅是发言的机会。实际上，在很多情况下，程序不能提供有利于任何一个可能的解决途径的理由。仅仅程序自身，即便是再理性或公平，都不足以构成这种性质的活动成功进行的标准和条件。某些学者相当详细地列出了政治平等必需的程序条件，如乔舒亚·科恩和罗伯特·达尔。①对达尔来说，这些程序大致体现了"民主过程的一般特征"；对科恩而言，大致体现了"自由公共协商的框架"。达尔列举的程序条件围绕的是决策过程：平等投票、同等有效的参与、发现和论证理性的同等机会、公民对议程的最终控制以及包容。②科恩列举的程序条件直接与协商过程相关：协商应当采取争论的形式，即在可获致信息的基础上交换理性，并且将来可以修正。虽然这些条件都是有程序保障的，并且对协商平等是必要的，但是，这些程序性的条件无法指明何时某种理性才是令人信服的，才是能够促进合法决策的。

5. 理性的局限与协商无效。协商民主强调在公共协商过程中充分利用理性，避免情绪化的诉求影响决策过程。公共理性不但要运用在国家及其代表之中，而且要运用到自由平等的公民之间，以及公共领域之中。但是，公开地、自主地运用实践

---

① On these lists see Joshua Cohen, "Deliberation and Democratic Legitimacy," in *The Good Polity*, eds. A. Hamlin and P. Pettit, Blackwell, 1989, p. 22ff; Robert Dahl, *A Preface to Economic Democracy*, Oxford University Press, 1985, p. 59ff; Dahl, *Democracy and Its Critics*, Yale University Press, 1989, p. 112ff.

② Dahl, *Preface to Economic Democracy*, pp. 59–60.

理性存在着一定的局限。

现实主义的协商视角认为，民主实践中的正当性标准具有多样性的结果。民主协商不应当依赖于任何单一的认识或道德规范，比如自由中立或者道德公正，来界定其自身的理性特征或放宽理性合作的范围。应当以更具实际可行性的方式来思考批判性公共理性的基本任务：政治协商的要点在于解决社会问题和克服政治冲突。因此，成功协商所产生的结果，是所有人都可理性地接受并可理性地期待在未来可以对其进行修正的。"协商者的错误之处正在于，没有认识到成功协商决策的条件在复杂性中并不具备。过多的理性是一种非理性，违背了公开利用理性的自我批判基础。"①过分的理性和超理性就是认识不到理性失灵之处的表现，如协商者忽略不确定性、模糊性和充分信息的缺乏，而要求整齐划一的理性决策。他们相信理性的力量到了不理智的程度，也就看不到理性的局限，从而就把理性的自我批判能力应用到了公共理性自身。诚如埃尔斯特所认为的，康德的这句格言基本上是正确的："理性的首要任务是认识到自己的局限，并为自己发挥作用的范围划定边界。"②过多的理性对任何民主决策来说都是个问题，不管复杂性和分化的具体情况如何。

对协商民主的批评还有协商无效与失败。协商民主论者提出了实行公共协商。但实际上，许多复杂社会中的公民并不是未曾有机会实行民主协商，而是他们好像不能进行有效的协商。即使美国宪法中用来促进协商的制度设计，也无法促进更

---

① ［美］詹姆斯·博曼：《公共协商：多元主义、复杂性与民主》，黄相怀译，中央编译出版社2006年版，第133页。

② Jon Elster, *Solomonic Judgments*, Cambridge University Press, 1989, p. 17.

充分地利用信息,更好地决策。相反,这些制度倒是强化了其力图避免的"派系的危害"。而且,在很大程度上,策略取代了争论和讨论。①例如,在美国有线电视网的C-SPAN节目中经常出现的形象——国会协商机构的成员对着空荡荡的会议室发表慷慨激昂的演讲——就是这种无效的典型。立法机构好像越来越对协商不感兴趣,其决策好像越来越多地变成了"纯粹"多数统治。另外,某些制度性设计,或者社会经济条件本身使一部分人无法参与协商过程,被排斥在协商过程之外,这实际上就是民主的失败。

越来越多的哲学家和社会科学家认为,协商民主观念是不真实的,也不可行。现代社会的"事实",特别是它的多元主义和复杂性,似乎是协商民主的基本障碍。多元主义导致了难以解决的冲突,从而损害到协商。民族主义和宗教狂热主义的复苏使得诸如"普遍意志"甚或公共讨论之类的理念变得更加遥远了。现代社会的规模和复杂性好像使得对于协商的大部分思考变得不切实际。在现代民族国家的制度与组织中,这种协商期望似乎是不理智的。协商更像是精英主义的,更适合于大学的研讨会和科学团体而不是普通公众。即使每个人都能参与到协商之中,依然是那些有能力的、有优势的公民主导议程吗?什么样的政治平等观念能使这些安排有益于所有人而不是那些最具说服力的人,或者更糟糕的,而不是那些知道自己想要什么并知道怎样得到它们的那些人呢?②虽然协商民主理论家对这些批评都作了很好的辩护性阐释。但是,这些疑问和批评本身的价值在于使我们更全面、更深入地认识协商民主理论。

---

① [美]詹姆斯·博曼:《公共协商:多元主义、复杂性与民主》,黄相怀译,中央编译出版社2006年版,第1—2页。

② 同上,第2—3页。

三、协商民主的前景

第一,对于建设一个什么样的民主体制,协商民主为人类的探索提供了一种新的思考路径。自古希腊以降,人类一直不停地在探索最适合自身生存和发展的政治体制。而民主体制至少在目前看来是得到普遍关注和颂扬的选择。人们很容易将雅典的民主看成是直接民主的典型。实际上,即使在雅典,民主依然是由选举出来的代表在治理。例如,五百人大会、陪审团和立法委员会等。菲什金认为,在古代雅典的民主实践中,我们可以发现其民主制度体现了协商民主的形式。这种由民众选举产生的公民协商组织为基本的民主问题,即大规模政治体系中如何实现协商民主,找到了答案。在最低程度上,民主可能既需要协商的成分,也需要民主的因素。①而美国开国元勋殚精竭虑构造共和国的努力,真实地为人类开辟了在大规模政治体系中实现民主的路径。美国建国者,希望构造一种审慎的、深思熟虑的、避免暴政的共和国,而不是受大众情绪控制的政治体制。权力分立、司法独立、行政否决权、选举、政党竞争等制度性设计,一方面"优化"公共舆论,另一方面实现"理智和审慎的共同体意识",从而最终使人民代表表达的公众的声音能够更加符合公众的利益。

随着民主价值得到普遍和广泛的认可,构建完善的民主制度已经成为具有不同历史、文化和传统的国家的共同选择。与其他民主形式相比,协商民主赋予公众深思熟虑的判断——有

---

① 陈家刚选编:《协商民主》,上海三联书店2004年版,第24页。

机会思考竞争性观点和反对性观点之后的人民意见——以主要作用。一旦人们从协商中得到好处,那么,集体决策过程将充分利用协商。事实上,协商民主是一种确实能够实现的思想。①

第二,协商民主鼓励民主化,并将会使民主成为一个持续性的创造性的过程。民主化,即民主体制变得更为民主的过程,对民主的发展来说具有重要的意义。现代民主体制的建立及实践应该有几百年的历史,但是,它终究无法充分证明自身的完善。实际上,在许多自由民主制度中,我们看到的是政治制度的大规模异化,或者最低程度也是对政治的冷漠,在大多数西方国家,选民的偏爱变得反复无常。许多人觉得政党政治中发生的事情与他们生活的问题或机会没有什么关系。对政治领导人的不满非常普遍,这不只是针对特定一代领导人的偶然现象。此外,虽然自由民主的准则可以普及,但是,自由民主制度依然主要限于民族国家。

救治民主弊病的唯一方法就是更多的民主,而当这种更多的民主真正是一种不同类型的民主时,民主的弊病才能够得到救治。协商民主鼓励民主化进程。协商民主通过对话、倾听、相互尊重与理解,重建社会团结,公共鼓励参与,激发公民自治的理想;通过合作解决问题、化解冲突;协商还能在为强化民主所需要的必要条件而进行的制度革新与转型中发挥重要的作用。民主化需要在各个层面立即进行,这就要求公民们要在情境中开创具有实验性的协商实践与形式。

第三,探索怎样实现民主的真实性。民主的真实性,是指民主控制在多大程度上是实质性而不是象征性,而且公民有能力参与其中。在某种程度上,民主是通过交往来进行的,这种

---

① 陈家刚选编:《协商民主》,上海三联书店2004年版,第41页。

交往鼓励在无强制的情况下对偏好进行反思。这种交往只有在以下情形中才会实现,即在不存在由于权力运用而形成的主导、支配、灌输、宣传、欺骗,纯私利的表达、威胁,强制性的意识形态依从等扭曲行为的情形中才会实现。而只有在公共协商的过程中,这些扭曲行为才会得到消除。作为一个社会过程,协商与其他类型的交往是不一样的,在协商者的互动过程中,协商者容易改变他们的判断、偏好或者观点。互动内容包括说服但不包括压制、控制或者欺骗。现在,人们更多地认为,民主的本质是协商,而不是投票、利益聚合与宪法权利,甚或自治。民主走向协商,表明人们在持续关注民主的真实性。

第四,协商民主能够促进国际关系民主化并化解国际冲突。在全球治理过程中,文化、历史、传统、种族的差异作为一种社会事实,既是稳定的,也是随历史而变化的,并且日益产生着新的文化差异。这些差异又产生了普遍的、令人烦恼的冲突和分歧,以至于规范的自由主义路径似乎不再有效。既有的民主安排也许只会加剧这些多元主义问题。因为大多数民族国家不但在宗教、而且在文化上存在着差异,所以,不同环境中的公民可能无法共享同样的集体目标、道德价值或世界观。但是,协商民主理论认为,多样性反而可以促进公众利用理性,并使民主生活生气勃勃。因为不同视角、利益和文化意义的对抗告诉人们他们自己的偏爱,并向他们揭示其自身视角的经验。倾听那些不同于我、我的同事的观点,让我知道了他们眼里我的境遇,以及他们认为我与他们的关系。对于具有权力、权威和特权的团体来说,这一点尤其重要。协商民主鼓励包容、参与、倾听、尊重、理解,为分歧和冲突的解决提供了合作的方法。

全球化的发展给人类带来繁荣和发展的同时，也造成了各种矛盾、冲突和灾难。核扩散、种族屠杀与冲突、恐怖主义、生态灾难与危机、能源危机、少数族群问题、地区安全、国际合作等各种挑战时刻在考验人类的政治智慧。就具体问题鼓励更多国家、机构、多边组织、区域组织，以至公民的参与，促进决策透明度，从而在实现共识的基础上形成合法决策，是全球治理过程面临的重大问题。协商民主，作为一种强调包容、促进参与、尊重差异、鼓励对话的制度安排，在遵循普遍的价值、理念和程序的基础上，能够最大程度地解决全球治理面临的问题。在既有国际行为者忠诚于自身民主实践和价值的基础上，协商民主能够解决当前的困境和挑战，并包容差异性观点。

（原载《中共天津市委党校学报》2008年第3期，人大复印资料《政治学》2008年第8期全文转载）

协商民主：概念、要素与价值

20世纪后期，西方学术界许多学者开始关注民主理论的一种新发展，或者说民主理论的转向：协商民主。协商民主意味着政治共同体中的自由、平等公民，通过参与政治过程、提出自身观点并充分考虑其他人的偏好，根据条件修正自己的理由，实现偏好转换，批判性地审视各种政策建议，在达成共识的基础上赋予立法和决策以合法性。协商民主是传统民主范式的复兴。在公民实践理性的基础上，协商民主激发了理性立法、参与政治和公民自治的理想。

一、协商民主及其特征

1980年，约瑟夫·毕塞特在《协商民主：共和政府的多数原则》一文中首次从学术意义上使用"协商民主"（deliberative democracy）一词。[①]在其民主观中，他主张公民参与而反

---

① Joseph M. Bessette, "Deliberative Democracy: The Majority Principle in Republican Government", in *How Democratic Is the Constitution?* eds. by Robert A. Goldwin and William A. Schambra, Washington: American Enterprise Institute, 1980, pp. 102–16.

对精英主义的宪政解释。但是，真正赋予协商民主动力的是伯纳德·曼宁和乔舒亚·科恩。①到了20世纪90年代后期，协商民主理论引起了更多学者的关注。1996年，圣路易大学的詹姆斯·博曼出版了论述协商民主条件的著作《公共协商：多元主义、复杂性与民主》。1998年，哥伦比亚大学社会科学教授乔·埃尔斯特在其主编的《协商民主》一书中提出，作为一种政治决策机制，讨论与协商是对投票的替代。而作为20世纪后期重要的自由理论家和批判理论家，罗尔斯与哈贝马斯也分别出版了论述协商民主的著作，他们在书中都将自己看成是协商民主论者。

协商民主概念的形成标志着民主理论发展的新方向，但是，协商民主的实践并不是民主范式的创新，在许多理论家看来，民主理论的这种转向只是协商理念的复兴。"由于哈贝马斯的影响，围绕偏好转换而不仅仅是偏好聚合的民主观念已经成为民主理论的主要观点。这种发展意味着一种复兴而不是创新。协商民主观念及其实践像民主本身一样古老。"②在古希腊的城邦政治，伯克、密尔的政治理论以及20世纪早期的理论家约翰·杜威的著作中，都可以发现协商的先例。

关于协商民主，研究者分别从不同的角度给出了不同的解释。

作为决策形式的协商民主。米勒认为，当一种民主体制的决策是通过公开讨论——每个参与者能够自由表达，同样愿意

---

① Bernard Manin, "On Legitimacy and Political Deliberation", *Political Theory*, 1987, Vol. 15, pp. 338 – 68; Joshua Cohen, "Deliberation and Democratic Legitimacy", Alan Hamllin and Philip Pettit eds, *The Good Polity*: *Normative Analysis of the State*, Oxford: Basil Blackwell, 1989, pp. 17 – 34.

② Jon Elster, *Deliberative Democracy*, Cambridge University Press, 1998, p. 1.

倾听并考虑相反的观点——作出的,那么,这种民主体制就是协商的。①这种决策不仅反映了参与者先前的利益和观点,而且还反映了他们在思考各方观点之后作出的判断,以及应该用来解决分歧的原则和程序。亨德里克斯认为,"在协商民主模式中,民主决策是平等公民之间理性公共讨论的结果。正是通过追求实现理解的交流来寻求合理的替代,并作出合法决策。"②"在协商民主中,公民运用公共协商来作出具有集体约束力的决策。……协商民主的吸引力源于其能够形成具有高度民主合法性决策的承诺。"③从决策的角度来看,协商民主要求容纳每个受决策影响的公民;实现参与的实质性政治平等以及决策方法和确定议程上的平等;自由、公开的信息交流,以及赋予理解问题和其他观点的充分理由。只有满足这些条件的协商过程才能够形成具有民主合法性的决策。

作为治理形式的协商民主。现代社会的最显著特征就是文化的多元化。多元文化民主面临的最大危险就是公民的分裂与对立。"协商民主是一种具有巨大潜能的民主治理形式,它能够有效回应文化间对话和多元文化社会认知的某些核心问题。它尤其强调对于公共利益的责任、促进政治话语的相互理解、辨别所有政治意愿,以及支持那些重视所有人需求与利益的具

---

① David Miller, "Is Deliberative Democracy Unfair to Disadvantaged Groups?" *Democracy as Public Deliberation*: *New Perspectives*, Edited by Maurizio Passerin D'entrèves, Manchester University Press, 2002, p. 201.

② Carolyn Hendriks, The Ambiguous Role of Civil Society in Deliberative Democracy, Refereed Paper Presented to the Jubilee Conference of the Australasian Political Studies Association, Australian National University, Canberra, October 2002.

③ Christian Hunold, "Corporatism, Pluralism and Democracy: Toward a Deliberative Theory of Bureaucratic Accountability", *Governance*: *An International Journal of Policy and Administration*, Vol. 14, No. 2, Blackwell Publishers, 2001.

有集体约束力的政策。"①作为民主治理形式的协商民主在本质上以公共利益为取向,主张通过对话实现共识,明确责任,进而作出得到普遍认同的决策。

作为社团或政府形式的协商民主。例如,库克认为,"如果用最简单的术语来表述的话,协商民主指的是为政治生活中的理性讨论提供基本空间的民主政府。"②科恩也认为,协商民主是一种事务受其成员的公共协商所支配的团体。这种团体将民主本身看成是基本的政治理想,而不只是将其看成是能够根据公正和平等价值来解释的协商理想。③从这个角度出发,科恩认为协商民主具备五个要素:(1)协商民主是一个正在形成的、独立的社团(association);(2)恰当的社团条件(terms)既为成员间协商提供框架,也是这种协商的结果;(3)在管理自身生活中,社团成员具有不同的偏好、信念和理想。虽然成员都承诺通过协商来解决集体选择问题,但他们的目标还存在分歧;(4)成员将协商程序看成是合法性的来源,所以,其社团条件不仅是其协商的结果,而且同样是这种协商的表现;(5)社团成员尊重其他人的协商能力,即要求参与公共交往的能力,以及根据公共理性行动的能力。④

从上述诸多学者对协商民主的理解来看,协商民主至少具有这样几个特征:

---

① Jorge M. Valadez, *Deliberative Democracy, Political Legitimacy, and Self-Democracy in Multicultural Societies*, USA Westview Press, 2001, p. 30.
② Maeve Cooke, "Five Arguments for Deliberative Democracy", *Political Studies*, 2000, Vol. 48, pp. 947–69.
③ Joshua Cohen, "Deliberation and Democratic Legitimacy", in *Deliberative Democracy: Essays on Reason and Politics*, Edited by James Bohman and William Rehg, The MIT press, 1997, p. 67.
④ Ibid, pp. 72–3.

1. 多元性。20世纪后期，不同种族、民族、宗教和社会团体逐渐形成一种多元的文化认同，社会分化加剧，社会主体日益多元化，利益追求呈现出多元的取向。个人、政党、组织等对社会、经济、政治和文化等不同利益的要求导致社会分歧也逐渐扩大。多元文化社会要求政治体制、运作机制对于解决分歧作出明确回应。多元性是协商民主的社会基础，同时，在某种程度上，多元性的社会现实也是协商民主的动力。"就文化多元主义来说，多样性甚至促进公众利用理性，并使民主生活生气勃勃。"①

2. 合法性。协商过程的政治合法性首先出于参与者的意愿，其次是基于集体的理性反思。经过讨论、审议形成政治决策，其合法性不是来源于个人意志，而是决策形成的程序，即理想的协商程序使各种分歧最终通过讨论而达成共识。公共协商结果的政治合法性不仅建立在广泛考虑所有人需求和利益的基础之上，而且还建立在利用公开审察过的理性指导协商这一事实基础之上。"决策具有合法性，不只是因为它碰巧符合大多数公民未经审视的偏好，而是因为它已经经过了正当性的考验。公民应该能够认为这种方式作出的决策是合理的，除非未来的协商表明它们是恰恰相反的。"②

3. 程序性。协商民主尊重程序，并将程序看做决策获得合法性的规范性要求。正如科恩所说的那样，"合理的多元主义会导致程序民主概念。按照这种定义，源于合法性的民主谱系

---

① James Bohman, *Public Deliberation: Pluralism, Complexity and Democracy*, The MIT Press, Cambridge, Massachusetts, London, England, 1996, p. 72.
② Christian Hunold, Corporatism, "Pluralism and Democracy: Toward a Deliberative Theory of Bureaucratic Accountability", *Governance: An International Journal of Policy and Administration*, Vol. 14, No. 2, Blackwell Publishers, 2001.

只能通过集体决策的程序以及与公平过程相关的价值来体现,如公开性,提出替代性选择的平等机会,以及对这些替代进行全面公正地审视。"①在这种程序中,参与者都是彼此平等的,他们根据讨论的结果进行合作。协商程序还具有广泛的包容性,少数可以合理地期望其能够以前所未有的方式影响未来的结果。

4. 公开性。在协商民主的理念中,每个人都有权利知道和评判对自身具有约束力的政策或法律。因此,协商民主的公开性特征首先表现在协商过程是公开的,整个程序是公众知悉的。其次,协商参与者在讨论和对话过程中公开自己支持某项政策的理由和偏好。再次,立法或政策建议公开,公众知道政策的形成过程。协商过程的公开性使决策的理由更理性,结果也更公正。讨论中提出并最终被公民接受的理由必须首先满足公开性条件,也就是说,其理由必须让所有公民信服。②

5. 平等性。平等是人类理解或建构民主的重要理念。协商民主需要的平等是具体的、相对复杂的。参与协商过程需要机会平等,即平等获得政治影响力的机会;资源平等在于确保个人同意其他人提出观点确实不是强制性的;而如果要提出具有说服力的观点,协商参与者还需要具有平等的说服能力。平等是理解协商民主的基本要素之一。

6. 参与性。协商民主鼓励立法和决策的利益相关者积极参与公共协商,在参与过程中公开自己的偏好和理由,尊重他人的意见。公民参与意味着公民之间,以及公民与相关问题、制度和政治体系之间的联系;参与能够在公民与公民、公民与共

---

① James Bohman, William Rehg, *Deliberative Democracy*, The MIT Press, Cambridge, Massachusetts, London, England, 1997, p. 409.

② Ibid, p. 322.

同体机构、公民与问题、公民与决策,乃至公民与整个共同体之间建立密切的联系;参与能够为公民有平等的表达机会、发言权创造条件;参与能够有效地维护公民个人以及共同体的利益。

7. **责任性**。在政治参与过程中,对自己的行为负责就是责任性的表现。协商过程的参与者在协商对话过程中,知道自身的偏好,了解他人的看法,更知道促进公共利益的政策建议来自各方的共识。因此,公民有责任维护并促进公共利益,更好地确定支持特定政策的机构、政党和组织。参与协商过程的公民承担着一系列的特定责任。(1)提供理由说服协商过程中所有其他参与者的责任。(2)对其他作为理由的观点作出回应的责任。(3)根据协商过程提出的观点和理由修正各种建议以实现共同接受的建议的责任。①

8. **理性**。除了对于公共利益的责任和协商过程公正,协商过程的实质性特征应该是以理性为基础。协商过程中发挥作用的是合理的观点,而不是情绪化的诉求。参与者应该可以在获得最具说服力信息的基础上修改自己的建议,并接受对其建议的批判性审视。"公共协商结果的政治合法性不仅基于考虑所有人的需求和利益,而且还建立在利用公开审视过的理性指导协商这一事实基础之上。"②这种集体的批判反思过程预设协商参与者都会超越自身观点的局限而理解他人的观点、需求和利益。通过相互理解和妥协的过程达到一致,而不是将自己的观点强加给别人。

---

① Maurizio Passerin D'entrèves ed., *Democracy as Public Deliberation: New Perspectives*, Manchester University Press, 2002, pp. 90-2.

② 瓦德拉斯文:《协商民主》,何莉编译,载《马克思主义与现实》2004年第3期。

由此，我们可以将协商民主理解成这样一种涉及立法和决策的治理形式。其中，平等、自由的公民在公共协商过程中，提出各种相关理由，尊重并理解他人的偏好，在广泛考虑公共利益的基础上，利用公开审议过程的理性指导协商，从而赋予立法和决策以政治合法性。

二、协商民主的要素分析

作为一种立法和决策的治理形式，协商民主是一个反映多元价值和偏好，鼓励参与和对话，促进共识形成的过程。深入分析协商民主过程，有利于我们准确地理解作为治理形式的协商民主。协商民主主要包括这样一些基本要素：协商参与者、偏好及其转换、讨论与协商、公共利益、共识。

1. 协商参与者

参与主体是协商民主过程的基本要素，协商的过程实际上就是各种具有不同利益倾向、不同偏好的政治主体参与政治生活的过程。从参与者的角度来看，我们可以将协商参与者分为这样几种类型：作为公共权威机构的政府、多元利益格局中的个体、不同文化背景中的族群以及治理过程中的机构或团体参与者。他们参与协商过程，并对达成共识、形成具有合法性的决策承担责任。

稳定的公共生活和繁荣的民主政治是以社会中多数人积极参与为前提的。公民参与过程涉及民主和公民生活应当如何运作。协商民主为每个作为公民而不是作为具有同样利益和思想的人提供了超越不同社会背景和从属关系的连续的、结构性的机会。在这种直接的对话和交往背景中，每个人都有发言权，每个人都可以在表达自身利益，或者倾听他人观点的协商过程中充分利用这种发言权。参与是具体的、现实的。"因此，对于谁应该成为对话参与者这个问题的简短回答是：每个人。"①容纳受决策影响的每个公民才能真正赋予决策以合法性。对于我们面临的多数公共问题而言，只有当大多数的普通民众能吐露心声，包括其想法、热情以及力量时，才能在寻求问题的解决上取得进展。

其次，现代政治生活必须面对全球化背景下，不同文化背景的少数族群的分离倾向。具有文化独特性的少数民族和种族群体、不同的宗教信仰群体、原住民群体、弱势群体，等等，因为差异而产生了普遍的冲突和分歧。这些冲突已经不仅仅局限于经济利益，而且还涉及道德、原则等方面。因此，传统的代议制或其他政治设计已经不再是充分的解决冲突的路径。如何处理普遍文化冲突造成的对公共理性制度越来越多的挑战变成了现代政治生活的关键问题。"在这些条件下，民主协商是合理的，如果其特征是民主公民理性指导下的动态应用多元公共理性。各种解决多元道德冲突的路径源自这种协商，包括合作、制度分化和道德妥协。"②

再次，公民与政府之间的平等对话一直是民主理想的核心。协商过程能够形成一种互惠和关系建构的背景，促进政府官员重新评价自己的公共政策。它不仅提供了公民与政府官员可以在日常活动和统治决策过程而不仅仅是出现危机和僵局时

---

① Martha L. McCoy, Patrick L. Scully, "Deliberative Dialogue to Expand Civic Engagement: What Kind of Talk Does Democracy Need? ", *National Civic Review*, Vol. 91, No. 2, Summer, 2002.

② James Bohman, *Public Deliberation: Pluralism, Complexity and Democracy*, The MIT Press, Cambridge, Massachusetts, London, England, 1996, p. 104.

合作的途径。而且，还会转变公民和官员参与政治实践的方式。①决策者、立法者作为协商对话的参与者，其平等地位有助于打破长期存在的政策僵局，并有助于促进相关政策的变革。这种横向而非垂直的、自上而下的制度能获得更好的结果，并促进更为广泛的公民参与。

2. 偏好

所谓偏好，其最初的含义是消费者对消费品组合的一组排序。在社会生活中，偏好指的是行为者基于自身利益而表现出来的对于特定目标对象的倾向性与选择性。不同时期、不同地域、不同文化背景的行为者，其行为偏好可能会存在巨大的差异。偏好具有多样性特征，偏好影响制度选择，也受制度的约束。在政治生活当中，面对立法机构的议案或者行政机构的决策，每个利益相关者都会有充分的理由表示支持或反对，这种支持或反对的理由、根据就是偏好。例如，你可能是堕胎法的反对者，原因在于你认为从孕育开始，每个人都享有生命权；你可能是环保主义者，理由是你认为自然与人类一样拥有自身的权利。

协商民主理论认为，偏好从来都不是既定的。利益相关者的偏好与决策结果存在某些正式联系，其中每个人的偏好都同样重要。协商要求公民根据其环境限制和他人的信仰、偏好来调整自己的偏好与信仰。对于协商过程而言，协商主体必须是具有自身偏好的行为者，这种偏好也必然会在协商过程中表达出来，从而在讨论与协商中实现偏好转换，以奠定实现合法决策、理性立法的基础。偏好变化本身不是协商的目标。

与通过投票或者说聚合路径表达偏好的机制不同，协商民

---

① Martha L. McCoy, Patrick L. Scully, "Deliberative Dialogue to Expand Civic Engagement: What Kind of Talk Does Democracy Need?", *National Civic Review*, Vol. 91, No. 2, Summer, 2002.

主依靠辩论和讨论的程序来确保决定的合理性与合法性，因为在协商过程之后，人们可能会发现，表达每个人可能拥有的正确意见要比按多数原则计算选票困难得多。所以，协商程序"赋予每个公民平等的机会，表达自己意见，驳斥他人的根据；它们保证对话是自由、公开的，并且只遵循'最好观点的力量'。"①讨论、对话、审议的过程允许人们表达不同的偏好，也就是说，他们对特定的选择具有强烈的或无关紧要的感受。例如，在立法过程中，你对于某个议案可能希望表达强烈的或微弱的赞成或反对；当然，你也想知道其他人是否对结果也感觉相当强烈。

3. 协商

协商，或公共协商是协商民主的核心概念，是理解协商民主的起点。在英语和德语语境中，deliberative/Deliberativer 一词的基本含义包括审议、聚集或组织起来进行对话和讨论、慎重的等内容。在协商民主理论中，我们可以从过程与结果两方面来理解协商。

从过程来说，协商可以被看成是讨论，一种决策前的讨论。"协商或者是指特殊的讨论，它包括认真和严肃地衡量支持和反对某些建议的理由，或者是指衡量支持和反对行为过程的内部过程。"②公共协商是各种理由的交流，其目的是评价政体施行的各种行为过程。公民提出自己的观点和信念以供其他公民讨论和批评。公共协商不仅仅是谈话，更是建设性的交流，诚实地传递思想，注意倾听并理解他人，利用批判性思考

---

① James Bohman, William Rehg, *Deliberative Democracy*, The MIT Press, Cambridge, Massachusetts, London, England, 1997, p. 322.

② Jon Elster Edited, *Deliberative Democracy*, Cambridge University Press, 1998, p. 63.

和理性观点就公共政策作出决定。

而就结果来说,"协商就是各种观点不受限制地交流,这些观点涉及实践推理并总是潜在地促进偏好变化。"①作为特定社会政治过程的参与者,他们能够在互动过程中根据他人的立场而改变自己的判断、偏好和观点,这种互动依靠说服而不是强制和控制,协商的结果是各种偏好之间的分歧减少,偏好转化并达成共识。通过面对面的讨论,参与者会认真地提出并对竞争性观点作出反应,从而能够就公共问题的解决作出深思熟虑的判断。

在规范意义上,协商是一种面对面的交流形式,它强调理性的观点和说服,而不是操纵、强迫和欺骗。在协商论坛中,自由、平等的参与者支持一系列程序规范,其目的主要是为了交流而不是策略目标。参与者倾听、响应并接纳他人的观点,他们忠于交流理性与公正的价值。讨论能够消除有限理性的影响,因为我们的想象和计算能力是有限和易犯错误的。所以,面对复杂的问题,每个人都希望通过讨论而作出最佳的选择。

4. 公共利益

公共利益是指一定区域内公民个体利益的集合,它既反映了公民的整体利益和长远利益,同时又与个人的利益存在密切的关联。从逻辑上讲,存在着两种公共利益,一种是永恒的公共利益,即一定区域内着眼长远的公共利益,包括资源、环境、稳定、发展、和谐,这是相对永恒的利益;一种是由环境决定、可改变的公共利益,这是相对临时的,只与少量群体利益发生关联的公共利益。

作为一个政治过程,协商民主尊重各种不同的利益,承认

---

① Maeve Cooke, "Five Arguments for Deliberative Democracy", *Political Studies*, 2000, Vol. 48, pp. 947–69.

多元社会的多元利益冲突、分歧。在公众讨论共同问题和冲突的过程中，各种利益能够自由表达并得以充分考虑，协商民主不否认政治的基础是利益；同时，协商鼓励公开和改变各种利益，以维护公共利益。协商过程中的对话和讨论趋向于使参与者的偏好转向公共利益。"协商民主更像是公共论坛而不是竞争的市场，其中，政治讨论以公共利益为导向。"① 公共利益能够听取弱者的声音，保证那些最弱势的群体利益最大化。

正是因为公民在参与过程中对某些公共目标有共同的理解，所以，参与者会在各种相互冲突的利益中受程序性规则的引导并趋向公共利益，而不仅仅是关注自身利益。协商过程的参与者对公共利益具有强烈的敏感性，愿意为了公共利益而适度牺牲个人利益，在协商之后，他们就明显愿意为社区而协调自我利益和集体利益。公共利益导向能够引导公民实现多元冲突、分歧基础上的一致。

公共协商是政治共同体成员参与公共讨论和批判性审视具有集体约束力公共政策的过程。形成这些政策的协商过程最好不要被理解成政治讨价还价或契约性市场交易模式，而要将其看成公共利益责任支配的程序。公共协商的主要目标不是狭隘地追求个人利益，而是利用公共理性（public reason）寻求能够最大限度满足所有公民愿望的政策。②

5. 共识

共识原本指主体间理解的协调、通约和一致。"达成共识"

---

① Carolyn Hendriks, "The Ambiguous Role of Civil Society", *Deliberative Democracy*, Refereed Paper Presented to the Jubilee Conference of the Australasian Political Studies Association, Australian National University, Canberra, October 2002.

② Jorge M. Valadez, *Deliberative Democracy, Political Legitimacy, and Self-Determination in Multicultural Societies*, USA Westview Press, 2001, p. 31.

即指达成理解的一致意见。在协商理论中，共识是协商的结果，是政治过程参与者在充分协商基础上形成的，对所讨论问题表现出的一致性。共识是合法决策的基础。缺少共识，没有达成一致，就无法形成合法的决策。

但是，协商民主并不要求全体公民在相同或所有理由上保持共识，因为对于解决现代社会特有的各种普遍道德冲突来说，全体一致很明显是无法实现的要求。博曼使用"多元一致"来描绘民主合法性的概念。"多元一致只是要求公共协商过程中的持续性合作，即使是持续的不一致。在多元社会中，不是说单一一致无法通过公开的正当性而实现；相反，融合不是公共理性或讨论的必然要求，而是民主公民的理想。这种理想并不要求所有公民出于相同理由而同意，它只要求在相同的公共协商过程中公民能够持续合作与妥协。"[1]

为了寻求应对公共挑战的路径，政治过程的参与者必然会在恰当的行为路径上达成一致。当不同团体的人们利用协商对话考虑关于公共问题的各种观点时，他们就能够提高公共判断，并能够形成实现有效公共政策和持续性共同体行动的共同基础。因此，共识是一种更成熟的、经过深思熟虑的舆论。当人们完全了解自己、自己的目标和精神价值，他人、他人的目标和追求时，他们就会在判断时重视这些事实。协商对话是帮助人们就复杂问题形成公共判断最理想的方式。通过这种方式，人们可以将其个人经验与问题联系起来，增加相互理解，探究问题的价值和假设，并利用理性观念和分析实现恰当的公共政策方向。

---

[1] James Bohman, "Public Deliberation and Cultural Pluralism", *Public Deliberation: Pluralism, Complexity and Democracy*, The MIT Press, Cambridge, Massachusetts, London, England, 1996, p. 89.

三、协商民主的规范与经验价值

作为一种复兴的民主范式，协商民主在现实政治实践中具有超越既有政治模式的意义。协商民主能够促进决策合法化，控制行政权力膨胀，培养公民精神，平衡自由主义的不足。同时，协商民主在促进草根民主建设、政治过程的参与，以及推进中国基层政治发展方面也为我们提供了直接的经验材料。

1. 促进合法决策。政治决策只有在获得广大政策对象的认同和支持，即获得合法性的基础上才能够有效实施。协商民主能够通过讨论、审议等过程赋予立法和决策以合法性。"协商过程的政治合法性不仅仅出于多数的意愿，而且还基于集体的理性反思结果，这种反思是通过在政治上平等参与尊重所有公民道德和实践关怀的政策确定活动而完成的。"[①]首先，所有受决策影响的利益相关者都能够平等地参与决策过程，政治讨论包容所有的人，没有人具有超越任何其他人的优先性。其次，决策是在公民及其代表的公共讨论和争论过程中形成的，公共利益是他们的共同诉求，理性具有超越个体自我利益与局限的优势。再则，形成决策的过程是将说服而非强制看做是政治的核心。

2. 培养公民精神。良好的公民精神是民主政治的重要基础，协商民主是建构这一基础的重要途径。首先，协商民主能够培养出健康民主所必需的公民美德，如政治共同体成员之间的相互理解、相互尊重。尊重他人的需求和道德利益，妥协和

---

① Jorge M. Valadez, *Deliberative Democracy, Political Legitimacy, and Self-Determination in Multicultural Societies*, USA Westview Press, 2001, p. 32.

节制个人需要等。其次，协商民主能够形成集体责任感。协商民主能够使人们看到，政治共同体的每个人都是更大社会的一部分，承担责任有利于促进共同体的繁荣。第三，随着文化多元化的发展，协商民主能够促进不同文化间的沟通与理解。通过公开的对话、交流和协商，各种文化团体之间就会维持一种深层的相互理解，从而成为建立参与持续性合作行为所需要的社会信任的基础。最后，协商过程和程序包容存在差异的种族、文化团体，平等、公正地对待社会的异质性，促进多元文化国家的政治合法性。

3. 矫正自由民主的不足。随着国家角色、政体规模以及异质性因素的变化，作为自由民主制度形式的代议民主与技术官僚管理开始越来越不适应 21 世纪人类面临的各种新问题。代议制已经无法有效实现民主政治的核心理想，即：促进公民的积极政治参与；通过对话形成政治共识；设计并实施基于生产经济和健康社会的公共政策；确保所有公民都得益于国家福利。协商民主则开始重新强调公民对于公共利益的责任，强调通过共识形成决策的过程，改变了重视自由而忽视平等的传统。作为协商民主的核心，协商过程是对当代自由民主中流行的个人主义和自利道德的矫正。协商过程不是政治讨价还价或契约性市场交易模式，而是公共利益责任支配的程序。

4. 制约行政权的膨胀。20 世纪以来，行政机构的权力或者说官僚自由裁量权日益膨胀。怎样控制行政权力的非民主取向，已经成为各国学者关心的重要问题。官僚自由裁量权的问题是行政机构获得了制定规则以确定公共政策的内容而无须承担同等民主责任的问题。协商民主论者认为，"控制官僚自由裁量权的恰当途径是施行协商民主,实行协商的民主立法模式"①,只有协商模式才能规范、建构现代的公共行政。因为真正的公共行政需要在讨论和决策中把公开性、平等和包容性最大化,所有政策协商的参与者都有确定问题、争论证据和形成议程的同等机会,协商过程能够包容各种不同的利益、立场和价值,协商能够使讨论和决策过程中的社会知识最大化。从广义上讲,行政责任的协商模式将具有超越公共行政的意义。民主体制并不等同于立法机构。

5. 从世界层面以及各国的经验现实来看,协商民主的多样性实践恰好能够说明其作为民主趋向的价值。从国际层面来讲,欧盟的合法性危机及其治理实践为协商民主理论提供了充分的经验材料。就具体问题如妇女政策、环境政策、安全政策等鼓励更多公民的参与,促进决策透明度,实现共识是欧盟面临的重大问题。协商民主则是其恰当的选择和安排。卡特琳·霍斯金斯认为,正是协商民主的价值、理念和程序才能够最大程度地解决欧盟当前面临的问题。在既有成员国忠诚于自身民主实践和价值的基础上,协商民主能够解决当前的参与问题,并包容差异性观点。②在国家层面上,协商民主的实践也表现出多样性的特征。阿尔休·冯(Archon fung)在论述芝加哥的协商民主模式时指出,芝加哥市在传统上存在着对立、冲突和多元的因素,但是,它们并未形成一个公正和理性的政治。然而,公立学校和治安体制的制度变革,即鼓励更多公民参与决

---

① Christian Hunold, "Corporatism, Pluralism and Democracy: Toward a Deliberative Theory of Bureaucratic Accountability", *Governance: An International Journal of Policy and Administration*, Vol. 14, No. 2, Blackwell Publishers, 2001.

② Paper for the Political Studies Association – UK 50th Annual Conference 10 – 13 April 2000, London.

策、包容各种不同意见和观点,使其具备了正式的参与和协商特征。①在中国基层政治实践中,就立法和决策举行听证会、恳谈会、议事会等协商机制已经在不同区域成功地运作,并取得了相当的成效,已经发展成为制度化安排。鼓励并扩大公民参与、听取各种不同意见、尊重理性、保护弱势群体,从而实现多元分歧基础上的一致越来越成为各地基层政治实践的选择。

　　总之,作为20世纪后期兴起的协商民主理论,其前提在于承认并接受多元社会的现实以及不同利益主体之间存在的差异和分歧。其核心则在于强调基于理性的公共协商,即讨论、审议、对话和交流,从而实现立法和决策的共识。协商民主对民主本质的再思考激发了政治参与和公民自治的理想。将平等、参与、对话、公共利益、理性和共识作为协商民主的关键,是对既有民主范式的反抗;而诉诸直接民主、协商论坛、公共理性、协商宪政和司法实践等则是对代议民主的修正和补充。民主共识、平等参与以及关注公共利益是现实实践中完全能够实现的政治目标。合理的制度建构能够并已经使协商理想变成了现实。

(原载《中共天津市委党校学报》2005年第3期)

---

①　Archon Fung, Deliberative Democracy, Chicago Style: Grassroots Participation and Municipal Reform in Policing and Public Education, Real Utopias V: Experiments in Empowered Deliberative Democracy conference (Madison, WI, January 15–16, 2000).

借鉴现代民主理论新成果，大力推进中国特色的协商民主

——访中央编译局比较政治与经济研究中心陈家刚博士

编者按： 正如国外任何其他的学术前沿和理论热点一样，协商民主理论的研究一经在西方学术界兴起，敏锐的中国学者就将其引介到了国内，而且越来越深刻地影响着人们的思维。为了完整、准确地理解并介绍基于西方发达国家政治实践、传承西方理论思维脉络的协商民主理论，探讨其对于中国政治发展的积极意义，中国人民政协理论研究会会刊《理论研究》编辑部特别邀请了国内较早介绍协商民主理论的陈家刚博士，就协商民主理论以及中国社会主义民主政治建设的相关问题，进行了深入的对话。

编： 陈博士好！您是国内较早介绍协商民主理论的，而且围绕这个领域也进行了比较深入的研究。国内的协商民主理论研究目前也属于热点论题之一。但在研究领域、实践领域中，人们对于协商民主的理解还是存在着很大的差异。您怎样理解协商民主概念？将 deliberative democracy 翻译成"协商民主"

是否恰当？

陈："协商民主"概念的广泛使用是从20世纪90年代开始的。此前的1980年，美国克莱蒙特大学的约瑟夫·毕塞特教授提出了"协商民主"概念。在"协商民主：共和政府中的多数原则"一文中，毕塞特认为，美国的宪政设计既体现了多数原则，同时也是对多数的制衡，二者统一体现在制宪者建立"协商民主"的明确意图之中。他的主旨就是为"美国宪法的民主特性"进行辩护，反对精英主义的宪政解释。此后，伯纳德·曼宁和乔舒亚·科恩等从合法性角度对协商民主进行了扩展性分析和探索。哈贝马斯、吉登斯、米勒、埃尔斯特、博曼、扬等学者也根据自己的研究兴趣和价值取向，对协商民主理论的研究作出了贡献。

协商民主概念的提出、丰富和发展，经历了一个学术研究拓展的过程。在毕塞特那里，协商民主被当成是美国建国者为寻求一种既受人民主权控制，又能够避免受非理性情绪影响的民主政治体制、一种民主的政府形式。在曼宁、科恩等学者那里，协商民主的内涵拓展为通过参与、理性表达、对话等形式寻求共识，建构合法性的治理形式。随后，还有学者将协商民主看成是一种赋予决策合法性的体制。

综合起来讲，协商民主指的是自由平等的公民，基于权利和理性，在一种由民主宪法规范的权力相互制约的政治共同体中，通过对话、讨论、辩论等过程，形成合法决策的民主形式。其理论渊源在于自由主义、共和主义与批判理论。其基本内涵包括：第一，以人民主权原则为基础的代议体制、权力制衡、选举以及政党政治；第二，既强调代表的智慧与能力，也尊重多数的意愿表达；第三，承认多元分歧，鼓励普遍参与和对话；第四，超越狭隘的个人利益，诉诸公共利益，公开利用理性；第五，合法性源自公民的广泛参与、偏好表达与共识达成；第六，协商是规范性理想与经验现实的结合。

关于deliberative democracy的翻译，国内目前至少有这样几种不同的译法："审议民主"或"审议式民主"、"审议性民主"；"商议民主"或"商议性民主"、"商议民主制"；"协商民主"；"慎议民主"；"商谈民主"；"审慎的民主"；"慎辩熟虑的民主"。虽然存在分歧，但越来越多的学者开始采用"协商民主"这一译法。其他译法，因为语法、习惯、内涵等问题都无法很恰当地体现deliberative democracy的含义。例如，"审议"在汉语中是描述立法机构活动的专门词汇，而且内含着一种居高临下、非平等的审视意味，与"平等"要素存在冲突。

"协商民主"既能够较完整地体现民主过程的主体间平等、公开利用理性、公开对话和辩论以及权力制约等，而且还能够在中国政治实践中更有效地推动政治发展。但在应用"协商民主"一词时，应该避免某种故意将协商民主仅仅局限于目前我国的政治协商制度，而排斥其他协商政治实践的倾向。

编：协商民主在国外兴起以后，国内学者以敏锐的学术洞察力，及时地将其引介到国内，并对国内的理论思维和政治实践产生影响。您能介绍一下国内外关于协商民主理论研究的基本情况吗？

陈："协商民主"一词较早是由美国克莱蒙特大学的约瑟夫·毕塞特教授在1980年提出的。在对美国宪政进行反思的基础上，毕塞特认为，美国宪法既体现了多数原则，同时也是对多数的制衡。限制大众多数与使多数原则有效这两个方面统一于制宪者建立"协商民主"的明确意图之中。真正赋予协商民主动力的是伯纳德·曼宁和乔舒亚·科恩。曼宁的出发点在于寻求合法性的基础。科恩认为，协商民主意味着一种事务受其成员的公共协商支配的共同体。这种共同体的价值将民主本身视为一种基本的政治理想。

随后在整个20世纪90年代的时间里，越来越多的学者开始将研究的关注点和兴趣集中于协商民主理论，并且围绕协商民主理论出版了大量的研究专著和文集，例如《公共协商：多元主义、复杂性与民主》、《协商民主：论理性与政治》、《协商民主》、《协商民主及其超越：自由与批判的视角》、《全球协商政治》、《设计协商民主：英属哥伦比亚公民大会》，以及《美国的协商民主》等。曼彻斯特举行的关于协商民主的理论研讨会也吸引了更多专家学者。

国外学者对协商民主的研究主要集中在如下几方面：一是关于协商民主的规范性理想；二是作为制度结构和决策机制的协商；三是协商民主视野中的地方民主实践；四是协商民主试验；五是多元文化背景下的政治实践；六是生态危机与基层民主；七是全球政治与多边组织中的民主，等等。

国内学者开始接触并了解协商民主理论，最初应该是2002年德国当代思想家哈贝马斯的在华学术演讲。真正首次见著于文的协商民主研究则是2003年6月俞可平教授发表的《当代西方政治理论的热点问题》一文。林尚立教授2003年8月发表的《协商政治：对中国民主政治发展的一种思考》一文认为，协商政治概念"在一定程度上是作为竞争政治的替代来强调的"。2004年开始，协商民主理论研究开始越来越多地进入到人们的视野之中。其时，《马克思主义与现实》杂志刊载了"协商民主专题"；上海三联书店编辑出版了《协商民主》文集；其他学术性的刊物也开始刊载这一论题的研究成果。台湾地区的学者也是协商民主理论的热切关注者。协商民主理论研究的视角涉及各个方面，如协商民主的理论基础、协商民主的内涵、20世纪民主理论与协商民主、协商民主与中国政治发展的关系以及协商民主的政治实践、协商民主的挑战，等等。

随着研究的深入，关于协商民主的课题设置、出版规划和学术研讨、专门机构的成立等也相继丰富了这一热点话域。2004—2005年，国家社科基金及相关单位设置了两项关于协商民主的研究课题。2005年，国家新闻出版总署将俞可平教授主编、中央编译出版社出版的"协商民主译丛"列为国家"十一五"重点图书出版。2006年，中国社会科学出版社出版了浙江大学协商民主国际学术研讨会的论文集《协商民主的发展》；2007年，江苏人民出版社出版了《审议民主》文集。学术界还举行了几次不同规模的学术研讨会，如浙江大学举办的"协商民主国际研讨会"（2004年11月）；复旦大学举办的"选举与协商：中国民主政治的发展路径"（2007年7月）以及台湾地区的学术研讨会。类似的研讨还包括在一些高校和科研机构举办的若干小型的学术沙龙等。

2006年，"中国人民政协理论研究会"成立，并举行了第一次理论研讨会。虽然是以人民政协理论研究为主题，但这一机构，以及各省市政协理论研究会的成立，也表明人民政协理论、协商民主理论的研究具有了更广泛的平台。

编：在国外学者的研究中，有学者在协商民主概念之外，还使用了"对话民主"、"话语民主"和"沟通民主"等概念，您认为这些概念对于协商民主理论的贡献是什么？协商民主的价值何在？

陈：您说的完全正确。国外学者关于协商民主理论研究的出发点、侧重点等存在很大的差异，在研究和探讨过程中，也分别提出了不同的概念和观念。例如"对话民主"、"话语民主"和"沟通民主"等。

"对话民主"是英国学者吉登斯提出的。他认为，对话民主创造了社会交往的形式，对于重建社会团结来说是一个实质性的贡献。对话民主主要不是关心增加权利或代表利益，它关心的是推进文化世界主义；对话民主的中心不是国家，而是以一种重要的方式折射回到它身上；全球化和社会反思的背景下，对话民主在自由民主政体范围内鼓励民主国家的民主化；对话民主不是自由民主的延伸，甚至也不是它的补充。吉登斯明确指出，对话民主的提出深受协商民主理论的影响。澳大利亚学者德雷泽克认为，民主走向协商，表明人们在持续关注民主的真实性：即在多大程度上，民主控制是实质的而不是象征的。协商过程包括讨论、对话、辩论和说服，而不是压制、控制或者欺骗。德雷泽克认为，由于协商民主转向涉及交往，而交往不仅仅局限于国家权力领域，还指向了不同层级、不同领域。因此，应该有更适合不同制度、不同模式民主实践的话语表达方式，即"话语民主"。扬认为，"沟通民主"关注社会差异以及权力对言谈本身的渗透方式，承认协商实践的文化特殊性，提倡一种更具包容性的沟通模式。沟通民主的内涵要大于协商民主，沟通不仅包括对共识的表达和扩展，还包括对不被共享的意义予以展示和承认。

国外学者提出这些不同的民主概念，一方面是协商民主理论影响的结果，另一方面也恰恰在丰富协商民主的意义方面给我们提供了更多的具有参考价值的启示。

就其价值来说，包括规范性意义和工具价值。具体来讲，协商民主能够改善立法和决策的质量，促进合法决策，公共协商能够改善民主决策的结果。其次，培养公民精神和民主的政治文化，促进政治共同体的完善与发展。第三，矫正自由民主的不足。协商民主重新强调公民对于公共利益的责任，强调通过共识形成决策的过程，改变了重视自由而忽视平等的传统。协商过程是对当代自由民主中流行的个人主义和自利道德的矫正。第四，制约行政权的膨胀。控制官僚自由裁量权的恰当途径是施行协商民主，只有协商模式才能规范、建构现代的公共行政。第五，协商民主能够充分发挥理性的作用。公共协商就是交换理性的对话过程，协商民主致力于使理性在政治中凌驾于权力之上。

从总体上讲，协商民主的价值，一方面在于矫正西方自由民主体制以往对于自由、选举、权力制衡的过于偏重，而突出了参与、对话和理性思考的一面；另一方面，对于思考世界各国民主制度的民主化也是极有意义的。

编：有学者认为，协商民主是对自由民主的替代和超越，是对选举民主的补充和完善。您认为协商民主与自由民主、选举民主之间是一种怎样的关系？

陈：首先，必须完整地理解民主。民主是一个包括有价值诉求、制度构造、观念意识和行为方式等在内的整体性概念，当我们论述或者作比较的时候，我们一定要弄清楚说的是什么。其次，必须梳理清楚我们目前使用的诸多民主概念如自由民主、激进民主、参与民主、选举民主、强势民主、话语民主、沟通民主、协商民主等分别指称什么。第三，这里的自由民主显然是指基于自由主义和个人主义价值理念的民主体制和民主治理形式；选举民主则是突出了现代民主体制中"选举"这一要素。

毫无疑问，我们可以在协商民主理论的研究中发现许多对于自由民主的批评。归纳起来，协商民主理论中对自由民主的批评包括这样几个方面：第一，自由民主以个人主义和利益为基础，对政治过程的理解往往具有私人化的倾向。第二，自由民主是纯粹的政治民主，而非经济、文化或管理方面的民主，经济上的不平等限制了民主的潜力。第三，按照多数原则，投票的结果无法保证能够满足公共利益。除了投票权，参与政治活动的公民没有表达自己意见的机会，也没有聆听他人表达的机会。没有讨论，没有对话，没有沟通，更没有共识。第四，在代议制条件下，民主政治包含着大量的操纵和盲目决策。政府决策无法满足公众愿望，政府公信力丧失。第五，利益集团操纵政治。自由民主孕育着财团政治，议会和普选制使有产阶级间接或直接地统治着社会。

所以，有学者指出，基于自利观念的个人主义已经腐蚀了民主的核心理念，在一定程度上它已经和民主政府的良性运作不相容了。因此，如果想保存乃至深化我们的民主生活，我们必须把未来掌握在我们自己手中。我们必须创造一种能支持公民参与公共对话的制度。扬就主张协商民主是自由民主的替代。德雷泽克也认为，协商民主对于既有的自由体制来说，是对抗性的。

协商民主不同于代议制民主或共和政体式的民主，它超越了选举参与以及公共与私人利益在决策上的制度整合。作为一种民主理论，协商民主是在强调选举政治的代议制民主基础上发展起来的，而代议制民主的特征是公民通过规则化的投票参与民主治理。由于决策机制往往有其局限性以及公共政策通常缺乏的认同，使得通过公开决策过程争取公民在他们关心的政策上的协商参与和深化民主实践，就变得很有必要。对于现代民主体制来说，协商民主是恰当的补充、修正、完善和超越。

协商民主在一定程度上应该是克服自由民主缺陷的改革性步骤，或者本质上是批评的和有改革能力的实践。我想，如果说过去人们强调的是现代民主体制中的选举、政党竞争和权力制衡的话；那么，协商民主强调的就是这一体制中的理性思考、对话和参与等要素，但同时并不排斥竞争性的选举和权力制约。

编：有学者认为，协商民主带有浓厚的乌托邦色彩，与现实之间存在巨大的鸿沟，缺乏现实的经验支撑。也有学者认为，协商民主存在于不同的领域，从国际社会、区域性组织到民族国家，以至基层自治组织，都可以发现协商民主的鲜活实践。您的研究涉及这些领域吗？

陈：协商民主是一种理想化的理性诉求，这一点没有错。弗兰克·I.米歇尔曼认为，协商民主是一种程序理想，这种理想是关于宪政民主社会的实际政治自我理解的理性重建的一部分。博曼也高调指出，20世纪后期出现的协商民主概念意味着政治理论令人激动的进展。协商民主是对于民主的规范性描述，它唤起了理性立法、参与政治和公民自治的理想。但是，在现实生活中，协商民主则是通过提供有利于参与、交往和表达的条件而促进平等公民自由讨论的一种社会和制度条件框架，是通过建立确保政治权力以定期的竞争性选举、公开性和司法监督等形式而对此形成的回应性和责任性框架。

也就是说，协商民主具有深厚的现实支撑。首先，美国立宪者设计的宪政体制本身就是协商民主。其次，国际组织或多边组织中，开始越来越多依靠协商民主制度设计，来解决面临的民主挑战。例如欧盟，一些被民众普遍接受的价值标准和价值规范，包括文化多样性、包容性、可持续发展、生态环保意识以及相互依赖性等，正是通过公共领域中的交流探讨、在公众舆论的反复论证过程中逐步得到确立的。再则，国外基层自治组织的公民大会、市镇会议、委员会、评议会、参与式预算等治理形式也丰富了协商民主的经验；此外，菲什金、何包钢教授等试验的"协商民意测验"等都是经验现实。在这些经验现实中，人们能够更充分地认识到我们面临的多元社会的现实，以及思考怎样共享一种民主的公民政治参与和公民文化。

编：协商民主理论引介到国内后，很多的研究成果一直在探讨其与中国政治实践的关系。有学者认为，中国的传统文化中存在着协商民主的因素。您对此有什么样的见解？您认为协商民主可以移植吗？

陈：这里面包括几个不同的问题。首先，协商民主理论在引入中国之后，很多学者都开始关注这一研究领域。但是，对协商民主的理解等存在诸多的误区。例如，将西方的协商民主等同于我国的政治协商制度；将协商民主与自由民主、选举民主截然对立起来；认为中国的传统文化和儒家思想中存在协商民主的要素，或者说基本精神，等等。我个人认为，中国的历史和传统中不存在民主的因素和成分，最多只有民本的要素存在，而民本的存在也是为着专制政治的需要。

其次，协商民主植根于西方发达国家政治生活的历史和现实，是对其面临的挑战的反思和探索。对于中国来说，我们不可能将其照搬照抄过来。但是，协商民主的某些环节、某些因素可以吸收过来丰富和发展中国特色社会主义民主政治。例如，对代表与制衡、参与与表达、对话与共识的强调，对合法性、公共利益等要素的强调，等等，都可以加以借鉴和发展。

再则，在我国的政治实践中，已经存在着丰富的体现协商民主价值、具备协商民主特征的协商政治实践。例如，政治协商制度、立法听证、民主恳谈、参与式预算、社区议事会、公共论坛、网络论坛，等等。这些多样性的政治形式，在维护民众的利益、鼓励民众利益表达、促进公共利益、推动公民与政府之间的对话沟通以及包容不同利益诉求、维护社会稳定和构建和谐社会等方面发挥着重要的作用。这是中国特色的协商民主。

编：《中共中央关于加强人民政协工作的意见》（2006年）指出："人民通过选举、投票行使权利和人民内部各方面在重大决策之前进行充分协商，尽可能就共同性问题取得一致意见，是我国社会主义民主的两种重要形式。"《中国的政党制度》（2007年）白皮书也对"选举民主"和"协商民主"作了进一步的概括。您怎样理解中国特色民主政治建设中的"选举"和"协商"这两种民主形式？怎样推进我国的政治协商制度建设？

陈：我个人认为，《中共中央关于加强人民政协工作的意见》和《中国的政党制度》白皮书，是我们党在新的历史时期社会主义政治文明建设历程中的重要文件，表明我们党领导人民建设社会主义民主政治的决心、动力、基础和发展路径。其次，两份文件的出台，充分肯定了我国发展社会主义民主政治的既有成果。人民代表大会制度是我国的根本政治制度，共产党领导的多党合作与政治协商制度是我国的基本政治制度。这些政治制度在我国革命和建设历史上发挥着重要作用。而近年来，基层选举实践的发展、人民代表大会制度的完善以及人民政协的各项创新性工作都取得了丰富的成果。选举和协商这两种民主形式受到社会主义宪法和法律的充分保障，在我国民主政治生活中具有广泛的代表性和普遍性。在中国的政治实践中，选举和协商这两种民主形式，具有特定的含义。再则，两份文件对于社会主义民主政治建设作出了明确的战略规划。建设社会主义政治文明，要坚持发展和完善人民代表大会制度，要善于运用人民政协这一政治组织，在民主政治建设过程中，进一步表达并维护人民群众的利益、拓展协商对话与沟通机制、加强权力监督与制约力度、培育健康民主所需要的民主精神与意识。选举和协商这两种民主形式，还有巨大的发展空间。理论工作者以及地方和基层政府还应该在理论研究、制度设计和实践推动等方面作进一步的努力。最后，两份文件对于选举民主和协商民主的阐释和肯定，也是对部分学者片面强调协商而排斥选举、将协商民主与选举民主对立起来这一倾向的否定。选举对于建立和完善社会主义国家授权机制、加强权力制约、代表并维护民众利益具有基础性的地位和作用，在我国的政治体制改革过程中，还需要继续保持并发展选举这种民主形式；协商对于促进合法决策、增强对话和沟通、培养公民文化等具有关键作用，而具体的协商制度的完善和发展、协商形式的探索也需要深入的思考。选举与协商相辅相成、相互促进。

中国共产党领导的多党合作和政治协商制度是我国的基本政治制度，是中国特色社会主义协商民主的重要制度结构。政治协商制度是马克思主义统一战线理论、政党理论与民主理论有机结合的实践产物。在社会主义政治文明建设过程中，政治协商制度能够充分发挥自身联系群众、促进有序政治参与、表达各种利益诉求、促进决策民主化科学化以及加强权力监督和制约等优势。但是，随着社会经济的进步与发展，政治协商制度也面临着严峻的挑战。为了应对日益分化的利益和阶层，应对各种利益之间的冲突，政治协商制度应该充分发挥人民政协的作用，构建并完善基于权利的制度平台；包容、尊重由于社会分化而产生的各种社会群体,反映并维护其利益;善于引导并促进各行为主体的参与、表达和对话,在理性交往过程中增强自身的责任性;增强政协制度参与主体的独立性,赋予更广泛的平等机会、资源,增强能力建设,实现参与过程的权利和话语平等;加强权力监督和制约,在以权力制约权力这一监督机制之外,建构一种以社会制约权力的机制。

但我们同时应该注意的是,避免将西方的协商民主与我国的政治协商制度混淆起来,否则,一方面不利于我们分析批判西方的协商民主理论,取其精华,去其糟粕;另一方面,也会导致忽视其他各种社会主义协商民主的政治实践,不利于社会主义协商民主的建设和发展。

编: 党的十七大报告指出,人民民主是社会主义的生命。发展社会主义民主政治是我们党始终不渝的奋斗目标。我们要坚持中国特色社会主义政治发展道路。您怎样看待中国特色社会主义的政治发展?

陈: 中国的政治发展具有中国自身的特色。在长期的革命和建设实践中,中国根据自身的历史、传统、文化和基本国情,已经走出了一条符合中国国情的中国特色社会主义政治发展道路。这条道路,既能广泛发扬民主,又能实现高度集中。既充满生机活力,又富有效率。既尊重大多数人的意愿,又维护少数人的权利。

但是,随着我国改革开放的进一步深入,中国政治发展面临的挑战也越来越严峻:(1)如何在中国共产党从领导人民利用武装斗争夺取政权的革命党转变成领导人民发展经济、走向民主富强文明的执政党之后,进一步提高执政能力,进一步建构更广泛、更坚实的合法性基础?(2)如何根据依法治国的要求,在立法、行政和司法机关之间形成相互制衡的关系,完善和发展廉洁高效公正的运作体制?(3)如何进一步调整和规范政府与市场的关系,如何建设法治政府、透明政府、廉洁政府、责任政府和服务型政府?(4)如何应对发展过程中出现的腐败蔓延、贫富差距拉大、社会不公、生态危机、地区发展不平衡等严峻挑战?(5)如何鼓励并促进公民的有序政治参与?如何促进公民社会组织健康发展,推动社会进步?(6)如何更积极地应对全球化过程中的政治影响?

在应对这些严峻挑战的问题上,协商民主理论的引入,为我们推进中国的政治发展提供了可资借鉴的理论成果和经验设计。协商民主有助于推进社会主义宪政建设,实现党的领导、依法治国与人民当家作主的有机统一;有助于制衡行政自由裁量权的膨胀,推进法治政府、责任政府、服务型政府、透明政府和廉洁政府建设;有助于拓展利益表达渠道、推动公民个体、社会组织与政府的对话和交往,增强政策的合法性基础,扩大并促进公共利益;有助于促进公民有序的政治参与,促进基层民主的深度与广度;有助于公民社会的健康发展,从而奠定社会主义民主政治的社会基础;有助于在实践中形成健康民主社会所需要的政治文化,形成一种宽容、理解、对话、倾听和理性的民主氛围。

但是,我们也必须清醒地认识到:第一,协商民主是对西方政治体制的回顾、描述与反思,是对西方既有政治体制的补充、完善和超越。协商民主不是一种孤立的理论或实践,它深深植根于当代西方发达资本主义国家的政治传统与现实。第二,在理论与体制实践中,选举、权力制衡、理性表达、参与和对话等要素都是协商民主的内在要素。要完整地理解协商民主,避免非此即彼的二元思维路径。第三,协商民主体现在不同领域和层面。在国际层面,如欧盟治理过程的协商,在国家层面如现代民主体制,在基层如地方治理和市镇会议等。我国的协商民主具有多种多样的表现形式。例如国家层面的政治协商制度、立法机构的听证及审议实践,地方政府创新中的民主恳谈以及社区治理过程中的议事会等。第四,对于我国的政治发展来说,协商民主的价值在于我们可以借鉴其中的某些价值观念、某些制度要素、某些方法来丰富和完善中国特色的协商民主政治。但是制度的学习和借鉴不是照搬照抄。

当代中国政治发展道路的选择,必然是尊重自身历史、文化传统,尊重自身国情的政治发展;必然是尊重通过多次反复而历史地选择的既有政治制度,并充分利用既有制度空间,推动创新与变革的政治发展;必然是以开放的心态、开阔的视野,了解、认识、学习和借鉴其他国家先进政治文明成果,并使之本土化的政治发展;必然是以思想解放、观念转变为先导,以意识形态的完善和发展所推动的政治发展;必然是一种将党内民主、人民民主、基层民主、社会民主结合起来,而非单一强调某一方面的要素,是将民主价值、民主制度、民主机制和程序,以及民主意识、民主精神有机结合起来,而非片面理解的政治发展;必然是在民主的实践中创造民主条件的政治发展。经济发展水平不高、公民文化素质低、传统封建专制及宗族等消极因素的存在不是拒绝或延缓民主的借口。民主的条件是在民主的实践中创造的。民主是有条件的,但实践民主是无条件的。继续推进选举民主的实践、大力发展协商民主,是我国社会主义民主政治建设的明智的战略选择。

(原载《理论研究》2008年第2期)

协商民主是不是一种民主形式?

协商民主是当代西方重要的政治发展和西方政治思想中最重要的成果之一。在我国的政治实践中,也存在丰富的、体现协商民主特征的社会主义民主政治实践,例如,政治协商、听证会、民主恳谈、社区议事会等。协商民主对于发展我国社会主义民主政治,促进社会主义民主政治的规范化、制度化和程序化建设具有重要的意义。

协商民主是现代民主的核心所在

在人类社会创造的民主政治形式中,具有多种多样的表现形式。从历史发展过程来看,包括古代民主与现代民主;从掌握主权的主体来看,包括精英民主与大众民主;从参与的主动性和权利保护角度来看,包括积极民主和消极民主;而从权力的分配与行使角度来看,则包括选举民主和协商民主。协商民主是指公民通过参与立法和决策等政治过程,赋予立法和决策以合法性的治理形式,其核心概念是协商或公共协商,强调对话、讨论、辩论和审议。协商民主是对自由主义理论和批判理论的超越。协商民主既肯定公民积极参与政治生活，又尊重国家与社会间的界限，力图通过完善民主程序、扩大参与范围、强调自由平等的对话来消除冲突，保证公共理性和普遍利益的实现。与现代公民的要求和社会的发展相适应，实现公民与公民、公民与政府之间的对话、讨论、协商，是政治民主最基本的要素之一。协商民主强调尊重公民的利益表达、促进广泛的参与，从而使决策更民主、更完善。协商民主是对间接民主、代议民主和远程民主的完善和超越。因为简单的多数原则、代议制以及远程通讯都无法充分体现全体民众的真实意愿，无法形成有利于公共利益的决策。协商民主是民主政治的发展方向，是当代民主的核心所在。

作为一种新的理论范式和民主治理形式，协商民主在人类民主政治发展过程中具有超越既有政治模式的意义。第一，促进合法决策。协商民主能够通过讨论、审议等过程赋予立法和决策以合法性。协商过程的政治合法性不仅仅出于多数的意愿，而且还基于集体的理性反思。第二，培养公民精神。良好的公民精神是民主政治的重要基础。通过公开的对话、交流和协商，协商民主能够培养出健康民主所必需的公民美德，如尊重、宽容、妥协和节制；促进不同文化间的沟通与理解；包容存在差异的种族、文化团体，平等、公正地对待社会的异质性。第三，矫正自由民主的不足。协商民主开始重新强调公民对于公共利益的责任、强调通过共识形成决策的过程，改变了重视自由而忽视平等的传统。作为协商民主的核心，协商过程是对西方自由民主中流行的个人主义和自利道德的矫正。第四，制约行政权的膨胀。行政权膨胀的关键是行政机构获得了制定规则以确定公共政策的内容而无须承担同等民主责任的问题。协商民主论者认为，控制行政权膨胀的恰当途径是施行协商民主，实行协商的民主立法模式。只有协商模式才能规范、建构现代的公共行政。

协商民主在我国的政治发展中具有独特优势

中国特色的社会主义民主具有丰富的内容，如党内民主制度、人民代表大会制度、多党合作和政治协商制度、民族区域自治制度、基层民主自治制度等。归结起来，就体现为人民通过选举、投票行使权利和人民内部各方面在重大决策之前进行充分协商，尽可能就共同性问题取得一致意见，是我国社会主义民主的两种重要形式，即选举民主和协商民主。选举民主是多元利益主体，基于自身利益，竞争公共权力的机制；选举民主尊重公民个人权利和个人利益；选举民主实行多数原则，强调利益的聚合，反映多数人的意愿；选举民主强调公平竞争；选举民主是根据人民主权原则决定权力结构配置的机制。协商民主是立法和决策领域的治理形式，是权力行使过程的民主；协商民主以公共利益为诉求，以寻求立法和决策合法性为目标；协商民主强调公民参与、利益表达、对话、妥协和偏好转换；协商民主力图反映所有参与者的意愿和利益，尊重多数并保护少数；协商民主强调合作与共识。

在我国社会主义民主政治的发展中，协商民主与选举民主相辅相成、互为补充。选举民主是基础、前提，没有选举民主，没有竞争性选举，就不会有协商民主。相对于选举民主而言，协商民主具有独特的优势。在价值与利益逐渐分化的今天，协商民主能够在权力行使过程中，让社会群体中各种不同意见和要求，在理性对话中得到系统、综合的反映，并在谈判中作出必要的妥协，达成一定的共识，从而使公共决策最大限度地实现各方利益的均衡。这种民主可以充分照顾各方利益，形成各方自愿接受的共同决定。协商民主能够有利于建立结构合理、配置科学、程序严密、制约有效的权力运行机制，从决策和执行等环节加强对权力的监督，提升公共决策的合法性，保证把人民赋予的权力真正用来为人民谋利益。

推进和规范社会主义的协商民主

完善社会主义民主政治，发展社会主义的协商民主，必须清醒地认识其产生的历史背景，加强协商民主的制度化和规范化建设，防止协商民主变成违背人民利益，为某些利益集团牟取私利的工具。

在我国社会主义民主政治的实践中，体现协商民主特征的民主形式存在于各个层面。协商民主是公共权力行使过程中的一种重要的运行机制。但是，我们也必须清醒地认识到，协商民主是建立在发达的自由民主之上的，是对西方的代议民主、多数民主和远程民主的完善与超越。制度的移植需要充分注意本国政治发展的特殊历史背景、文化传统、经济和社会发展水平等因素。因此，我们必须实事求是地推进协商民主。

协商民主体现在不同的领域和层次。世界范围、区域组织、国家、基层和社区等层面的决策过程，都可以遵循这种民主治理形式。比如欧盟，就是协商民主的典型。它强调各成员国就共同关心的政策问题如妇女、环保、安全等进行充分的磋商，以此来取得共识。在我国政治实践中存在各种体现协商民主特征的民主形式。

随着社会经济的发展，我国社会利益主体日益多元、利益分化逐渐明显、利益冲突日益剧烈。协商民主承认并接受多元社会的现实，以及不同利益主体之间存在的差异和分歧。只有实行协商的民主治理形式，才能够有效地消除分歧和差异，形成共识，并促进符合广大人民利益的决策。

完善和发展社会主义的协商民主，我们必须避免将协商民主单纯地理解为政治协商，否则就会忽视其他的协商民主形式；必须避免将协商民主与选举民主对立起来，没有选举民主，就没有协商民主，协商民主是建立在选举民主基础之上的；必须着重加强制度建设，实现协商民主的制度化、规范化和程序化。只有这样，协商民主才有可能避免成为强势利益集团操纵决策的工具，才能更好地促进公共利益，才能更全面地反映广大人民的利益和意愿。只有这样，才能够建设符合社会主义民主和政治文明发展方向的协商民主。

（原载《解放日报》2006年7月31日）

协商民主与当代中国的政治发展

政治发展,主要是指政治体制从不发达走向发达、从传统走向现代的变迁过程,其核心内容是从非民主政治走向民主政治,以及完善民主政治的变迁过程。虽然存在一定的分歧,但在很大程度上,政治发展的概念与政治现代化的概念基本一致。政治发展研究的主题是政治民主化以及在民主化过程中保持政治稳定的问题。对政治发展的研究,主要体现在这样几个方面:政治文化的世俗化和理性化,政治参与的公民文化逐渐形成;政治制度化程度的提高,政治体系出现结构分化、功能专门化,次体系自主性增强;政治系统能力的增强,政治系统决策能力和贯彻政策能力不断改善。20世纪五六十年代政治发展理论研究兴起以后,就引起了中国学者的关注并被介绍到国内。在国内学者的研究中,一方面是引进并吸收西方关于政治发展的概念和理论框架,并以此建立自身的分析模式;另一方面是在此基础上,以中国政治为对象,探讨中国在建立民主制度后,如何在制度的实践中,充分实现民主制度的民主化,即逐步形成和发展一种理性和健康的民主文化,一种有序的政治参与机制,一种在动态稳定中完善民主的发展模式。

中国的政治发展必然要在尊重自身传统和现实国情的基础上，充分吸收并借鉴世界政治文明发展的优秀成果，遵循时代趋势与发展共识，发掘既有体制的潜力，实现民主制度的民主化，从而建构一种适合中国自身国情的民主政治模式。其基本特征是以民主的基本价值为取向，以民主的制度建构和程序设计为路径，以实现人民民主为最终的归宿。

一、政治发展研究的兴起

1. 政治发展理论研究：兴起与原因

政治发展以及政治发展理论的研究，兴起于20世纪50年代以后的西方政治学。它立基于区域研究的发展与政治学的行为主义变革，此后便流行于大部分国家的理论研究和政治实践领域，并且对各国尤其是发展中国家的社会政治产生了深远的影响。

1960年，美国比较政治学委员会和普林斯顿大学国际研究中心合作编写了《发展中地区的政治》一书，主编是阿尔蒙德和科尔曼。该书研究了五个发展中地区的政治形态。其中，阿尔蒙德使用了"发达的政治体制"、"不发达的或发展中的政治体制"等概念。他不赞成20世纪50年代早期现代化理论家用"传统"和"现代"来简单划分传统政治体制和现代政治体制的弊端，认为一切政治体制在文化上都是混合的，它们把传统与现代的成分结合在一起。一切政治体制——西方发达的体制和非西方的不太发达的体制——都是过渡的体制。[①]虽然没

---

① G. Almond, J. Coleman, eds , The Politics of the Developing Areas, Princeton University Press, 1960.

有直接提出"政治发展"概念,但此书所研究的问题,即从传统政治体制向现代政治体制发展问题,都是后来政治发展研究的主要内容。1966年阿尔蒙德与小鲍威尔合写了《比较政治学:发展的研究方法》一书,正式提出"政治发展"概念,并对政治体制作出了动态的、发展的研究。①政治学家亨廷顿认为,从20世纪60年代开始,政治学家和社会科学家开始积极地对说法不一的政治现代化或政治发展过程产生兴趣。

在对政治发展理论的研究中,因为研究取向的差异,出现了不同的理论脉络,如戴维·伊斯顿和阿尔蒙德的体系功能分析、多伊奇等学者的社会进程分析和塞缪尔·亨廷顿的比较历史分析等。

学界普遍认为,政治发展理论研究的兴起主要源自两方面因素:一是20世纪40年代末和50年代区域研究的发展。二是政治学的"行为革命"的影响。行为主义的经验实证主义的研究风格就必须把理论的严密性和经验研究相结合并通过系统的多国比较来考验普遍性。

"二战"以前,比较政治研究的学者把注意力几乎完全局限于西欧和北美。"二战"后,学术研究随着冷战的情势变化而开始了针对苏联的研究,随后,研究者又开始关注亚洲、中东、拉丁美洲和非洲等地。各个大学或研究机构进行了大量关于发展中地区/第三世界地区的政治发展问题。这些关于不同发展阶段的政治结构、政治转型的研究,为政治发展理论研究提供了充分的经验材料。另外,20世纪五六十年代,政治学的研究发生了行为主义的革命。行为主义的研究风格要求把理论的严密性和经验研究相结合,并通过系统的多国比较来考验普

---

① G. Almond and B. Powell, *Comparative Politics: A Developmental Approach*, Boston, Little Brown, 1966.

遍性。政治学家从当代主要的心理分析学派那里吸收了诸如结构、功能、输入、输出、反馈、体系以及环境这样一些概念，并在分析和比较不同国家的政治中运用这些系统框架。行为主义方法还对政治现象进行了比以前更为精确和更有定量的衡量。而世界各国政府和国际机构统计工作的改进，也积累了有关各个国家的社会、人口统计、经济以及政治特征等方面的大量数据。更为复杂的数学分析手段等也进一步完善，分析多种变量之间的关系就有了可能。亨廷顿指出，"60年代初，源于区域研究和源于行为革命的两股潮流汇合在一起，结果是有意识地把注意力集中到政治发展的问题上。从那些成了政治发展专家的政治学家的事业中，往往可以很清楚地看到这一汇合的痕迹。他们开始时常常是作为发展中地区某一国家或地区的专家，撰写有关它们的学术论文，然后就'它们的'国家政治的某一方面写第一本书，继而对整个政治发展作更为广泛、更带有比较性质的研究，运用从行为革命吸取的概念和方法，而且相当自然，常常还试图把他们在首次研究一个国家时所发现的关系概括进多少与大多数国家有关的关系中去。"①

政治发展理论研究是行为主义革命的产物。行为主义革命为政治发展研究提供了富于启发性的学理资源，包括方法、概念框架、实证资料、理论模式，更为政治发展研究提供了一种面向时代和科学的新精神。政治发展理论出现后，由于理论本身的需求，它实际上在很大程度上修正了行为主义的偏颇，从而为回到规范研究留出了一定的空间，正如里格斯所说："由于政治发展的研究提出了一个关键性的理论问题，它有产生数个副产品的希望。很可能它为上述比较政治的计量—行为研究法与区域研究法提供桥

---

① [美] 格林斯坦、波尔斯比：《政治学手册精选》（下卷），储复耘译，商务印书馆1996年版，第149页。

梁。也许更为重要的是：由于提出了若干关键性的理论课题，它也可能使讨论价值的政治哲学及实证政治理论与政治学所关切的中心课题发生更密切的关系，因为政治发展的研究以刻不容缓的方式再度提出了若干曾困惑自柏拉图、亚里士多德以至本特利与拉斯威尔等政治思想家的永恒性课题。"①

此外，中国学者较多地关注战后地缘政治的新格局对于打破比较政治学者的地域局限，程度不同地改变当代政治研究的理论趣味的意义。大国政治决策集团出于其特殊的全球政治、经济、军事利益而大力扶持政治发展研究。从某种意义上讲，这也构成了政治发展研究的动力，决定了政治发展研究的范围、目标、深度和问题。

政治发展理论研究经历了这样几个阶段。第一阶段：以"民主"为主要内容，以"现代化理论"为主导，时间大致经历20世纪50年代中期到60年代中期。在这一阶段，研究者认为，政治发展是从传统社会向现代社会的过渡，从前者到后者的发展是一个直线过程，不发达国家目前所处的阶段正是欧美国家历史上经历过的阶段，目前的西方发达国家就是第三世界国家未来发展的目标。这一时期政治发展研究的主题和基调与同时期盛行于经济学和社会学的"发展主义"思潮是完全一致的，它在很大程度上是建立在美国的自由主义的社会和文化正统性之上的。它把民主当做是政治发展的唯一目标，想方设法向第三世界国家输出西方国家的民主制度，在第三世界国家中积极寻求推进西方民主的力量。

第二阶段：从20世纪60年代中期到70年代初，"秩序"是政治发展研究的主题。20世纪60年代以后，随着"民主"

---

① [美]詹姆斯·C.查尔斯沃思：《当代政治分析》，徐清一、吕亚力译，正中书局1981年版，第390页。

输出的失败以及新独立国家政治动乱的频繁发生，人们逐渐认识到，政治发展并非简单地可以从传统向现代前进。对于新独立的国家来说，民主制度的建立并不是最迫切的问题，相反，发展经济、建立秩序和稳定才是当务之急。国家的发展要以必要的秩序为基础和前提，而现代化过程中产生的社会动员，不断向政治系统提出大量的要求，这使发展中国家的国家建设和秩序遭到了极大的挑战。因此，重点是政府对人们提出的要求作出反应的能力。亨廷顿认为，政治发展就是政治结构和秩序的制度化，制度化就是结构和程序取得价值和稳定的过程。任何一个政治体系的水平都可以通过它的结构的适应性、复杂性、自主性和连续性来衡量。发展中国家政治不稳定的一个重要的原因在于其政治结构和程序的制度化程度不高，这些国家普遍出现了政治衰退现象，其原因在于这些国家社会动员和政治参与的水平过高。因此，他提出，增强政治结构的复杂性，限制大众参与，加强政党建设等，都是保持政治稳定和促进政治发展的必要措施。

第三阶段：从20世纪70年代至今，主要表现为"依附理论"的兴起。20世纪70年代初，依附理论开始被人们接受。依附理论的出现，给国际学术界注入了一股新的活力，自由主义学派占统治地位的状况开始发生转变。依附理论又分为"不发达的发展"理论和"历史—新马克思主义"等几种。"不发达的发展"理论源于新马克思主义经济学家保罗·巴伦（Paul Baran）1957年发表的《增长的政治经济学》。20世纪60年代中期以后，"历史—新马克思主义"体现为卡多佐（Fernando H. Cardoso）和法莱托（Enzo Falleto）对拉丁美洲的依附和发展问题进行的分析。依附理论认为，随着帝国主义及其工业资本主义在世界范围的扩张，拉丁美洲形成了新的依附。在这种条件下，公共部门、多国公司和现代资本主义部门结成了一个大的联盟，在这个联盟中，发展中国家的当地企业处于一种小伙伴的地位，而这并不是真正的发展。依附理论虽然对资本主义进行了深入的批判，但是它提出的解决办法并没有被人们采用和产生效果。但是，依附理论所提出的各种问题，如内部和外部如何相互作用而产生变化，社会结构制约社会生活及社会生活如何改造社会结构等，依然具有非常重要的意义。

2. 政治发展的涵义与政治发展理论的结构

第一，关于政治发展的界定。不同的学者，因为其出发点的差异，对于政治发展的定义有着很大的区别。

阿尔蒙德和小鲍威尔认为，政治发展就是政治体制对其社会和国际环境的变化作出的反应，特别是对国家构成、民族构成、政治参与和权力分配等的挑战作出的反应。政治发展本身是一种政治思想，主要是对政治现代化而言。[①]

卢西恩·W. 派伊在1966年出版的《政治发展的各个方面》一书中概括了不同的学者给出的十个不同的"政治发展"定义：①政治发展是经济发展的政治前提；②政治发展是代表工业社会的政治；③政治发展就是政治现代化；④政治发展是民族国家的运转方式；⑤政治发展是行政和法律的发展；⑥政治发展是大规模的群众动员和群众参与；⑦政治发展是政治体系的民主建设；⑧政治发展是政治体系稳定和有秩序的变化；⑨政治发展是政治动员与权力；⑩政治发展是社会变化多方位过程中的一个方面，即政治层面的社会变化。[②]而亨廷顿则试图

[①] [美] 塞缪尔·亨廷顿：《变化社会中的政治秩序》，王冠华等译，生活·读书·新知三联书店1989年版，第22—27页。

[②] 转引自 [美] 西里尔·E. 布莱克编：《比较现代化》，杨豫等译，上海译文出版社1996年版，第61—62页。

把政治发展的定义概括为四个概念,即理性化、国家一体化、民主化以及动员或参与。而且他特别强调从传统社会向现代化发展过程中的政治稳定和政治秩序问题。①

第二,就政治发展的动力而言,达尔认为,政治发展就是建立在一定技术—经济发展水平上的民主政治制度,其动力和途径是政治多元化;而派伊认为政治发展决定于政治文化,政治文化是政治发展的动力。阿尔蒙德认为政治发展的基本动力是社会经济的现代化,而且政治发展也越来越成为社会经济现代化的原因。在政治发展研究的早期,有学者认为,政治发展是朝着政治民主的发展,而民主发展反过来又与经济发展的进程有关。李普塞特就认为民主制度的存在与高水平的经济发展之间有着高度的相互关系。②

第三,关于政治发展的分析指标或研究变量,阿尔蒙德认为,结构的差异、分支体制的自主性和文化的世俗化是政治发展的三个主要分析指标。③派伊认为,与政治体制的关系中个人的平等地位的提高,与环境的关系中政治体制能力的提高,政治体制内部制度和结构的差异的提高,是政治发展的三个主要分析层面。④而塞缪尔·P. 亨廷顿则认为,理性化的权威、差异性的结构、大众的参与以及政治体系实现各种广泛目标的能力是政治发展研究的主要视角。⑤沃德和拉斯托指出,政治发展

---

① [美] 塞缪尔·亨廷顿:《变化社会中的政治秩序》,王冠华等译,生活·读书·新知三联书店1989年版。
② [美] 西摩·马丁·李普塞特:《政治人——政治的社会基础》,张绍宗译,上海人民出版社1997年版。
③ 同上,第61页。
④ 转引自[美] 西里尔·E. 布莱克编:《比较现代化》,杨豫等译,上海译文出版社1996年版,第62页。
⑤ 同上,第44页。

的研究变量有八个：①一个有高度差异和功能专门化的政府组织体制；②这种政府结构内部的高度一体化；③理性的和世俗化的政治决策程序；④政治决策和行政决策数量多、范围广、效率高；⑤人民对本国的历史、领土和民族性有广泛和有效的认同；⑥人民怀有广泛的兴趣积极参与政治体系，虽然他们未必参与决策；⑦政治角色的分配是依据个人的成就而不是依据归属关系；⑧司法和制定条例以主要是世俗的和非特指某一人的法律制度为基础。①

政治发展同样是一个具有价值取向的概念，不同的人在对这个概念下定义时每给出一种解释，也就等于提出了一种有关什么是政治发展的标准。依据这种标准，某些变化和现象被认为是政治发展，而另一些变化和现象可能被看成是政治衰败。标准的差异，就意味着对于同一种变化或同一个现象的价值判断会有所不同。

政治发展理论家认为，政治发展水平高低就在于政治民主化的程度如何，也就是说，他们把政治发展等同于政治民主，认为这是政治发展的最终目标。派伊概括的十个方面，其中就包括建设民主政治和制度的政治民主化的过程。在他看来，"政治发展"在某种程度上与"政治现代化"是同一概念。而亨廷顿则认为，政治发展并非指具有特定目标的发展过程，而仅仅体现政治变革的实际情况，它既包含正面的积极发展，也包含着政治衰败。因此，他把政治发展定义为"现代化的政治后果"这样一个中性概念。因此，如何维护政治的积极发展，即在政治发展中如何保持政治稳定与秩序的问题，就是亨廷顿研究的重要课题。在对亚非拉发展中国家进行慎重研究后，亨

---

① 转引自［美］西里尔·E. 布莱克编：《比较现代化》，杨豫等译，上海译文出版社 1996 年版，第 44 页。

廷顿发现，许多新兴国家在"二战"后经济确实有了长足的进步，但政治演变却充满乱象，而且经济发展及人民生活水平提高越快，这种情况就越明显。相反，在那些经济起步较落后的国家，却能安享太平。亨廷顿指出，发达国家与不发达国家在政治上的最大区别不在于政治形式，甚至也不在于政治参与的程度，而在于是否建立了有效的社会控制的政治秩序。对于发展中国家来说，政治发展"首要的问题不是自由，而是建立一个合法的公共秩序。人类可以无自由而有秩序，但不能无秩序而有自由"。所以，政治发展的关键在于，人们需要有道德基石的政府与完善的政治制度来调适政治与经济发展之间的关系。亨廷顿的政治制度化理论就是：要根除国内政治的动荡与衰败，必须建立起强大的政府，并依靠强大政党的缔造与巩固来维持。而政府的强大与否，主要看其完善政治制度化的速度与扩大群众参与水平二者之间是否能实现很好的均衡。

3. 政治发展理论研究的意义

一般情况下，我们一提到发展，就是改革、变化、创新，是对现状的改变，对稳定局面的打破。而稳定则在某种程度上与僵化、墨守成规联系到了一起，从而把发展与稳定割裂开来。政治发展理论表明，发展与稳定能够实现有机的结合，政治发展实际上就是建立政治秩序、实现政治制度化的过程，而政治稳定恰恰又是政治变革的制度化，因而，政治发展是稳定中的发展，而政治稳定是在发展中实现稳定。

另外，在发展中国家的民主化过程中，政治体制制度化程度不高、不能有效地吸收融合参与的情况下，过分的政治动员将因导致参与要求不能得到充分满足而走向政治动荡。政治不稳定的主要原因在于政治制度化水平落后于经济发展。欠发达国家不可片面地追求经济发展与社会现代化而忽视政治制度化的发展，在经济社会进步的同时，积极进行政治建设则是逻辑必然。

政治发展理论的研究，对于中国来说，也具有积极的意义。我国现在正在逐步走向现代化，而现代化是一个以经济发展为轴心的社会全面协调发展的过程。我们不仅要关注经济发展，也应关注社会其他方面如何与之协调发展。政治发展是其中的一个非常重要的方面，由于政治体制某些方面的不完善并由此带来的与经济系统发展不协调，使得政治发展更具紧迫性。关键在于，我们如何根据我们政治发展的现状和特定阶段的生态特征，科学合理地确定现阶段中国政治发展的价值目标，并据此确定我国政治发展的路径。

对政治发展问题，我们要根据自己的实际情况，提出自己的基本看法。西方学者的研究，在分析工具和分析方法、发现并探讨问题的视角等方面富有启发性。但是，将政治发展的对象局限于发展中国家，将发达国家政治模式作为政治发展方向的唯一选择，则是我们应该从理论和学术上加以分析批判的。

二、中国政治发展的多样性探索

在介绍西方政治发展理论、批判借鉴国外政治发展理论的基础上，国内学者也开始着力于研究分析中国的政治发展。综合国内学者的研究成果，我们可以观察到国内学者围绕中国政治发展的环境、目标、动力、路径、策略选择与模式等论题所展开的探索。

第一，中国的政治发展必然是置身于中国自身的历史—社会—文化传统的背景之下，以及全球经济社会和政治变革的过程之中。在经济发展的同时，中国的政治发展也取得了相当的成就。

1. 建设中国特色的社会主义民主政治，是中国社会主义现代化建设的重要组成部分。但是，长期的封建专制历史、缺乏民主因素的文化传统，使我们必然更多地关注中国政治发展的背景与环境，关注在这样的背景下如何促进民主政治的发展。一方面，我们认识到民主本身是一个演进和实践的过程；另一因素，我们应认识到民主需要经济、社会、文化和心理的条件，并需要在实践中创造形成这些条件。任何国家的民主政治都是一个且演且进的过程。历史条件、时机、社会经济结构、文化因素、道德水平、心理定势等因素，对民主政治有着不可低估的影响，民主政治的发展必须与以上诸条件达成生态平衡，才能切切实实推进社会主义民主。民主政治发展必然与该社会的历史—社会—文化条件紧密相关。民主政治需要一定的历史—社会—文化条件。①民主政治是一个与社会环境具有某种生态关系的系统，民主政治的发展需要与社会总体发展结合起来考察。

同时，民主更是一个尊重传统、尊重现实制度，并善于有所创新和突破的过程。尊重传统、尊重现行制度，不是要绝对地否定过去，也不要简单地否定现行制度，但同时又善于创新。尊重连续性、尊重经验、尊重现行基本制度，在现行制度的框架内进行改革，就容易保持政治和社会的稳定性。中国问题有相当大的特殊性。我国历史往往以发展的间断性来保持其整体的连续性，以激进改革的行为掩饰其基本停滞的发展状态。中国政治文化传统的特殊性，社会结构和政治结构的特殊

---

① 王沪宁：《社会主义民主政治发展的生态分析》，载《天津社会科学》1988年第3期。

性，我们必须要特别关注。①

2. 15 世纪以来的全球化进程，理所当然地将中国这个发展中国家也纳入到世界体系之中。中国的政治发展无法摆脱全球历史进程中其他因素的影响。全球化，是指社会生活和社会组织的活动空间日益跨越民族国家的界限和各种制度和文化等社会障碍，人们在世界范围内进行自由而快速的流动、活动、交往和联系的客观历史进程与趋势。全球化是一个多维度的、整体性的过程，它不仅包括经济全球化，还包括政治全球化、文化全球化等。政治全球化或者说全球政治是指"政治关系在时间和空间上的扩展与延伸，以及政治权力和政治活动跨越现代民族国家的界限、无处不在这样一种现象。在世界某个角落所作的政治决定和发生的政治行为会迅速地传遍世界，并获得世界性的反响。此外，各个政治活动和（或）政策制定中心可以通过快捷的信息传播途径连接成复杂的决策和政治互动网络"。政治全球化包括政治价值普世化、政治主体多元化、政治决策跨国化和国际合作制度化，政治规制全球化及其约束力强化，政治行为及其影响的全球化等方面。全球化的政治维度对一国政治发展的影响是深刻的广泛的。而这种影响主要体现在政治价值和政治评价标准的影响、多元化政治主体与权威的行为影响、跨国决策活动与国际合作的影响、政治规制硬化约束力的影响，以及各种政治行为的影响，等等。② 随着中国逐渐融入国际社会和全球经济政治网络，中国的政治发展、民主政治建设不可避免地要与其他国家联系在一起。民族国家深深地卷入

---

① 王振耀：《中国政治发展战略选择论纲：在稳定状态下推进政治体制改革》，载《科学社会主义》2007 年第 4 期。

② 何增科：《全球化对国家权力的冲击与回应》，载《马克思主义与现实》2003 年第 6 期。

各种相互交织的和复杂的全球性和区域性政治经济关系和活动的网络之中。全球相互联系、相互依赖、相互影响的程度越来越深。

3. 自从1978年中国实行改革开放政策以来，中国的经济社会发生了巨大的变化。经济持续的高速增长，人民生活水平逐渐提高，社会活力逐渐增强。与此同时，伴随并且反作用于经济发展的政治体制改革也取得了相当的成绩。改革开放30多年来的政治体制改革成就，可以简要罗列几项：第一，党内民主稳步推进，执政党建设逐步加强；第二，初步实现党政分离，减少对政府管理过程的直接干预；废除领导职务终身制，领导交替规范化；第三，人民代表大会制度逐步完善和发展，阳光立法深入民心；第四，政府管理体制改革逐渐完善，服务型政府、法治政府、透明政府、责任政府建设逐渐深入；第五，基层民主制度，包括村民自治和城市社区自治得到全面推广，选举开始基层政权延伸；第六，民间组织成长空间扩大，公民社会逐步发展，社会自治能力增强；第七，民主的理性化、制度化、规范化、程序化建设不断健全，程序的价值逐步提高；第八，法律体系逐步健全，依法治国方略得以贯彻施行；第九，监督机制多样化，权力滥用和腐败得以有效制衡。

也有学者将改革开放以来我国民主治发展进程归结为十大趋势：国家与社会的关系从高度一体化转向适度分离；政府权力从中央高度集权转向寻求中央与地方集权与分权相互协调；政治权威从神圣化转向世俗化；政治决策从注重经验转向注重科学；社会控制从以行政权力为主转向寻求以法律控制为主；对权力主体从强调总结自律转向注重制度约束；政治文化从群众文化开始转向全民文化；政治参与由被动型转向自主型；政治发展道路的选择从追求激进转向寻求渐进；对外关系从实行

闭关自守政策转向全面的、全方位的对外开放。①

政治体制改革虽然一直在有序推进,但是,这些成就的每个方面都依然存在一些挑战。例如,权力结构问题:党政关系、中央与地方关系还需要调整;责任政治问题:虽然废除了终身制,但基于选举的责任政治还远未真正建立起来;民意体系问题:人大的立法权得到了较大的体现,但人民代表的质询权、监督权、罢免权还没有完全发挥应有的效力,民众的利益表达机制也需要健全和完善;社会管制问题:虽然扩大了社会自主和个人自由的范围,但政府垄断和管制对于社会生活的影响还依然比较严重;社会自治问题:自治组织的"政治化"对政府权威构成挑战和威胁。②

政治发展过程中的这些挑战,只有根据中国自身的实际,用更多的民主措施和政策来应对。例如,放松政府管制,赋予个人更大的发展空间,建构多样化的利益表达渠道,化解公民诉求的压力;努力实现社会公正,关注民生,巩固合法性基础;积极推进基层民主试验,通过基层政治单位的民主试验,寻求改革和发展路径;促进微观领域的制度变革和政策创新,增强回应性,如问责制、公示制度、听证制度、协商对话等,克服体制性障碍。

第二,实现民主政治制度化、规范化、理性化和法治化,建设社会主义政治文明是中国政治发展的目标定位。

邓小平在《党和国家领导制度的改革》中指出:"我们进行社会主义现代化建设,是要在经济上赶上发达的资本主义国

---

① 周光辉:《当代中国政治发展的十大趋势》,载《政治学研究》1998年第1期。
② 燕继荣:《民主之困局与出路:对中国政治改革经验的反思》,载《学习与探索》2007年第2期。

家，在政治上创造比资本主义国家的民主更高更切实的民主。"①胡锦涛同志2006年4月在美国耶鲁大学进行演讲时，也提出"没有民主，就没有现代化"。这里，一方面说明了民主对于中国发展的意义，另一方面也向我们提出了问题，中国的民主，中国的政治发展目标是一个什么样的定位呢？2006年5月4日，温家宝总理在看望北京师范大学青年学生时说："我们今天讲民主，就是要让人民当家作主，保障人民的民主选举、民主决策、民主管理和民主监督的权利；就是要创造一种环境，让人民批评和监督政府；就是要让每一个人都能在平等、公正、自由的环境中全面成长；就是要把发展民主和完善法制结合起来，依法治国，建设社会主义法治国家。"这种清晰的对于民主的定位，就是中国政治发展所要追求的目标。

民主是人类政治发展的必然趋势，民主制度是人类迄今所能创造出来的最理想的制度设计。民主化是当前世界发展的重要潮流，也是世界历史的一大趋势。近代以来至20世纪70年代末，中国政治发展的实质就是采用新的价值体系建构新的国家体系，实现帝国体制向民族国家和民主国家的转型，以适应现代化挑战的需要。由此可以引申出20世纪中国政治发展的主题，就是以现代化为背景、构建民族国家与民主国家的双重过程。②由于中国现代化进程的特殊性，民族国家与民主国家的建构是十分不均衡的。这就导致了近代以来中国的政治发展主题经历了从民族国家建构到民主国家建构的嬗变。在20世纪的大部分时间，中国政治发展的主题是以提高国家控制能力为核心的民族国家建构。20世纪末开始，中国政治发展的主题才

---

① 《邓小平文选》（第2卷），人民出版社1993年版，第322页。
② 叶麒麟：《从民族国家建构到民主国家建构：近代以来中国政治发展主题的嬗变透析》，载《学术探索》2006年第5期。

开始由民族国家建构转向以提高国家合法性为核心的民主国家建构。

从改革开放的历史实践来看，1978年开始的改革开放的首要使命就是调整国家与社会的关系，使整个国家与社会摆脱危机，重新走上发展道路。改革必然以经济发展、民生幸福为诉求，促进思想解放，同时进行政治体制改革并以此保障经济体制改革的成果。改革开放以来的政治变迁，开始逐步实现由全能国家向有限国家的转型，按照主权在民的原则主动调整国家与社会的关系，开启了中国政治发展的新阶段。民主国家建构将成为21世纪中国政治发展的主题。

从国内的情况来看，民主也是中国社会发展的必然选择和广大人民的普遍诉求。中国的政治发展就是要社会主义政治制度的优越性不断体现出来，使人民可以充分行使当家作主的权利。同时，政治民主是维持社会公平、社会正义和社会稳定，协调社会矛盾与冲突的有效机制，是调动人民积极性和创造性的重要手段。

当代中国正经历一场广泛而又深刻的历史性变革，这场变革涉及社会的方方面面，其中政治变革也凸显出比较明显的发展趋势。我们之所以把这种变革视为政治发展，原因就在于，政治发展，不仅是一个描述性概念，而且也是一个目标性概念，建设社会主义民主是中国政治改革的基本目标。所谓"当代中国的政治发展"，也正是在民主化取向这个意义上使用的。

第三，从宏观视野来看，中国政治发展的动力源自中国自身推动的市场化改革与经济发展、意识形态的变革、社会转型与自治能力增强、制度化分权、基层民主，以及全球化的发展。

1. 市场化改革与经济发展是推动政治发展最重要的动力机

制。经济发展与政治发展之间的关系是 20 世纪政治学研究中的重要论题，国外学者的研究表明，经济发展和民主政治发展之间存在着正相关的关系。经济发展是现代化的核心内容。市场经济的发展瓦解了传统的农业社会，缔造了现代的工业社会；提高了大众的教育和文化水平，增强了公众的组织能力和行为能力；加速了社会动员，造就了的新的政治生态，为政治系统的重新整合提供了基础、契机和动力。市场经济的发展使人们日益感受到作为社会价值的权威性分配者的政治国家的存在和对人们生活的影响，权利意识的觉醒进一步促进了公民的有序政治参与。市场经济改革向纵深推进成为民主政治发展的重要动力。

2. 意识形态变革是推动政治发展的内在因素。政治发展的深度与广度还具有自身的内在属性与逻辑。企图超越历史、传统、文化和意识形态的政治发展战略往往可能导致与预期相反的结果。从当代中国政治发展的历程来看，传统、革命精神、意识形态、外来思想的影响等因素的共同作用，对于推动中国政治发展起到不可估量的作用。俞可平教授认为，中国的改革开放过程，就是一个新旧思想观念的碰撞过程，是一个新的思想观念战胜旧的思想观念从而推动社会进步的过程。就政治领域而言，以人权、私有财产、自由、平等、法治、公民社会、和谐社会和政治文明等新的理论或观念，既是对传统政治意识形态的超越，也最直接而深刻地影响了改革开放后中国的社会政治生活，有力地推动了中国民主政治的进步。[①] 此外，在当前的学术研究领域中，治理、善治、善政、宪政、全球治理、合法性、政府创新、增量民主、透明政府、责任政府、服务政

[①] 俞可平：《思想解放与政治进步》，社会科学文献出版社 2008 年版，第 2—3 页。

府、效益政府等重要思想观念,已经或者不久将成为思想界的主流话语,深刻地影响政府的决策,最终推动中国政治的创新与进步。中国 20 多年的改革事实充分证明,意识形态的变革,与社会政治的进步有着极其密切的关系。

3. 公民社会的发展成为推动政治发展的体制外力量。公民社会的健康发展是民主政治发展的重要动力。作为国家与市场之间的公共领域,公民社会是健康的民主政治不可缺少的基础性力量。社会主义市场经济催生了相对独立于政治国家的公民社会。改革开放后,一个相对独立的公民社会慢慢成长起来。近年来,民间组织的数量迅速增加;民间组织的种类大大增多;民间组织的独立性明显增强;民间组织的合法性日益增大;公民社会的理性、妥协、宽容精神日益为人们所接受。2005 年,全国县级以上的社团组织即达到 31 万多个。[①]以上仅是登记在册的县级以上的民间组织,但更多的活跃在县级以下的未登记的各种民间组织,对此没有权威的数据,但根据学术界的研究估计大约在 300 万个左右。这些民间组织正在对中国的政治发展产生积极的影响。中国政治发展的最佳路径就是秉持政治可持续发展的理念,大力培育公民社会,通过公民社会对国家的参与和制衡来推动宪政民主的持续发展,同时有步骤地扩大社会组织的自我管理职能,人民群众享有平等地、自主地参政、议政的权利,能够通过公民社会组织直接参与管理自己的公共事务。[②]

4. 制度化分权与政治行为者的良性政治互动是中国政治发

---

① 民政部网站:"民间组织 2005 年度统计数据",http://www.mca.gov.cn/。

② 叶长茂:《广义政治视角下的当代中国政治发展:理论、模式与路径》,载《湖北社会科学》2006 年第 3 期。

展的关键。市场经济改革伴随着分权化改革,市场体制的建立需要国家向社会分权、上级政府向下级政府分权、中央政府向地方政府分权,从而调动各个方面的积极性和主动性。制度化分权为民主政治建设奠定了良好的基础,在传统的高度集权的政治体制下是不可能产生真正现代意义上的民主的。中国民主政治发展的逻辑就是市场—分权—自治三者之间的内在联系。因此,中国民主政治建设遵循的成长轨迹是:在加强市场制度建设的基础上推行制度化的分权改革,由行政分权与财政分权逐步发展到政治分权,进而建立更高层次的地方自治制度为人类的自主治理能力的培育提供制度框架,为中国的民主政治建设奠定完备的制度基础和合理的发展路径。①

各种政治力量之间的良性互动是民主政治发展的重要动力。各种社会政治力量之间建立起良性的政治互动关系,才能避免出现政治失序状态,避免民主政治发展进程被打断,出现政治衰败状态。政治领导阶层只有积极推进基层和地方民主政治发展,才能在这些社会阶层与党和政府之间建立起良性互动关系,从而在稳定状态下推动政治发展。

5. 基层政治民主的推行,既是中国政治发展的最广泛实践,也为更进一步的政治发展积累了丰富的经验。基层民主的核心是公民和社区单位能够自主决定私人的以及公共的属于自治权限范围内的事务,它是现代民主制度的具体体现。改革开放后,基层民主政治建设是中国政治发展的重点领域。1979年通过的《中华人民共和国全国人民代表大会和地方各级人民代表大会选举法》规定,县和县以下各级人民代表由选民直接选举产生。20世纪90年代末开始,四川、广东等省开始试行乡

---

① 唐皇凤:《市场、分权与自治:中国现代民主政治的成长轨迹》,载《中共浙江省委党校学报》2007年第2期。

镇党政领导的公推公选，并且选举的范围正在日益扩大。而基层民主最引人注目的发展当属村民自治的广泛推行。20多年的实践表明，中国目前13亿多人口中有8亿多是农民，率先在农村实行村民自治，对于中国的民主政治建设具有特别重要的意义。

6. 全球化的力量是中国政治发展的外在影响动力。20世纪90年代以来，经济全球化的进程明显加快。与之相适应的政治价值和政治评价标准的全球化也日益明显。民主、自由、人权、安全、和平等政治价值随着媒介和政治交流的日益增多而在全世界范围内得到广泛的传播，逐步成为普世性的价值规范和政治评价标准。选择什么样的政治制度是一个国家的内部事务，但在民主、自由的价值成为评价各国政治制度优劣主要标准的情况下，走向民主化成为大势所趋，尽管民主化道路和民主制度的具体形式各国不尽相同。同时，全球化的发展使世界各国理论研究的前沿思维也时刻地影响着中国的学术与实践。最近几年，治理善治理论、社会资本理论、公民社会理论、风险社会理论、协商民主理论等前沿理论或框架，对于中国学者借以分析中国政治发展发挥了深刻的影响作用。改革开放以来，中国已经主动参与经济全球化进程并从中获益良多。中国的政治发展已经或正在受到全球化发展趋势的影响，我们的政治发展越来越具有开放性，民主化在逐步地发展。

第四，中国政治发展的策略路径，遵循的是一种自下而上与自上而下、党内与党外、政府与民间、组织与个体等相结合的多层次多维度良性互动的轨迹。

1. 推进中国政治发展应当坚持历史与现实相统一、理论与实践相统一、学习借鉴与立足国情相统一、近期策略与长远规划相统一的原则。

推进中国政治发展进程,是一个不断探索的实践过程,既要顺应历史潮流,又要立足中国实际,积极探索中国特色的政治发展道路。这条道路,必须尊重历史、传统与既有政治框架,坚持中国共产党的领导,不断完善社会主义民主制度;积极推进政治体制改革,逐步向政治民主、政治稳定、政治廉洁和政治效率迈进;在维持政治稳定和社会稳定的条件下,逐步推动中国的政治发展。全球化时代,不同社会制度既冲突又合作,互相借鉴彼此的优秀成果是不可避免的,但是,这种借鉴必然是批判地吸收。①

2. 当前中国政治体制仍然带有浓厚的传统集权体制痕迹,而建设政治文明,走向民主化,迫切需要更多地发扬社会主义民主的优势,着力推进体制改革。

从权力结构来看,政治体制的改革与发展的基本思路是:坚持中国共产党一党执政,完善党的领导,提高执政能力,推进党内民主;构建人大及政协—政府—司法之间的权力制衡架构;改革行政管理体制,使各级政府成为公共服务型政府,形成公开、透明和受人民制约的公共服务型财政税收体制;发展民间组织,促进公民社会的发展;通过改革,到 2021 年时把中国建设成为一个民主和法治的现代化国家。②

而从民主化的发展策略上看,中国民主政治发展的战略目标是加强政治制度建设、政治能力建设和政治文化建设,提高政治参与的制度化和有序化水平,强化政治国家和公民社会各自的能力并努力在二者之间建立合作伙伴关系,普及公民政治

---

① 熊光清:《经济全球化背景下中国政治发展道路的几点思考》,载《唯实·法制建设》2007 年第 1 期。
② "中国政治体制改革研究"课题组:《建设一个民主和法治的现代化国家:中国政治体制改革研究报告总论》,载《经济研究参考》2007 年第 31 期。

文化促进政治文化的世俗化和理性化。具体来讲,第一,民主政治发展应当采取"经济发展优先,兼顾政治发展"的策略。第二,民主政治发展应当采取"维护政治稳定优先,兼顾扩大政治参与"的策略。第三,民主政治发展应当采取"选举民主优先,兼顾协商民主和自由民主"的策略。第四,民主政治发展应当采取"党内民主优先,兼顾人民民主"的策略。第五,民主政治发展应当采取"国家能力建设优先,兼顾公民社会能力建设"的策略。第六,民主政治发展应当采取"主流政治文化建设优先,兼顾政治亚文化"的策略。[①]

从执掌权力的主体来看,中国应当努力开发民主化的体制内资源,在现行政治制度框架内寻找和培育民主的生长点。由于历史文化、社会条件、国家目标和国际环境的影响,我国的民主化实际面临着一个二难选择:一方面,我国已到不能不发展民主的时候了;另一方面,在目前和将来相当长的一段时间里,中国社会又不具备大范围实行民主的条件。中国在民主化道路上应选择先精英后大众、先党内后党外的体制内渐进发展路线,通过扩大差额选举切实推进党内民主。通过党内民主带动国家政治生活的民主化,并由精英民主导向大众民主。这是我国民主政治发展的一种现实的、平缓的同时也是积极的途径。[②]

从发展的次序来看,中国的实际决定了发展社会主义民主政治应该沿着这样几条路径共同推进:"党内—党外"、"基层—高层"、"社会—国家"、"法治—宪政"、"局部—整体"。这

[①] 何增科:《民主化——政治发展的中国模式与道路》,载《中共宁波市委党校学报》2004年第2期。

[②] 胡伟:《党内民主与政治发展:开发中国民主化的体制内资源》,载《复旦学报》1999年第1期。

也是历史的经验与教训带给我们的基本启示和结论。在中国这样一个"深传统、多民族、后发展、不平衡、超大型"国家,民主政治不是仅靠某单一的途径就能够轻易实现的,而是需要多种途径齐头推进,共同完成。而上述五种途径无疑是符合中国国情的政治民主化的基本进路选择,也是积极稳健而理性的政治民主化进路选择。①

第五,中国政治发展可供选择的模式有:增量民主、渐进民主、可持续发展模式等。

1. 增量民主模式的倡导者是俞可平教授。他认为,改革开放以来中国政治发展正在形成一种别具特色的政治模式,即增量民主模式。增量民主具有八个方面的主要特征。(1)中国民主的发展将是一种"增量式"发展。中国的民主改革将以"存量"为基础,即以已经取得的政治民主的成就和经验为前提,具备充分的经济和政治基础;既具有法学意义上的合法性(legality),更具有政治学意义上的合法性(legitimacy)。(2)中国的民主政治将在渐进发展中有所突破,这种突破是一种新的增长,是对"存量"的增加,是性质上的突破。(3)增量民主,将在不损害人民群众原有政治利益的前提下,最大限度地增加新的政治利益。(4)动态的政治稳定将逐渐取代静态的政治稳定。稳定是过程中的平衡,并通过持续不断的调整来维持新的平衡。(5)政治改革将持续推动公民的政治参与,形成一种有序的民主。(6)推进民主与加强法治将是同一过程的两个不同方面。民主与法治是密不可分的,没有法治,民主的成果也无法保障。(7)培育公民社会,推进社会管理体制改革。让民间组织更多地参与社会政治生活,扩大公民自我管理的范

---

① 伍柳氏:《中国发展社会主义民主政治的基本路径》,载《安庆师范学院学报》2007年第2期。

围,提高社会自治的程度,是民主治理的方向。(8)在可见的将来,中国的民主政治将沿着以下三条路线图稳步地向前推进:第一,以党内民主带动社会民主。第二,逐渐由基层民主向高层民主推进。第三,由更少的竞争到更多的竞争。①

有学者在这种模式的基础上,提出了"一元多线"、"多点突破"的模式。何增科教授认为,从制度变迁的路径依赖角度来看,中国民主政治发展将沿着增量民主的发展道路演进。中国在增量民主的政治发展道路上推进民主政治发展,应该按照"一元多线"的民主发展模式实现"多点突破"。首先,就选举民主来说,中国需要选择一条自下而上的民主发展路径。其次,就协商民主来说,中国需要选择一条都市突破向上下两端延伸的政治发展路径。最后,就自由民主来说,中国需要选择一条自上而下的政治发展路径。法治、有限政府、司法独立、媒体自由、权力制衡等民主制度建设只能自上而下进行。②

2. 渐进民主是国内很多学者总结的中国政治发展的模式,但是渐进模式是一种怎样的模式,具有怎样的特征等还未有详的论述。

有学者指出,以民主化为基本取向的政治体制改革在许多国家往往因为改革和制度转型方案设计的不当而发生了社会的动荡。如何能够在稳定的状态下推进中国政治体制改革,既是一个理论问题,也是一个现实问题。

以民主化为基本取向的政治体制改革,要与政治稳定有机地结合起来,通过建设稳定的制度运行机制,确保国家领导整

---

① 俞可平:《增量民主与善治》,社会科学文献出版社 2005 年版,第 137—145 页。
② 何增科:《民主化——政治发展的中国模式与道路》,载《中共宁波市委党校学报》2004 年第 2 期。

体的继承性、连续性。在政治稳定状态下推进政治体制改革，一定要注意从基层做起，取得经验，逐步推广。根据这样的设计，政治体制改革完全能够稳定进行。这样一种稳定性的改革，既能够保持社会发展的基本成果以及政治集团的继承性，又使政治体制不断发展，这才是真正渐进性的改革，也是一种成功的改革战略。①

稳定性的政治体制改革，就是要在现行的政治制度内进行改革。现行制度所提供的改革空间很大，还远远没有开拓出来。现行制度所提供的改革空间包括哪些方面？首要的是制度化的空间。现行制度所提供的改革空间，更多的是程序建设的空间。现行制度所提供的改革空间，也包括体制调整的空间。

3. 政治可持续发展模式是基于广义政治理念并吸收可持续发展思想而形成的一种全新的政治发展观，其基本内涵是：政治体系在促进经济、社会、生态持续发展以及人的自由全面发展的基础上，和平、有序地演进与更新的永续过程。政治可持续发展的主要内容包括：第一，政治体系自身的持续发展和演进。政治体系实现民主化、法治化和生态化，具有自我完善与更新的机制，达到政治输入与输出的动态平衡，具有高度的政治效率和社会整合能力。在政治体系权力中枢的合理调控下，政治主体和客体承认和尊重彼此的权利和利益，兼顾自由与平等，善于宽容和妥协，按照理性化、程序化的规则来达成价值共识和利益平衡。第二，政治体系与经济系统协调发展。政治体系一方面根据经济发展的要求不断改进自身，另一方面能够以自身的活力促进经济持续发展，二者形成双向良性互动关系。第三，政治体系与社会协调发展。政治体系与公民社会不

---

① 王振耀：《中国政治发展战略选择论纲：在稳定状态下推进政治体制改革》，载《科学社会主义》2007 年第 4 期。

再是对抗性关系,而是既相互分离、又相互促进的关系。公民社会制约、规范、促进政治体系的发展,为政治体系的存在和发展提供持续的合法性基础。政治体系通过自身的持续发展推动社会的持续全面进步;同时,不断从社会中吸纳新的政治力量和政治资源,反过来促进自身的持续发展。第四,政治—经济—社会"与自然协调发展。政治可持续发展的过程也就是经济、社会可持续发展不断实现的过程,同时也是政治体系主导下的整个社会系统与自然系统的不断协调发展的过程。第五,国际关系趋向民主化、和平化。国际政治持续发展要求大国与小国、强国与弱国都能够按照和平共处五项原则处理彼此的矛盾和纠纷,按照平等互利的原则进行经济交往与合作,建立和平、稳定、公正、合理的国际政治经济新秩序,真正实现国际关系的民主化、和平化。①

三、协商民主与当代中国的政治发展

当代中国的政治发展,一方面受其自身历史、传统、文化与基本国情所决定,受其现实政治制度结构所决定;另一方面也受开放性的全球化各维度,即全球经济联系的日益密切、发达国家的政治影响、人类政治文明的进步以及理论思维的进步等的影响。而国内学者对中国政治发展的关注和研究,既是观察政治现实的结果,也是借助国外前沿理论分析框架的结果。日益密切的全球性联系使我们能够及时地了解并掌握其他国家的理论成果,并运用到对中国政治发展的分析探讨之中。例

---

① 叶长茂:《广义政治视角下的当代中国政治发展:理论、模式与路径》,载《湖北社会科学》2006年第3期。

如，前文提到的治理善治框架、社会资本框架、公民社会框架、风险社会框架，等等。

20世纪后期，国外的学术界又兴起了一种新的分析框架，即协商民主理论。由于理论本身的意义，国内学者很快地将这种理论作为分析中国政治发展的框架，运用到对实际政治生活的分析之中。那么，协商民主是否能够作为一种分析框架应用于中国的政治发展呢？协商民主理论对于中国的政治发展会产生怎样的影响呢？中国的政治发展会走一条怎样的道路呢？

协商民主是20世纪后期在西方兴起的一种新的民主理论范式。协商民主就是基于人民主权原则和多数原则的现代民主体制，其中，自由平等的公民，以公共利益为共同的价值诉求，通过理性地公共协商，在达成共识的基础上赋予立法和决策以合法性。具体来讲，包含有这样几层含义：第一，以人民主权原则为基础的代议体制、权力分立及制衡、选举以及政党政治；第二，考虑到现代民族国家人口和疆域的规模，既强调代表的智慧与能力，也尊重多数的意愿表达；第三，承认多元分歧以及以此为基础的广泛参与和对话；第四，强调超越狭隘的个人利益，诉诸公共利益以及公开利用理性；第五，合法性源自公民的广泛参与、偏好表达与共识达成；第六，协商是规范性理想与经验现实的结合。

从宪政意义上讲，协商民主是强调人民主权、多数原则与权力制衡的政治体制。"如果用最简单的术语来表述的话，协商民主指的是为政治生活中的理性讨论提供基本空间的民主政府。"[①] 在治理的意义上，"协商民主是一种具有巨大潜能的民主治理形式，它能够有效回应文化间对话和多元文化社会认知

---

① Maeve Cooke, "Five Arguments for Deliberative Democracy", *Political Studies*, 2000, Vol. 48, pp. 947–69.

的某些核心问题。它尤其强调对于公共利益的责任、促进政治话语的相互理解、辨别所有政治意愿,以及支持那些重视所有人需求与利益的具有集体约束力的政策。"①现代社会的最显著特征就是文化的多元化,多元文化民主面临的最大危险就是公民的分裂与对立。协商民主则是有效的应对形式。而在决策意义上,米勒认为,当一种民主体制的决策是通过公开讨论——每个参与者能够自由表达,同样愿意倾听并考虑相反的观点——作出的,那么,这种民主体制就是协商的。②这种决策不仅反映了参与者先前的利益和观点,而且还反映了他们在思考各方观点之后作出的判断,以及应该用来解决分歧的原则和程序。

与现代公民的要求与社会的发展相适应,实现公民与政府的对话、讨论、协商,是政治民主最基本的要素之一,是达到民主决策的必要环节。协商民主强调尊重公民的利益表达、促进广泛的参与,从而使决策更民主、更完善。协商民主是对间接民主、代议民主和远程民主的完善和超越。因为简单的多数原则、代议制以及远程通讯都无法充分体现全体民众的真实意愿,无法形成有利于公共利益的决策。协商民主是民主政治的发展方向,是当代民主的核心所在。③当今西方政治思想界的领军人物,如美国著名政治哲学家约翰·罗尔斯、英国著名社会政治理论家安东尼·吉登斯、德国思想领袖尤尔根·哈贝马

---

① Jorge M. Valadez, *Deliberative Democracy, Political Legitimacy, and Self-Democracy in Multicultural Societies*, USA Westview Press, 2001, p. 30.

② David Miller, "Is Deliberative Democracy Unfair to Disadvantaged Groups?" *Democracy as Public Deliberation: New Perspectives*, Edited by Maurizio Passerin D'entrèves, Manchester University Press, 2002, p. 201.

③ 俞可平:《当代西方政治理论的热点问题》,载《学习时报》2003年第116期。

斯等人，都是协商民主的积极倡导者。

作为一种新的治理形式，协商民主在现实政治实践中具有超越既有政治模式的意义。（1）协商民主能够通过讨论、审议等过程赋予立法和决策以合法性。协商过程的政治合法性不仅仅出于多数的意愿，而且还基于集体的理性反思结果。（2）良好的公民精神是民主政治的重要基础。通过公开的对话、交流和协商，协商民主能够培养出健康民主所必需的公民美德，如尊重、宽容、妥协和节制等。协商民主能够促进不同文化间的沟通与理解，包容存在差异的种族、文化团体，平等、公正地对待社会的异质性，从而建构参与持续性合作行为所需要的社会信任的基础。（3）协商民主重新强调公民对于公共利益的责任，强调通过共识形成决策的过程，改变了重视自由而忽视平等的传统。作为协商民主的核心，协商过程是对当代自由民主中流行的个人主义和自利道德的矫正。（4）如何控制行政权的非民主取向，是20世纪理论研究和实践关怀的重要问题。行政权膨胀的关键是行政机构获得了制定规则以确定公共政策的内容而无须承担同等民主责任的问题。控制行政权膨胀的恰当途径是施行协商民主。真正的公共行政需要在讨论和决策中实现公开性、平等和包容的最大化。只有协商模式才能规范、建构现代的公共行政。

那么，协商民主对于中国政治发展具有怎样的启示呢？在长期的革命和建设实践中，中国根据自身的历史、传统、文化和基本国情，已经走出了一条符合中国国情的政治发展道路。这条道路的基本内涵是：坚持马克思主义在发展民主政治中的指导地位；坚持实行人民代表大会制度、中国共产党领导的多党合作和政治协商制度、民族区域自治制度和基层民主制度；坚持中国共产党领导和发挥参政党作用相结合，形成推动中国政治发展的强大力量；不断扩大公民的有序政治参与，逐步培育社会自治力量，增强社会能力；加强社会主义法治建设，以法治保障民主制度的深化与完善。这样的政治发展道路，既能广泛发扬民主，又能实现高度集中。既充满生机活力，又富有效率。既尊重大多数人的意愿，又照顾少数人的意见。

但是，随着我国改革开放的进一步深入，中国政治发展面临的挑战也越来越严峻：（1）作为社会主义建设事业领导核心的中国共产党，已经从领导人民利用武装斗争推翻旧政权，建立新政权的革命党，转变成领导人民发展经济、走向民主富强文明的执政党。如何进一步提高执政能力，进一步建构更广泛、更坚实的政治合法性基础等？（2）社会主义法治国家的建设，要求任何政党、政府机关、团体和个人都无权超越宪法和法律之上。如何防止权力滥用，如何在作为最高权力机关的立法机构、执行机关的行政机构和相对独立的司法机构之间形成相互制衡的关系，如何完善和发展廉洁高效公正的运作体制？（3）从计划经济体制转向市场经济体制，是我国社会发展的重大转折，也是对我们智慧的巨大考验。如何调整和规范政府与市场的关系？如何合理界定政府职能、充分发挥市场作用？如何建设法治政府、透明政府、廉洁政府、责任政府和服务型政府？（4）改革开放30多年来，我国经济发展持续保持10%左右的增长率，这是世界经济史的奇迹。但同时，也给我们带来了腐败蔓延、贫富差距拉大、社会不公、生态危机、地区发展不平衡等严峻挑战。如何应对利益主体多样化、利益格局多元化、利益冲突剧烈化的现实？（5）随着经济改革的逐步深入、社会结构逐步开放，一个充满活力的公民社会正在逐步形成，并在社会生活领域发挥着越来越广泛的作用。但是，民间组织"政治化"的趋势逐渐显露，公民有序参与政治生活的热情逐渐弱化。因此，如何规范公民社会的发展？如何鼓励并促进公民的有序政治参与？如何使公民社会组织在国家与市场力量之间发挥平衡作用，推动社会发展，和谐社会关系？（6）全球化带来的不仅是经济联系的日益紧密，各国之间、发达国家对发展中国家的政治、文化、价值观的影响也越来越广泛。如何在融入国际社会、建构国际政治经济新秩序的过程中，积极应对全球化过程中的政治影响，包括僵硬的意识形态批判？如何在国际社会交往中充分展示中国政治发展的巨大成就？

所有这些都表明，我国改革发展正处在高风险的关键时期，社会利益关系更为复杂，新矛盾新问题层出不穷。为提高我国政治体制的社会适应性和有效性，尽可能将民间的参政需求和民主冲动纳入到现行体制框架内来有序释放，进而提高党的执政能力，构建社会主义和谐社会，必须切实推进民主政治建设。协商民主理论的引入，为我们推进中国的政治发展提供了可资借鉴的理论成果和经验设计。

1. 协商民主理论有助于推进社会主义宪政建设，实现党的领导、依法治国与人民当家作主的有机统一。

协商民主理论在实质上就是对现代民族国家建立宪政的理论思考。协商民主理论认为，任何形式的民主存在的一个重要的必备条件都是"非暴政的法治"（non-tyrannous rule of law）。宪政就是确立这种非暴政的法治的规则和公认的制度。宪政通过确认公民身份和限制公权而赋予公民享有平等的权利，包括言论和结社自由的权利以及获得基础教育的权利，保障公民的人权和参与政治的权利。要使个体能享有一个免受公共入侵的私人生活，宪政就是最为重要的。罗尔斯认为，在公共理性指导下，"在每个人都把它看做正义的政治概念的框架中，即在正义基于我们能合理预期其他人会认可的价值的框架中，公民们将开展基本讨论"。最终，"宪法是自由而平等的公民基于共同的人类理性而能接受的原则和思想，我们可以合理地预期这是所有公民认可的必要条件之一。"① 约翰·罗尔斯认为，"作为协商的立法机构的宪政民主制度框架"是"协商民主所必需的三个本质要素"之一。②从价值层面而言，宪法和立宪过程必须是民主协商的，而且只能是民主协商的。"一个秩序良好的宪政民主"应当"被理解为协商民主"，因为"协商民主是自由宪政的核心思想"，制宪本身就是协商过程，而宪法不过是"自由而平等的公民基于共同的人类理性而能接受的原则和思想，我们可以合理地预期这是所有公民认可的必要条件之一。"③在这个意义上说，立宪政治除非是协商和民主的，否则它就徒具虚名。"一部好的宪法既包含维护的因素，又包含变革的因素。"④实践表明，宪法的变革与自我完善，可以通过发展协商民主来实现。协商民主制度的基本理念是，通过协商机制寻求并确立利益制约的机制，从而实现个人利益的平衡与公共利益的最大化。协商民主是一种以宪法为中心的程序民主，强调程序正义，注重体现竞争的公平性和公正性。⑤宪政的基本价值，就在于寻求协调一致、解决冲突的有效的政治机制，将个人利益与公共利益、集团利益与国家利益结合起来，以达到某种程度上的利益平衡。这首先要求在协商的基础上，

---

① ［澳］约翰·S.德雷泽尔：《协商民主及其超越：自由与批判的视角》，丁开杰等译，中央编译出版社2006年版，第7页。
② 同上，第5页。
③ 同上。
④ ［美］凯斯·R.孙斯坦：《设计民主：论宪法的作用》，金朝武、刘会春译，法律出版社2006年版，第275页。
⑤ 戴激涛：《协商民主：中国宪政建设的重要内容》，载《长沙理工大学学报（人文社会科学版）》2007年第3期。

形成利益制约机制，实现共赢。而宪法的目的，正在于引入这种利益制约机制，通过制度安排和程序设计，实现对公民权益的保障。因此，协商精神的落实和协商机制的建立健全，不仅是现代国家宪政建设的精髓所在，还是宪法与宪政制度适应社会变化、不断发展完善的重要途径。

社会主义宪政是以社会主义宪法为前提，以人民当家作主为核心，以法治为保障，以切实保障人权和实现社会实质性正义为目的的政治形态。社会主义宪政是社会主义的本质要求。社会主义宪法通过有效的制度安排，确定了人民在国家中的主人地位，保证国家权力的合法性来自人民的同意和授权，实现和保障人民管理国家和社会事务的民主权利；宪法确立了立法、行政和司法机构之间的权力制约关系，形成了既相互独立，又相互依赖的权力结构，保证了人民权益和公共利益不受单一权力机构的侵害；宪法确认了共产党在国家政治生活中的核心领导地位，共产党执政的实质是领导和支持人民当家作主，并通过加强执政能力建设，完善执政方式，规范党与国家权力的关系，从而把党的意志通过国家权力机关变成国家意志；宪法的实践正在社会中形成一种民主的、法治的精神与文化。

但是，在我们将社会主义宪政看成是一种高度的政治文明成果的同时，也应该看到，在中国这样一个有着悠久的历史文化传统、封建专制制度传统以及特殊的革命传统的国家，社会主义宪政建设依然面临着诸多的挑战。例如，政治体制的结构设计、权力的运行机制不完善，民主法治精神缺失等。这些不足制约着社会主义政治文明的发展。这就要求我们努力推进和完善社会主义宪政建设：确立人权在国家宪法中的地位，将权利保障作为国家权力设置、运行的出发点和归宿；理顺党政关系,加强执政党自身建设;依法行政,转变职能,建设责任、服务型政府,保障繁荣发展与社会公正;实现民主的制度建设。在既有的制度框架内,积极推进政治体制改革,健全和完善政治制度,创制出丰富多彩的具有中国特色的民主形式。

2. 协商民主有助于制衡行政自由裁量权的膨胀,推进法治政府、责任政府、服务型政府、透明政府和廉洁政府建设。

如何控制行政权的非民主取向,是20世纪理论研究和实践关怀的重要问题。20世纪中后期以来,行政机构的权力或者说官僚自由裁量权日益膨胀,行政机构获得了制定规则以确定公共政策的内容而无须承担同等民主责任。官僚自由裁量权的扩张,不仅出现在像美国这样的发达国家,在发展中国家,由于现代化发展阶段的差异,由于对经济发展的强调,行政机构在其推动经济发展中所起的作用,也出现了行政机构超越立法和决策机构的扩权挑战。行政权的膨胀,一方面破坏了权力结构的稳定平衡,从而极容易形成专制政治;另一方面也最容易侵犯人民群众的利益,最容易为利益集团的利益而置公共利益于不顾。

在经济高速增长、社会急剧分化、发展极不平衡的同时,我国政府管理出现了一系列突出的问题。这些问题包括:第一,公共利益部门化、部门利益合法化现象相当严重;第二,决策不够科学民主,失误很多;第三,政府管理越位、缺位、错位同时存在;第四,对行政权力缺乏有效监督;第五,政府管理机构设置不够科学,机构缺失和机构臃肿同时并存;第六,依法行政做得不够,人浮于事现象比较严重;第七,行政管理的官本位依然严重,重管制、轻服务倾向比较明显;第八,政府与公民在公共管理中的合作性不高;第九,铺张浪费严重,行政成本相当高;第十,政府管理过程不够透明;第十一,一些地方政府和政府部门缺乏诚信;第十二,政府管理存在比较严重的公共腐败;第十三,形象工程和政绩工程还明显存在;第十四,权力的边界不够明确,尤其是中央与地方、党委与政府之间的权力边界存在不少模糊之处。为此,俞可平教授提出了政府改革的九个目标:第一,不断提高决策和管理过程的民主性或者民主化;第二,加强法治,提高政府立法质量,推行依法行政的法制体系;第三,政府要尽责,应当积极回应公民的诉求;第四,强调政府的服务意识,突出公共服务职能;第五,政府要提供优质服务,即对政府提供的公共产品,不光有数量的要求,还应当有质量的要求;第六,政府要提高行政效率,降低管理成本;第七,政府管理要职业化,要培训技术官员和职业政治家;第八,加强政府透明度建设,政务信息要公开化,保证公民的知情权;第九,加强政府廉洁建设,官员应当秉公执法、清正廉洁。①

应对我国政府管理中的诸多挑战,协商民主路径是一种恰当的选择。协商民主,作为既强调理性决策、又强调公众参与,既强调多数原则,又强调保护少数的民主体制,则可以有效地规范和建构现代的公共行政。因为真正的公共行政需要在讨论和决策中把公开性、平等和包容性最大化,所有政策协商的参与者都有确定问题、争论证据和形成议程的同等机会,协商过程能够包容各种不同的利益、立场和价值,协商能够使讨论和决策过程中的社会知识最大化。透明和负责的政府过程,使民众能够有效地监督和制约政府机构,使政府承担其应尽的责任,避免其超越责任范围、法律界限。

3. 协商民主有助于拓展利益表达渠道,推动公民个体、社

---

① 俞可平:《2008:预测与战略》,《财经》年会上的发言,2007 年 12 月 10 日。

会组织与政府的对话和交往，增强政策的合法性基础，扩大并促进公共利益。

中国的政治发展是国家或政府主导型的发展，国家权力特别是行政权力支配社会是根深蒂固的客观存在。改革开放以来，中国开始改变集中统一的非竞争性的领导体制，同时随着工业化、市场化的推进而发生的社会结构和阶层的分化，开始出现多元化的社会基础。多元化的利益格局与现有体制的调控权之间存在巨大的张力，政府单方面很难有效地协调复杂的利益矛盾。如何解决这一问题已经成为执政党和国家面临的一个挑战。协商民主通过各方平等、自由的对话、讨论、辩论和协商的过程，使各方都能了解彼此的立场，拓宽彼此的心胸，进而把私利提升为公利，达到公共利益的一致。

协商民主是现代社会公共决策获得合法性的重要途径，而只有合法的决策才能够赢得民众的支持，才能够将公共利益置于首要位置。协商民主强调在参与、讨论和集体反思的过程中，尊重各种不同的偏好、利益和观点，在达成共识的基础上，赋予立法和决策以合法性。决策的合法性不仅仅出于多数的意愿，而且还基于集体的理性反思结果，这种反思是通过在政治上平等参与尊重所有公民道德和实践关怀的政策确定活动而完成的。

协商民主的包容性提升了决策的合法性。协商民主强调对话与协商，在很大程度上促进了不同团体和集体的跨文化交流，有助于对不同文化的理解，以便在对话和交谈中相互学习。协商民主的要点在于它允许公民参与到理性协商中，在有争议的道德、政治或种族问题上找到共同点。菲什金认为，在具有政治平等性、参与性和非专制的运作框架下，"敌对双方的讨论观点都能被仔细倾听，而每一方都有机会回应对方。所有人都获得同样的信息。人们出席并参与到协商过程中。他们不只是倾听而且也参与其中，而且参与的环境规模足够小以使每个人都相信自己个人的意见会受到重视。他们在相互尊重的氛围中讨论问题，并尝试找到共同点"。

协商民主通过讨论，可能产生更大的共识，使得讨论参与者更倾向于支持这个选择的实施，因为他们一致认为讨论是正确的事情，因此，更多的成员将会一起正确地实施这个决策，或情愿地服从。协商讨论赋予每个人发言机会，即使他最终反对集体选择。程序的公正使得他们更倾向于服从或支持结果。在协商讨论的过程中参与者的道德素养和知识水平得以提高，参政能力的提高有助于提升对政策的认同感。协商讨论是一种形成公民美德的实践项目，将对参与者产生积极影响。参与可以提高参与者的道德、实践和知识水平，这会使他们成为更好的公民，能更好地理解政策，配合政策的执行。

协商民主追求公正，关注公共利益。在协商与理性说服的过程中，参与者可能不愿意支持纯粹自利的提案，他们避免表现出自私的倾向，尽管存在他们确实是自私的假设。不希望表现出自私，可能暗含着希望"保持一致"，会更多地关注他人的观点，并寻找与自己观点一致的契合点。而参与者在协商与对话的过程中，通过各种心理机制而公开赞成一种观点可能重塑个人愿望，增强人们对共同体和决策的参与感，并努力寻求公正的价值追求。协商民主关注公共利益，并不意味着对弱势群体利益的忽视。协商民主引入自由而开放的对话，协商的公共性保证所有发言人都可有效参与辩论和商讨，每个人都期待其他人回应他们。参与者会关注他人的态度与观点。

协商民主减少或克服有限理性，提高决策的科学程度。因为人的有限理性，决策者都无法获得完全的信息，也无法作出最优化的决策，这影响到了政策的合法性程度。通过把政治正当化和决策置于多种备选方案中，协商提高了它们的质量。当协商在开放的公共论坛上进行的时候，理性的质量就可能提高。在公开的讨论过程中，"公共舆论更有可能基于所有视角、利益和信息而形成，而不大可能将合法利益、相关知识或适当的反对意见排除在外"①。政治正当化中理性质量的提高最终会影响到决策结果，因为理性反映了所有受到影响的协商更为广泛的要求而更具有公共性。

4. 协商民主有助于促进公民有序的政治参与，拓展基层民主的深度与广度。

中国是个缺乏民主传统的国度，特别是大部分经济欠发达的农村地区人们对政治冷淡、民主意识缺失，政治参与的主动性和自觉性普遍不高。中国数千年来君主专制的权力结构导致了民众自主性的迷失，培植了"顺从型的奴性人格"和"安守本分"的臣民文化，参与型公民文化的缺失，社会公共空间和公民的主体地位受到超强抑制从而导致公民主体意识的孱弱，唯上、崇上意识、官本位和等级制观念在民众中根深蒂固。民众或不问政治，或回避政治，视政治为畏途，认为政治乃是非之地，参与政治意味着自找麻烦。对政治的冷漠态度，导致社会公众政治参与的主动性和自觉性普遍较低，真正出于自主意识自愿参加国家政治生活的公民所占比例仍然不高。相当多数的政治参与活动，如选举，实际上都是由执政党和政府组织和动员起来的被动性的政治参与，这种参与有时甚至需要运用行政强制手段和物质刺激手段才能保证正常进行。换言之，选举在很大程度上是执政党和政府推动的结果，而不是民

---

① ［美］詹姆斯·博曼：《公共协商：多元主义、复杂性与民主》，黄相怀译，中央编译出版社2006年版。

众的自主性诉求。民主意识的缺失、参与的不足，决定了中国的政治发展必然要更为主动地促进公民有序政治参与。而协商民主倾向于建立较为包容、平等、公正、自由的讨论沟通机制，以求达致公共利益基础上社会成员广泛接受的共识，则是推进政治参与的有效路径。协商民主鼓励立法和决策的利益相关者积极参与公共协商，在参与过程中公开自己的偏好和理由，尊重他人的意见。公民参与意味着公民之间，公民与相关问题、制度和政治体系之间的联系；参与能够在公民与公民、公民与共同体机构、公民与问题、公民与决策，乃至公民与整个共同体之间建立密切的联系；参与能够为公民有平等的表达机会、发言权创造条件；参与能够有效地维护公民个人以及共同体的利益。

协商民主，或者说宪政使公民们获得了"自主"的感觉。一个国家当中，尤其当这个国家庞大而且复杂的时候，公民自治不是天然就存在的。"公民自治的实现是通过引进各种防范措施来制约少数人企图建立对多数人统治权威的倾向。"[①] 不尊重宪政的国家，大多压制公民参与。公民参与的自觉养成，需要宪政保护。协商民主，促进了社会主义宪政的完善与发展，能够有效地推动公民参与与自身利益相关的政治活动。并在参与中表达自己的利益，养成民主的习惯和民主的意识。我国最广泛的民主实践是村民自治与社区自治。在这两种形式的基层民主实践中，通过协商民主，鼓励公民自觉参与政治对话、民主选举、政策监督，则能够有效地推动基层民主向纵深发展。

5. 协商民主有助于公民社会的健康发展，从而奠定社会主义民主政治的社会基础。

---

① ［法］让·布隆代尔：《民主与宪政》，载猪口孝等：《变动中的民主》，吉林人民出版社2003年版。

公民社会是协商民主的社会基础。从广义上讲，公民社会涉及社会中正式和非正式的团体和网络，它们存在于国家之外。在协商民主理论中，关于公民社会的角色，存在微观协商理论家和宏观协商理论家的不同认识。[①]微观协商理论家认为，公民社会各部门在愿意且有能力参加一些有组织的协商论坛的情况下，应该参与协商政治。公民社会通过与国家的合作而被赋予交往形式；而宏观协商民主理论家则强调公共协商非正式的、非组织的性质。公民社会在非正式的政治活动中的关键作用是形成公共舆论，并将其传达到制度性决策论坛。这两种分歧其实反映出的是看待公民社会与国家或协作或反抗的不同关系。它同时也说明，一个繁荣健康的公民社会不仅为未来的国家民主化提供资源，而且也能对国家的民主承诺的逆转进行控制。规范发展的公民社会的发育能有效制约和监督政府权力的运作，培养和提高社会组织的自主意识和自治能力。它不仅可以为个人的成功提供更多机会，而且在政府作用力相对薄弱的领域中拥有很大能量。公民社会是除国家以外的推动民主化尤其是协商民主进程的主要行动者。

随着各种民主理论的深入发展，以及经济社会发展对中国政治发展提出的要求，公民社会对于政治发展的作用越来越重要。从传统来看，中国是一个全能主义的国家，政府包揽了一切事务。长期以来，我国的公民社会一直是弱小的、甚至是缺位的，从而助长了政府过度干预和政党越位的现象，导致国家侵吞社会、以党代政、权力失去监督等现象的普遍发生，严重影响了社会发展进程。而随着改革开放的发展，国家与社会、市场开始逐渐分离，作为国家与市场之间的公共领域也开始逐

---

① 陈家刚：《协商民主引论》，载《马克思主义与现实》2004年第3期。

渐发展起来。但是，处在从生长发育到初步成长时期的公民社会尚存在很多问题，如民间组织的行政化、等级化、政治化和依附性倾向明显，其自治功能、社会作用无法独立发挥；公民社会内部关系中自由、平等的契约关系规则还很薄弱，外部缺乏法律制度环境的有效保障，等等。从长远来看，这些问题将严重影响到政治发展。

因此，协商民主能够通过确认公民身份，保障公民基本权利，促进和发展公民社会。通过畅通、开放多样的协商路径，可以不断完善民主制度，激发民众参与对话和讨论的热情，培养公民的公共精神和协商能力，促进协商民主持续发展；另一方面，得到民主保障并成熟发育的积极的公民社会又不断开拓协商的新领域，创制协商民主的新形式，在与国家和各团体之间的博弈、协商中推进宪政民主的发展。"只有民主的国家才能建立一个民主的公民社会；也唯有一个民主的公民社会才能支撑起一个民主的国家。"①

中国的政治发展也必然推动政府培育这样的公民社会。首先，通过宪政建设，依法保护公民的言论自由、结社自由等基本权利，确保公民能以平等的公民身份进入公共协商；其次，完善法律和法规体系，取消对民间组织活动的各种不合理限制，为公民社会发展壮大提供制度保障，扩展协商民主的领域；再次，通过市场经济平等、契约的理念和社会主义精神文明的宣传教育，培养具有共同理想和信念的社会主义公民，从而为进行协商提供所需的公共理性；最后，通过制度创新，积极动员与吸纳最广泛的民众参与到开放性公共协商之中。一个充满活力的公民社会不但提高了民主政治的责任能力，而且提

---

① ［美］阿兰·博耶：《公民共和主义》，应奇等编译，东方出版社2006年版，第302页。

高了民主政治的代表性和生命力。它们通过提供新的方法表达政治利益来提高民主政治的合法性,增强政治意识、效率和公民的信任。① 协商过程不仅传播影响,而且还赋予公民协商更大的权力和影响。在规范意义上,这种设计详细阐释了较大并且潜在的更为公共的过程,这种过程广泛分布在各个层面,并鼓励协商公共领域中更多样的话语互动。如果大的政体能够实现这种民主前提——充满活力的公共领域,具有各种形式社团的公民社会,以及允许个人根据其基本权利诉诸正义的司法制度——那么,对于中国使其庞大的、充满活力的政体民主化的努力来说,这种制度化的、广泛并且深入的公共协商可能会成为一种模式。②

6. 协商民主有助于在实践中形成健康民主社会所需要的政治文化,形成一种宽容、理解、对话、倾听和理性的民主氛围。

立宪政治是以成熟的公民文化为条件的。所谓公民文化,在阿尔蒙德看来就是"一种政治文化和政治结构相互协调的参与者政治文化",它具有"理性"和"积极"两个方面的特征。公民文化的理性特征,强调公民须有足够的政治认知能力和信息判断能力,以确保政治参与的有效性;公民文化的积极性特征则强调公民须以负责任的态度主动、积极地参与政治事务和公共决策。公民文化的核心是公民的政治参与——公民既有政治参与之能力,也有政治参与之积极性。

协商民主能够在实践中培养出良好的公民精神,建构民主

---

① [美]拉里·戴蒙德:《民主政治的三个悖论》,载刘军宁编:《民主与民主化》,商务印书馆1999年版,第130页。
② [美]詹姆斯·博曼、威廉·雷吉主编:《协商民主:论理性与政治》,陈家刚等译,中央编译出版社2006年版,中文序第9页。

政治的文化心理基础，从而形成和谐社会的精神纽带。民主只有在实践中才能够体现其价值，也只有在实践中，民主才能够完善自身。在现实的运转中，协商民主首先能够培养出健康民主所必需的公民美德，如政治共同体成员之间的相互理解、相互尊重、妥协和节制个人需要等。其次，协商民主能够形成集体责任感。协商民主能够使人们看到，政治共同体的每个人都是更大社会的一部分，承担责任有利于促进共同体的繁荣。第三，随着文化多元化的发展，协商民主能够促进不同文化间的沟通与理解。通过公开的对话、交流和协商，各种文化团体之间就会维持一种深层的相互理解，从而成为建立参与持续性合作行为所需要的社会信任的基础。最后，协商过程和程序能够包容存在差异、边缘化的少数族群、文化团体，平等、公正地对待社会的异质性，促进多元文化国家的政治合法性。

四、结　论

在我国社会主义民主政治的实践中，具有丰富的协商民主形式。例如，立法过程中表达民意的听证、政治协商制度、基层恳谈会、社区议事会、网络论坛，等等。这些不同程度、不同侧面反映协商民主特征的政治实践进一步扩大了公民有序的政治参与，并在民主实践中，逐渐培养公民的民主精神和民主意识。协商民主能够让社会群体中各种不同意见和要求，在理性对话中得到系统、综合的反映，并在谈判中作出必要的妥协，达成一定的共识，从而使公共决策最大限度地实现各方利益的均衡；能够扩大基层民主，建构社会主义民主政治的社会基础；能够改革和完善决策机制，有利于完善深入了解民情、充分反映民意、广泛集中民智、切实珍惜民力的决策机制，推进决策科学化民主化；有利于建立结构合理、配置科学、程序严密、制约有效的权力运行机制，从决策和执行等环节加强对权力的监督，保证把人民赋予的权力真正用来为人民谋利益。

但是，我们也必须清醒地认识到：第一，协商民主是对西方政治体制的描述与反思，是对西方既有政治体制的完善和超越。协商民主不是一种孤立的理论或实践，它深深植根于当代西方发达资本主义国家的政治传统与现实。一个良好的宪政民主就是协商民主。第二，由此，在理论与体制实践中，选举、权力制衡、理性表达、参与和对话等要素都是协商民主的内在要素。将选举要素与协商对话等要素对立起来，仍然是一种非此即彼的二元思维路径。很多学者探讨的选举民主实际上是将选举这一要素突出出来，强调多元利益主体基于自身利益来竞争公共权力；而协商民主则较为突出了理性思考、对话与讨论等在民主立法和决策过程中的作用，但它并没有将选举排斥在外。第三，协商民主体现在不同领域和层面。在国际层面如欧盟治理过程的协商，在国家层面如我国的政治协商，在基层政府如温岭的民主恳谈，以及自治领域的社区议事会，等等。社会主义协商民主的形式具有多样性，如果单纯地将协商民主理解为政治协商制度，一方面不利于我们分析批判西方的协商民主理论，取其精华，去其糟粕；另一方面则会导致忽视其他各种社会主义协商民主的政治实践，不利于社会主义民主政治的发展。协商民主是一种对话、讨论和妥协过程，协商过程是平等的，协商不能仅仅局限于政策咨询或垂询。第四，对于我国的政治发展来说，协商民主的价值在于我们可以借鉴其中的某些价值观念、某些制度要素、某些方法来丰富和完善中国特色的民主政治。制度的学习、借鉴和移植不是简单的照搬照抄，而是需要充分注意本国政治发展的特殊历史背景、文化传统、经济和社会发展水平等因素。第五,当代中国政治发展道路的选择,必然是尊重自身历史、文化传统的政治发展;必然是尊重通过多次反复的历史选择的既有政治制度,并充分利用既有制度空间,推动创新与变革的政治发展;必然是以开放的心态、开阔的视野,了解、认识、学习和借鉴其他国家先进政治文明成果,并使之本土化的政治发展;必然是以思想解放、观念转变为先导,以意识形态的完善和发展所推动的政治发展;必然是一种将党内民主、人民民主、基层民主、社会民主结合起来,而非单一强调某一方面的要素,是将民主价值、民主制度、民主机制和程序,以及民主意识、民主精神有机结合起来,而非片面理解的政治发展;必然是在民主的实践中创造民主条件的政治发展,经济发展水平不高、公民文化素质低、传统封建专制及宗族等消极因素的存在不是拒绝或延缓民主的借口。民主的条件是在民主的实践中创造。民主是有条件的,但实践民主是无条件的。

随着社会经济的发展,我国社会利益主体日益多元、利益分化逐渐明显、利益冲突日益剧烈。化解分歧、消除差异,构建和谐,已经成为我国社会发展的关键。协商民主承认并接受多元社会的现实以及不同利益主体之间存在的差异和分歧,能够有效地消除分歧和差异,形成共识,有利于构建社会主义和谐社会。推动中国的民主政治发展,必须把坚持党的领导、人民当家作主和依法治国有机统一起来;保证人民依法行使民主选举、民主决策、民主监督和民主管理的权利;坚持根据自身国情出发,选择适合自身发展的道路;着重加强制度建设,实现社会主义民主政治的制度化、规范化和程序化;必须积极学习和借鉴人类政治文明的有益成果,但决不照搬西方民主政治的模式。只有这样，政治发展才能避免成为强势利益集团操纵决策的工具，才能更好地促进公共利益，才能更全面地反映广大人民的利益和意愿。只有这样，才能够建设符合社会主义方向的政治文明和政治发展。

（原载《北京联合大学学报（人文社科版）》2008年第6期）

协商政治与协商民主的内在关系

随着 20 世纪后期"协商民主"理论在西方学术界的兴起，越来越多的中国学者开始将其引介到中国，并与本土政治实践联系在一起，以探讨中国的政治发展。但是，因为观点的差异、理解的分殊，人们也提出了许多不同的分析路径。例如有学者指出，协商民主在西方仅仅局限于社区事务，对于中国的政治发展来说，应该在理念、制度、战略等方面大力推进协商政治。准确理解协商民主与协商政治的内涵，发现其内在的逻辑关系，并立足于改革开放的实践形成适合我国国情的政治发展战略、制度设计、程序安排，对于完善和发展中国特色社会主义民主政治具有积极的意义。

"协商民主"是 20 世纪 80 年代美国学者提出的概念，其目的是为了反驳将美国宪法性质归于"精英的"、"贵族的"文献的各种质疑和指责，为"美国宪法的民主特性"进行辩护，协商民主被理解为美国建国者为寻求一种既受人民主权控制又能够避免受大众情绪影响的民主政治体制。协商民主的核心概念是协商、对话、理性、共识等；其基本特征包括多元性、合法性、程序性、公开性、平等性、参与性、责任性等。

一般来讲,理解协商民主有三种角度。第一,将协商民主理解为一种政府形式。如"协商民主指的是为政治生活中的理性讨论提供基本空间的民主政府",或者,"协商民主是一种事务受其成员的公共协商所支配的共同体"。第二,将协商民主理解为一种决策形式。例如:"当一种民主体制的决策是通过公开讨论——每个参与者能够自由表达,同样愿意倾听并考虑相反的观点——作出的,那么,这种民主体制就是协商的。""在协商民主中,公民运用公共协商来做出具有集体约束力的决策。……协商民主的吸引力源于其能够形成具有高度民主合法性决策的承诺。"第三,将协商民主理解为治理形式。如:"协商民主是一种具有巨大潜能的民主治理形式,它能够有效回应文化间对话和多元文化社会认知的某些核心问题。它尤其强调对于公共利益的责任、促进政治话语的相互理解、辨别所有政治意愿,以及支持那些重视所有人需求与利益的具有集体约束力的政策。"

概括起来,协商民主指的是自由平等的公民,基于权利和理性,在一种由民主宪法规范的权力相互制约的政治共同体中,通过集体与个体的反思、对话、讨论、辩论等过程,形成合法决策的民主体制和治理形式。因为重新恢复了传统政治理论和实践中对于公民美德、理性思考和合法决策的重视,协商民主在现实政治实践中具有超越既有政治模式的价值。

而"协商政治"的概念,是协商民主理论的重要研究者、德国学者哈贝马斯2002年访华时使用的,其主旨是表达一种依赖于语言交往条件的、在协商模式中实现预期合理性结果的政治过程。在此基础之上,国内学者认为,根据中国的政治实际,"基于民主程序的协商性价值偏好和由此产生的协商性运作程序,制度体系运作及其发展,就是协商政治"。"协商政治是现代民主政治的一种形式,其存在和发展的政治社会前提应该是:实行宪政民主,运行社会结构多元化,承认社会多元理论合法的政治参与权利。"

协商政治认为,中国政治发展的现实条件、承担的历史责任和基本政治理念共同决定了在中国民主政治发展的程序选择必须以协商为价值偏好。所以,如何借助统一战线所提供的现成的政治资源、社会资源和制度资源在中国发展协商政治,应该成为中国新时期民主政治建设的重要任务与目标。要实现这样的建设任务与目标,党的领导体制与执政方式的变革与发展至关重要。为此,必须从建设与发展社会主义民主、建设社会主义政治文明的高度,对新时期党的建设和民主政治作出整体规划,并加以系统实施。中国发展协商政治的基本原则包括以下九个方面,即以共产党为核心主体、以宪法为最高权威、以制度为基本平台、以共存为基本的前提、以合作为基本价值、以发展为共同目标、以参与为基本动力、以监督为基本保证、以协商为基本手段。

通过梳理协商民主与协商政治的内涵、特征、理论框架,我们可以看出,协商政治与协商民主在本质上是一致的。

首先,协商政治与协商民主都是现代民主形式,都以宪政民主、多元社会结构、多元利益、多元文化为基本前提。对多样性、多元化的强调,契合现代民主政治的基本精神,为协商民主提供了良好的文化资源、社会资源。其次,协商政治与协商民主都强调一种基于价值偏好的程序安排。民主既是价值,也是手段。民主理想要成为现实,必然要通过一系列的制度设计、程序安排。第三,协商政治与协商民主都强调对公共利益的诉求,并通过程序设计促进利益相关者的利益表达、协商对话和共识形成。第四,协商政治与协商民主都不否认选举在现代民主政治中的价值。选举是现代民主的基本要件,没有选举,就没有民主。协商政治与协商民主都在保护个人权利的基础上,强调在个体利益与公共利益之间寻求平衡,肯定了选举、投票等方式在最终选择中的价值,并将选举建筑在有效的政治协商和社会协商基础之上。

虽然协商政治与协商民主在本质上是一致的,但是,作为一种现代民主形式,必须要努力避免一些错误的理解。首先,虽然现代民主表现为定期的大选以及政党政治,但不能简单地将其理解为大众民主形式、党派利益之争。现代民主还包含司法独立、权力制衡、自由、平等、法治等诸内容,民主不能简化。其次,协商民主的实践存在于不同的层次和领域,不仅仅局限于社区事务。例如地方治理中的协商实践,包括参与式预算、市镇会议、公民评议会等;区域性政治中如欧盟、东盟、非盟等的协商实践;全球治理中的协商民主,如开展协商对话,解决恐怖主义、核危机、全球气候变暖、生态危机、贫困问题等。现代民族国家、全球性制度安排、多边组织、基层政治等各个层次和领域都有协商民主的经验支撑,不能说只有中国才有协商民主的实践。协商民主为矫正现代民主的不足、寻求民主的真实性开辟了新的道路。

对于我国的民主政治建设而言,在进一步推进竞争性民主的基础上,大力推进协商民主是中国民主政治发展的明智的战略选择,发展社会主义民主政治,建设社会主义政治文明,要善于运用协商民主这一民主形式。但同时,我们也应该保持清醒的头脑:当代中国的民主发展,既要尊重自身历史、文化和传统,又要具备基本的民主常识,不能妄自尊大、夜郎自大,当我们凡事都要从祖宗根上找依据时,恰恰说明了我们缺乏面向未来的能力,中国古代从来都不是民主的;既要尊重通过多次反复而历史地选择的既有政治制度，又要以开放的心态、开阔的视野，学习和借鉴世界先进政治文明成果，使之本土化，推动创新与变革；既注重民主制度、民主机制和程序的设计，又要关注民主价值、民主意识、民主精神的养成；既要明确民主的实践需要条件，又要知道民主是一个实践过程，民主是在实践中创造条件的过程。

（原载《人民政协报》2012年10月17日）

多元文化冲突更加彰显协商民主的价值

人类有史以来，就存在着因为不同地域、语言、习俗、宗教、族群等差异而形成的多元文化。多元文化的存在是一个无法回避的事实，多元文化之间的冲突也是政治家和理论家面临的重大挑战。近来以宗教为焦点的冲突将这一问题更加突出地展现在人们面前。以色列裔美国人萨姆·巴奇莱（Sam Bacile，原名尤素福）制作并导演的一部电影，肆意诋毁伊斯兰教先知穆罕穆德，诱发了世界范围内穆斯林民众的抗议活动，燃烧的怒火从中东蔓延到整个伊斯兰世界。利比亚、埃及、突尼斯、巴勒斯坦、伊朗、黎巴嫩、阿富汗等国都爆发了大规模的抗议活动；无独有偶，法国的一本杂志竟然又刊登了影射伊斯兰教先知穆罕默德的讽刺漫画，引起穆斯林社团的强烈不满，迫使法国政府不得不决定暂时关闭位于20多个伊斯兰国家的法国使领馆、文化中心和法国学校。这一切不得不让我们进行深刻的反思，在全球化、信息化、网络化的时代，如何直面多元文化的现实，如何在文化发展的不同选择之间寻求尊重、理解与包容。

近代民族国家建立之后，因为经济、社会、政治的发展，几乎任何一个国家都存在着来自不同地域的、不同文化背景的族群共同体。而由于人类这些不同的种族、宗教、文化、习俗、价值诉求、思想观念等差异，构造了多元文化的事实。全球化的发展又将这种多元文化的发展趋势推向一个新的高度。在美国，针对19世纪中后期美国移民潮带来的文化异质性和"美国化"运动不成功的结果，美国犹太籍哲学教授霍勒斯·卡伦1924年提出"文化多元主义"概念，明确反对把美国化、盎格鲁-撒克逊化以及民族熔炉论作为美国社会生活的正确模式和有价值的未来理想。具体讲，就是：（1）民族多样性构成美国社会生活的事实，美国就是"多民族的民族"，属于来自这个大陆的所有民族；（2）文化的多样性符合美国传统的民主思想，每个民族集团有权利选择自己的生活方式；（3）文化多样性有利于社会竞争，有利于鼓励个性差异和民主；（4）不同民族群体应互相承认、尊重，取得平等地位，积极合作。20世纪90年代中期，联合国教科文组织也公布了一份题为《多元主义——应对多样性的新政策》的文件，充分肯定了"文化多元主义是一种应对文化与社会多样性的民主的政策反应"，认为它能够系统而全面地应对文化与族群多样性。像澳大利亚、加拿大和瑞典等由移民组成的多民族、多文化国家都采行了文化多元主义；在法国，多元文化主义甚至被誉为"差别的权利"而固定下来。

因此，在多民族、多文化国度里，多元文化主义在强调社会多元性、鼓励多样性、强调对不同文化和传统的尊重和包容、强调不同的社会集团的独特经历与贡献、推进和创造教育和就业机会方面作出了巨大的努力；在禁止种族歧视，积极纠正差别，对那些历史上长期遭受歧视和压迫群体的传统文化、语言、生活习惯采取了积极的保护和援助政策；在致力于消除社会、政治、经济、文化和语言上的不平等状况，要求外来文明与内部各种文化之间的平等方面，给世界留下了深刻的影响。

但是，多样性的文化冲突并没有因为其包容性而消失。澳大利亚历史上"被偷走的一代"，加拿大法裔魁北克的分离运动，法国因为移民认同危机而引发的大规模骚乱，都时刻提醒我们，在享受文化多元主义带来的多彩世界的同时，族群的、文化的、宗教的冲突和对立，依然是我们面临的巨大挑战。由此，西方的理论家也开始质疑多元文化的现状。在《文明的冲突与世界秩序的重建》之后，亨廷顿出版了《我们是谁》，警告美国正在失去白人基督教国家的特性；甚至西方的政治家，也开始认为"文化多元主义"失败了。卡梅伦说："在国家的文化多元主义政策下，我们鼓励多种文化各行其是，相互疏离，也远离了主流。"萨科齐说："当然我们必须尊重差异，但我们不想要……一个各种团体并存的社会。如果你来到法国，你必须让自己融入一个单一的团体，这就是国民的团体。"德国总理默克尔称，德国朝向多元文化的努力已"完全失败"。

确实，多元文化存在的事实对于构建统一的现代国家始终是一个挑战；多元文化与共同价值观之间也始终存在着内在的紧张关系。首先，因为多元文化的存在，可能使这种环境中的公民无法共享同样的集体目标、道德价值或世界观。例如，以宗教为例，宗教以自己不同于其他宗教的教义和不同的方式进行传教就必然引起不同价值观的宗教组织进行冲突，既使是一个宗教，内部也会因为见解和利害的不同而发生内部教派的冲突。在世界三大宗教中，基督教和伊斯兰教的冲突，表现得最为长久、最为激烈。其次，也可能会因为拒绝承认不同的文化权利而导致强制融合与统一，从而牺牲多样性；或者以一种相互不隶属的、分离的状态维持一种形式上的统一。再则，还可能因为历史或现实的优越性，想当然地希望将一种思想体系、文化观念、价值目标和政治制度强制推广到不同历史文化背景地区而引发的对立与冲突。例如美国的"大中东民主计划"，以及将利比亚称为"向民主过渡样板"等，颐指气使、高高在上的霸权做法使西方与伊斯兰世界的对立明朗化、公开化，并不断推向高潮。

然而，多元文化存在的事实，多元文化面临的挑战，并不意味着人类无法通过努力寻求合理的解决路径。当代理论的最新发展已经为应对挑战准备好了现实的选择，即协商民主。多元文化冲突更加彰显了协商民主的价值。协商民主指的是自由平等的公民，基于权利和理性，在一种由民主宪法规范的权力相互制约的政治共同体中，通过集体与个体的反思、对话、讨论、辩论等过程，形成合法决策的民主体制和治理形式。

多元文化，源自于人们在选择与自决、幸福与福利以及自我价值的实现等方面存在的持续性差异，在思考与实际生活相关的美德、政治参与的意义方面存在的广泛争执，以及对于这些观点的宗教和哲学背景存在的深刻的分歧。但是，人们在价值观念、文化、习俗、道德理念以及行为方式等方面存在的多样性，则在相当的程度上促进了公众充分利用理性，从而使协商民主的发展充满生机与活力。反之，协商民主也最大限度地扩大了不同群体在同样政治过程和同样公民公共领域中的参与，并在现实政治实践中能够有效地应对多元文化差异与冲突。

协商民主承认世界存在着多种合理的价值以及关于共同善的合理观念。它认为这些价值是无法比较的、不可通约的，有时甚至是相互冲突的。人们可以自由地采纳其中任何一种价值观念，或者将不同的价值结合在一起，或者可以自由地形成自己关于良善生活的观念。面对自由、正义、幸福和爱等价值，以及不同价值发生冲突时，人们应该平等地对待每一种合理的价值，而不是将任何一种特定价值置于优先地位。协商民主不预设任何具有先在优势的价值，而是尊重因历史、文化和个体的不同而产生的差异。

协商民主能够促进基于共同利益的多元诉求、表达与共识达成。差异、不平等、社会生活的复杂性是人类面临的现实。但在共同的社会政治生活中，人们可以根据公共利益目标，提出各种不同的、多元的、差异性的观点，而不仅仅局限于自利的或单一的偏好表达。协商民主能够在所有个体充分表达的基础上，根据正义的原则，形成符合公共利益的决策共识。

协商民主鼓励有序的公共参与，包括不同文化群体、社会组织和个体，从而在不同视角、利益和文化之间的冲突中使其他人了解到不同的经验，尊重不同的选择。注意倾听那些不同于我、我的团体的观点，让我知道了他们眼里我的境遇，以及他们认为我与他们的关系，对于具有不同权力、权威和特权的团体来说，对于促进其相互理解、相互尊重、相互包容和相互支撑与融合来说，尤其重要。

协商民主能够通过表达、质疑、对话，以及挑战不同境遇的知识，从整体上增加社会知识。通过不同观点和价值之间的对话和沟通，人们获得了关于不同社会领域会发生什么以及社会进步怎样与不同观点相联系或冲突的知识。他们通过将这样一种间接理解内化，民主讨论和决策过程的参与者得到了更广阔的、其自身片面的经验也嵌入其中的社会过程图景。这种更全面的社会知识可以更好地使他们作出明智的决策，以解决集体问题。

当前伊斯兰世界的反美浪潮表明，在新的文化冲突、矛盾甚至对立的情势下，既有的政治制度越来越显示出其局限性，基于传统宗教自由和宽容的规范自由主义解决路径似乎面临越来越多的困难和越来越大的挑战。某一文化成员资格不能超越人类共同的道德与价值底线，也不能将其价值观、社会制度奉为绝对真理，凌驾于其他共同体权利之上。不同国家的社会发展、政治进步，都应该是在自由、平等、公平、正义等人类共同价值原则的前提下，相互尊重各自历史和文化基础之上的自主选择。因此，协商民主，因为尊重差异、鼓励对话、强调共识而愈益彰显其时代价值、实践价值。

（原载《学习时报》2012年10月29日）

发挥人民政协作为协商民主重要渠道的作用

2012年11月8日,胡锦涛同志在中国共产党第十八次全国代表大会的政治报告中指出,政治体制改革是我国全面改革的重要组成部分,必须继续积极稳妥推进政治体制改革,发展更加广泛、更加充分、更加健全的人民民主。而在推进政治建设和政治体制改革的若干重要任务中,我们首次看到"健全社会主义协商民主制度"的明确提法。这就意味着,大力推进协商民主实践,将在我国政治体制改革过程中占有越来越重要的位置,人民政协将成为发展和推进社会主义协商民主的重要制度平台。

所谓协商民主,就是自由平等的行为者,基于权利和理性,在一种由民主宪法规范的、权力相互制约的政治共同体中,通过集体与个体的反思、对话、讨论、辩论等过程,形成合法决策的民主体制和治理形式。在现实政治实践中,协商民主具有超越既有政治模式的价值。协商民主能够通过对话、讨论等过程赋予立法和决策以合法性,通过鼓励积极的参与、表达与倾听培养公民宽容和妥协等公民精神,通过协商共识促进立法而有效制约行政权力的膨胀,通过强调公共利益而矫正自由民主流行的个人主义和自利行为。

协商民主不是没有坚实基础的民主想象,世界范围内都存在着广泛的协商民主实践。在我国民主政治实践中,同样具有丰富的协商民主形式,例如立法听证、政治协商制度、民主恳谈会、社区议事会、网络论坛等。其中,政治协商制度则是我国实践协商民主的重要形式,人民政协则是实践协商民主的重要制度平台。人民政协的独特优势将为其实践协商民主、大力推动社会主义协商民主提供坚实的基础和保障。

首先,政治定位和组织优势是人民政协实践协商民主的基本前提。中国人民政治协商会议是中国人民爱国统一战线的组织,是中国共产党领导的多党合作和政治协商的重要机构,是我国政治生活中发扬社会主义民主的重要形式。人民政协在政治上具有最大限度的包容性,在组织上具有最广泛的代表性;人民政协的事业是中国特色社会主义事业的重要组成部分,是党和国家事业发展全局的重要组成部分。人民政协对充分发挥各民主党派和无党派人士作用,推动党和国家决策科学化、民主化,改善中国共产党领导和加强各民主党派建设,巩固坚持和发展中国特色社会主义的共同政治基础具有重要作用。十八大提出"充分发挥人民政协作为协商民主重要渠道作用"为人民政协实践协商民主奠定了坚实的基础。

其次,完善的制度建构是人民政协实践协商民主的坚实基础。经过60多年的风雨历程和发展,中国人民政治协商会议建构起了以《宪法》为根本,以《中国人民政治协商会议章程》为基础,以各项"规定"、"条例"、"通则"、"办法"为核心要件的制度体系。通过完备的制度建构、体制机制建设,人民政协能够围绕团结和民主两大主题,着眼于党和国家工作,着眼于当前经济社会发展的现实,将民意的汇集、意见的表达、分歧的化解、共识的达成纳入到制度渠道之中，一方面促进了民主协商的制度化、规范化、程序化，另一方面保证了协商结果的真实性、有效性，消除了长官意志，避免了随意性。

第三，反映社情民意、开展协商对话、参与政治决策、加强权力监督是人民政协实践协商民主的核心要素。人民政协联系广泛，渠道畅通，可以反映和集中民情、民意、民智、民力，能够充分发挥自身优势，使各种利益要求通过体制内的渠道经常地、畅通地反映到决策部门，从而有效地协调各种利益关系；人民政协能够积极推动社会各阶层、团体和党派的有序政治参与，充分表达各自所联系的群众的具体利益；人民政协坚持求同存异，蕴涵着合作、参与、对话、妥协、包容的精神，社会各界人士可以通过协商对话，充分发表意见，并在民主、平等的协商讨论中达成共识。人民政协的职能定位能够使其充分发挥作用，加强权力监督，使公权力服务于人民的公共利益。

第四，智力优势是人民政协实践协商民主的重要条件。一党长期执政，确实容易形成一种思维方式，一个话语体系。"如果没有社会各界政治协商这个平台对决策的介入和对实施过程的监督，很难保证决策的科学和落实的有效。"人民政协素有"精英民主"、"贤能政治"的美誉，人才荟萃、智力密集，能够为推动协商民主实践提供强大的智力支持、奠定坚实的群众基础。通过"把政治协商纳入决策程序"，人民政协能够充分利用智力优势，遵循公开的民主程序，经过广泛的民主讨论和科学论证，使决策建立在广泛考虑所有人需求和利益基础之上，从而赋予决策以合法性。由于充分考虑到各种利益需求、主客观条件，并且经过反复的论证、讨论和协商，决策也就会更民主、更科学、更合理。

但是，随着世情国情党情的深刻变化，人民政协推进协商民主的作用发挥依然面临巨大的挑战。长期以来，实践中存在的"想协商就协商，没意愿就不协商"、"有时间就协商，没时间就不协商"的现象，"歌功颂德的多，尖锐批评的少，讲枝节问题的多，讲原则问题的少"的作风，"多一事不如少一事"、"平安过渡就是成绩"、政治协商"算说了"的思想，"不越位"、"少争权"的顾虑，"提案回娘家"的制度悖论等，在很大程度上严重制约着人民政协推进协商民主的努力。

因此，要"充分发挥人民政协作为协商民主重要渠道作用"，就必须进一步解放思想、转变观念，加强制度建设，改革和完善政治协商制度，改进和完善人民政协的工作。

第一，推进协商民主，必须进一步解放思想、转变观念，改革和完善执政党的领导制度。进一步坚持和完善中国共产党领导的多党合作和政治协商制度，着力完善执政党党内规章制度体系建设，切实尊重、保障民主党派享有宪法规定的权利和义务。推进执政党党内民主建设，以党内民主的示范效应带动党际民主的发展。

第二，推进协商民主，必须坚持依法治国。明确《宪法》和法律的最高权威，任何政党和个人都必须在《宪法》和法律框架内活动。在《宪法》中具体规定政治协商制度的地位、作用、职能等，在国家的法律层面形成权威性的制度规范，为政协组织提供更加坚实的法律保障。

第三，推进协商民主，必须加强制度建设，提高制度化、规范化和程序化水平。转变重实体、轻程序的观念，使政治协商制度的发展进入制度化轨道，减少随意性和人为因素的干扰、影响。根据"把政治协商纳入决策程序"的政治要求，制定《政治协商规程》，形成较为完备的协商体系；完善政协委员履职的制度建设；进一步优化和完善人民政协的组成单位与界别设置；完善人民政协内部体制机制建设，为多党合作和政治协商制度提供规范化的、专业化的、科学化的保障。

第四，推进协商民主实践，需要不断加强人民政协的能力建设，努力提高实践协商民主的意识和能力。加强理论建设，为能力建设提供理论支持。着力对人民政协的历史、人民政协理论、协商民主理论、政党理论等进行深入系统的研究，形成具有中国特色的人民政协理论体系；坚持学习和培训，一方面拓宽视野，积极吸收世界各国优秀文明成果，另一方面，向理论学习，向实践学习，向群众学习，构建基础扎实、科学合理、符合实际的知识架构。

第五，推进协商民主，必须积极利用现代科技手段，深入推动人民政协工作上新台阶。采用设立社情民意办公室、公布热线电话和网址等方式，不断拓宽渠道，引导群众有序表达意愿，"人民政协要主动地走下去，真诚地请上来，积极拓展群众有序政治参与渠道"；充分认识网络的重要性，积极开展网上议政，建立网络交流互动平台，通过网络搜集来自基层的民意民智，贯通协商民主与网络民意通道，提高政协工作的开放性；设立基层政协委员联络室、委员工作室、政协工作委员会等，努力拓宽基层群众理性合法有序表达利益诉求的渠道。

(原载《人民政协报》2012年11月21日)

温岭改革：开启基层协商民主新路径

2012年11月8日，党的十八大政治报告明确指出，"健全社会主义协商民主制度"是我国政治体制改革的重要任务。而"积极开展基层民主协商"则是这一重要任务的主要内容。我国的改革创新大多来自基层，党的政治报告如此重视基层民主协商，既是对近年来基层民主创新实践的肯定，也是为基层民主的发展指明了方向。浙江温岭，因为创造性地开展"民主恳谈"、推动"参与式预算"改革，当之无愧地成为基层实践协商民主的典范。

温岭市，地处浙江东南沿海，长三角地区的南翼，是中国大陆新千年、新世纪第一缕曙光首照地。温岭市下辖5个街道，11个镇，97个社区（居）委会，830个行政村，110多万人口。改革开放以来，温岭实现了经济社会持续快速协调发展，形成了体制灵活、市场活跃、民资丰厚等鲜明的区域经济发展特色。经济的发展，社会的进步，催生了温岭人对民主政治的要求。"民主恳谈"、"参与式预算"改革展现了温岭人改革创新的意识，也发展出了我国基层协商民主的新路径。这些改革甚至被誉为"中国基层民主政治新曙光"。

"民主恳谈"指的是在基层的政治决策过程中，基层群众、组织和社区等利益相关方能够借助规范的制度平台，并通过意见表达、对话沟通、协商讨论的形式，在达成共识的基础上作出符合公共利益的决策的民主形式。"民主恳谈"主要制度形式包括：民主沟通会、决策听证会、决策议事会、村民议事会、乡镇人大表决会、党代表建议回复会、重要建议论证会和村民代表监督管理会等。

"民主恳谈"兴起于20世纪90年代末的"农业农村现代化建设论坛"，以及由此开展的形式多样的民主沟通、民主对话活动。2001年，温岭市委将这一民主形式统一定名为"民主恳谈"，开始走上制度化、规范化、程序化的轨道。"民主恳谈"由最初的工作方法演化为一种稳定的制度，主要经过四个发展阶段：第一阶段的民主恳谈会是基层领导与群众沟通、交心的渠道，是"政治思想工作"的一部分；第二阶段"民主恳谈"朝向决策咨询演进，主要是回复和解决群众提出的意见；第三阶段"民主恳谈"向"民主听证"转型；第四阶段是制度化建设，通过与党内民主、基层人大工作相结合把"民主恳谈"纳入现有的制度框架内。"民主恳谈"是民意表达、汇聚和综合的平台，是所有重大决策的必经程序，是温岭人在世纪之交创造的一种基层协商民主形式。

公共预算改革是我国民主政治进程中的重要组成部分，增强对公共预算的监督，是实现社会公平的主要途径之一。2005年开始，温岭市在新河、泽国两镇率先尝试公共预算改革，运用"民主恳谈"这一平台为基层人大审查预算服务，不断强化对预算的审查和监督，推动了对预算进行实质性审查监督的"参与式预算"创新实践。2008年起，温岭市将这一实践推广至6个镇，从镇一级提升到市一级，将改革引向深入。2009

年,中共台州市委明确提出:"总结推广温岭新河参与式乡镇公共财政预算做法,扩大财务公开,提高财政预算的公开性和透明度。"2012年,省委书记、省人大常委会主任赵洪祝要求在全省推广"参与式预算"改革的做法。

温岭的"参与式预算",是指广大群众以"民主恳谈"为主要形式参与政府年度预算方案讨论,人大代表审议政府财政预算并决定预算的修正和调整,进而实现实质性参与和监督政府预算执行的民主实践,是一种民众能够决定部分或全部可支配预算或公共资源最终用处的机制和过程。在这种创新的决策过程中,群众、社会组织、企业代表等通过不同的分组,参与当地年度预算项目分配的讨论,确定资源分配、社会政策和政府支出的优先性,并监督公共支出。因为尊重参与者的主体地位而不是党政部门想当然地为民作主,"参与式预算"是协商民主的又一种表现形式。

协商民主在温岭的创造性实践,最根本的动力是源自于应对经济社会高速发展所带来的矛盾冲突等严峻挑战的需要,市场经济激发了人们的参与意识、民主意识和公共意识,并反过来产生了对于民主程序和民主机制的需求;其次是当地具有强烈责任意识、创新意识的党政管理者群体发挥了重要作用。从浙江省的领导,台州市、温岭市领导的高度重视,到具体操作协商民主机制的温岭市委宣传部、市人大的有力推动,他们肩负使命和责任,勇于探索、勇于创新,为协商民主的发展提供了坚强的保证;一大批关心中国地方政府改革创新和基层民主政治建设的专家学者、新闻媒体为协商民主的发展营造了良好的环境与氛围。自始至终,温岭市的协商民主都得到了来自北京、上海、广东等地专家学者的支持和帮助,其中包括程序设计、技能培训、制度制定等。同时也得到了各种媒体的热情鼓励，他们的传播、报道使协商民主的实践受到社会的广泛关注。

温岭的协商民主实践，制度化、规范化、程序化程度高，与实际工作结合紧密，与群众利益关系密切，运行成本低，操作简便，成效明显。运行至今，温岭的协商民主实践取得了巨大成效：

第一，因为广泛吸收社会各方面的意见和建议，并经过充分的讨论、论证和协商，决策过程更加民主、更加科学，规范了基层的决策程序，提高了决策质量，有效地防止或消除了基层党政机构决策的随意性。

第二，温岭的改革为政府与公民之间的沟通、互信建立了有效的平台，扩大群众参与政治生活的范围和渠道，政府行为的民意基础更为广泛，探索了一条积极促进公民有序政治参与的新路径。通过程序性的、技术性的民主操练，整体的民主意识、民主文化、民主习惯都有很大提高和改善。

第三，基层协商民主是一场自我加压、自我革命。由于来自社会的意见和建议更加广泛，监督也越来越具有针对性，温岭市党政部门的民主意识、服务意识也逐渐增强，决策的执行更顺畅了，行政效率也更高了。

第四，基层干部与群众能够充分利用制度化的平台，通过协商、对话、沟通和交流，释疑解惑，拉近了距离，化解了矛盾，维护了社会稳定，促进了社会建设。

第五，温岭的协商民主，在构建民主决策、管理和监督新体制的同时，也促进了基层权力机构的归位。"民主恳谈"、"参与式预算"将协商对话、民主讨论规范在正式决策之前，正确地处理了与村民代表会议、基层人大的关系，将社会力量与体制要素有机地结合起来，有力地促进了村民代表会议和基层人大作用的发挥。

党的十八大报告明确提出要健全社会主义协商民主制度，积极开展基层民主协商。温岭市近年来的改革创新，开启了基层协商民主的新路径，为协商民主的发展提供了鲜活的经验资源。深入贯彻落实十八大精神，还需要在以下两个方面作出努力。一是全面系统总结浙江省温岭市在推进基层协商民主方面的经验，并加以概括提炼；二是深入推进制度化、规范化、程序化建设，将温岭的经验上升为国家制度，在更广泛的范围内因地制宜地加以推广。只有这样，才能够更多地鼓励地方党政部门根据实际创造性地开展工作，地方的、基层的改革创新实践才能够有效地服务于党和国家发展大局，有力地促进社会主义政治文明建设。

（原载《学习时报》2012年11月26日）

把政治协商纳入决策程序，深入推进政治体制改革

中国共产党领导的多党合作和政治协商制度是我国的基本政治制度，也是我国政治体制改革的重要组成部分。2005年、2006年，中共中央两度发文，明确指出要"把政治协商纳入决策程序"；2007年，党中央将"把政治协商纳入决策程序"写入了十七大报告之中；十八大更是明确提出要"健全社会主义协商民主制度"。中央多次强调把政治协商纳入决策程序，既是对我国经济社会发展面临严峻挑战的新认识，也是对人民政协定位、职能以及在未来政治体制改革中的作用有了更多的期待和规划。

把政治协商纳入决策程序，是中国共产党领导的多党合作和政治协商制度的内在要求。中国共产党领导的多党合作和政治协商制度是我国的一项基本政治制度，是具有中国特色的社会主义政党制度，其显著特征是：共产党领导、多党派合作，共产党执政、多党派参政。发展社会主义民主政治的一个重要方面就是坚持和完善中国共产党领导的多党合作和政治协商制度。把政治协商纳入决策程序，就重大问题在决策前和决策执行中进行协商，是政治协商的重要原则和内在要求。

把政治协商纳入决策程序，是新时期深入推进政治体制改革的重要举措。改革开放以来，随着我国经济社会的发展和变化，政治体制领域也进行了诸多改革尝试，也取得了很大的成绩。但是，与应对当前各种矛盾冲突的客观需要、与广大人民群众的新期待相比，政治体制改革尤其需要实现突破性进展。把政治协商纳入决策程序，就是在既有制度改革基础之上，充分利用人民政协的各种资源，尝试在国家权力结构层面推动立法决策权力运行机制变化，进而实现新的突破。

把政治协商纳入决策程序，是进一步推进协商民主的当然选择。在重大决策之前进行充分协商，尽可能就共同性问题取得一致意见，是我国社会主义民主的重要形式之一。人民政协的协商民主，既符合社会主义民主政治的本质要求，又具有鲜明的中国特色。把政治协商纳入决策程序，能够有利于深入推进协商民主的实践。

把政治协商纳入决策程序，是党和国家实行科学、民主、依法决策的关键环节。现代政治运行已经超越了"一言堂"、"拍脑袋"和经验主义的时代。作出符合时代要求、符合人民群众利益的决策，既需要全面系统地考虑多样性的利益与偏好，又需要严谨认真的科学论证。把政治协商纳入决策程序，就是要在重大决策的谋划、调研、咨询论证阶段，在重大决策的讨论、研究、决定阶段，在重大决策的贯彻、实施阶段，要把政协的意见和建议作为重要的环节、参考和依据，真正实现决策的民主化、科学化、法治化。

把政治协商纳入决策程序，是推进人民政协职能制度化、规范化和程序化的重要路径。人民政协的主要职能是政治协商、民主监督、参政议政。而履行职能则需要具体的制度、机制、程序的支撑。没有具体制度支撑的职能是原则的、虚设的，是无法在实践中运作并充分发挥作用的。通过将政治协商纳入决策程序，人民政协的职能发挥就具有了可操作性，就落到了实处，"站在了地上"。

把政治协商纳入决策程序，具有坚实的制度基础、广泛的人才优势和丰富的实践经验。《宪法》、《中国人民政治协商会议章程》，以及党在不同时期出台各项促进人民政协事业发展的意见、政策与措施，从定位、职能、制度框架、基本规则等方面为将政治协商纳入决策程序准备了坚实的法理依据和制度基础；人民政协是由来自不同的党派、团体、方面，积聚了社会各方面的人才，为科学民主决策提供了重要智力支撑；各地政协的创造性实践积累了丰富的经验。例如，广东2010年制定了《中共广东省委政治协商规程》等，通过不断规范运作机制和操作程序，在民主实践中落实和推动政治协商。

把政治协商纳入决策程序，对于深入推动政治体制改革，发展社会主义民主政治，具有非常重要的意义。但是，积极推进这一战略构想还面临着很大的挑战。例如，中国共产党领导的多党合作和政治协商制度的政治定位是否需要随时代的发展而进一步完善？把政治协商纳入决策程序需要怎样的法律支撑？决策过程中政治协商的体制机制和程序如何设计？等等。科学回答上述问题，会使我们更清晰、更宏观、更长远地看待决策过程的政治协商，有力推进社会主义民主政治建设。

把政治协商纳入决策程序，首先需要明确的是其提出的政治意涵。1982年的宪法，明确了中国人民政治协商会议在国家社会、政治生活中要继续发挥重要作用，共产党领导的多党合作和政治协商制度也将长期存在和发展；近年来，中共中央又连续出台的几个文件，集中表达了积极推进人民政协事业大发展的构想。把政治协商纳入决策程序，显然不同于决策过程中一般性地听取意见和建议，而是要将这一国家基本政治制度的具体实现形式纳入国家机构的权力运行过程之中，从而创造性地推动政治体制改革走向深入。

把政治协商纳入决策程序，需要在法律保障和制度支撑等方面实现更为明晰的规划和设计。政治协商制度同民族区域自治、基层民主自治等制度一样，被明确为我国的"基本政治制度"，后两项制度都有相应的基本法律加以规范，而政治协商制度反而没有相应的基本法律来规范，这种现状与政治协商制度的地位和作用显然是不相适应的。因此，需要像《人民代表大会组织法》、《村民委员会组织法》、《居民委员会组织法》一样，在遵守宪法原则的前提下，考虑制定《中国人民政治协商会议组织法》及相关实施细则或规程，形成一系列保障人民政协政治协商的地位、职能和作用的法律制度规范。要积极推动国家立法进程，改变仅仅依靠中央每隔几年出台一个文件来加以强调的做法。

把政治协商纳入决策程序，需要深入推进体制机制建设，使制度化、规范化和程序化建设有机统一起来。一方面，要进一步规范人民政协内部的协商制度、工作制度、会议制度、协商对话制度等；另一方面，要努力促进人民政协与党委、人大、政府以及司法体制之间形成相互配合、协调一致的协商程序和规范，并用法定的形式固定下来。在具体的制度设计中，第一，要解决好哪些协商内容纳入协商程序的问题；第二，解决好政治协商在什么时间环节纳入决策程序的问题，即坚持政治协商"三在前"、"三在先"原则；第三，要解决好决策实施过程的监督方式、监督途径和监督效力的问题。

把政治协商纳入决策程序，还需进一步提升政治协商机构自身的能力。各级人民政协机构自身要够"强"。人民政协自身能力建设,包括解放思想、转变观念的能力,不断学习、丰富知识的能力,联系群众、聚合利益的能力,科学论证、解决问题的能力;善抓落实,推进协商的能力等。人民政协要适应经济社会发展的实际,积极探索发挥作用的新形式、新载体。

推动"把政治协商纳入决策程序"从文件的理念宣示走向制度的具体实践,还应该明确以下几点:

第一,要从国家建设和民主法治进步的高度来认识将政治协商纳入决策程序的重要意义。既要认识到人民政协作为统一战线组织、政治协商重要机构、民主形式的定位,又要把握好共产党领导多党合作和政治协商制度是我国基本政治制度的现实规定,推动人民政协向权力机构、议政机构、监督机构的转变,逐步养成民主、法治的意识与文化,在理论和实践两个方面实现新突破。

第二,要充分发挥人民政协和执政党两个方面的积极性。一方面,人民政协要增强履行政治协商职能的主动性,积极推动与同级党委、政府、人大的协商,逐步克服在政治协商工作中存在的随意性和表面化现象。另一方面,执政党要本着"共存、合作、发展"的基本价值和目标,通过广泛深入的协商和讨论,使党的主张和意愿变成社会的共识。

第三,要始终明确法治是"把政治协商纳入决策程序"得以最终实现的重要保证,法治是"硬约束"。要从《宪法》到建议制定的《中国人民政治协商会议组织法》以及相关法律规范之中,确定性地明确具体协商内容与事项、协商时间与环节、协商要求与惩戒等。只有这样,才能够避免"想到了协商,想不到就不协商;高兴了就协商,不高兴就不协商;领导者有空就参加协商,领导者忙了就不参加协商"的现象;才能尽可能少地听指示，作重要讲话或作指示，尽可能多地对话、讨论和交流，尽可能少地唱赞歌，尽可能多地发现问题、提出对策。

如何在实践中健全协商民主

人民民主是我们党始终高扬的光辉旗帜。作为人民民主重要形式的协商民主，意味着人们在持续地关注民主的真实性，即在多大程度上，公民参与民主过程是真实的、实质的而不是象征的。党的十八大报告首次提出"健全社会主义协商民主制度"，充分体现了我们党思考民主、实践民主、推进民主的智慧、信心和勇气。

协商民主的提出是中国特色社会主义民主政治发展的必然选择，是党和人民清醒的理论自觉不断推进理论创新、实践突破的结果。实践协商民主将使我国政治体制改革更加全面、更加系统。协商民主能够通过对话、讨论等过程使立法和决策更科学、更符合实际；能够通过鼓励积极的参与、表达与倾听培养广大群众对公共利益的关注，养成相互理解、宽容和妥协的民主精神；能够通过协商的程序设计有效制约行政权力的膨胀，防止公权力被滥用；能够通过公开的交流和协商，促进不同文化间的沟通与理解；能够平等、公正地对待社会的分歧与差异，建立社会信任。

在一个强调多元、尊重差异和多样的时代，在一个既有体制面临重重危机和挑战的时代，协商民主开启了人类探索民主理想的新历程。协商民主为人类的民主探索提供了一种新的思考路径。在我国的民主政治实践中，存在着丰富的协商民主形式，如立法听证、政治协商制度、民主恳谈会、居民论坛、乡村论坛或议政会等。但在实践中推动协商民主制度，还需要我们更加明确地把握协商民主的理论内涵、基本价值以及实践基础，需要不断总结经验，积极推动协商民主广泛、多层、制度化发展。

积极推动协商民主实践，首先要准确理解十八大的精神实质。第一，从性质定位上看，协商民主是我国"人民民主的重要形式"；第二，从实现路径上看，要"完善协商民主制度和工作机制，推进协商民主广泛、多层、制度化发展"，依靠制度建设保证协商民主；第三，从制度渠道上看，主要包括四个方面即国家政权机关、政协组织、党派团体、基层民主；第四，着重突出了人民政协的作用。要"充分发挥人民政协作为协商民主重要渠道作用"。只有这样完整理解十八大报告精神，才不会在理论研究和实践探索中偏废任何一个方面。

同时，要准确理解当代中国的协商民主。在当代中国，协商民主可以理解为一种民主治理形式，其中，不同的政治行为者，包括执政党、各民主党派、社会团体、社会各界，以及社会组织和广大人民群众，在进行涉及国家利益、涉及自身利益的各项决策时，能够通过制度化的、规范的平台和渠道，共同参与政治生活，通过平等对话、讨论、协商，在尊重权利和理性的基础上，形成共识，作出符合公共利益的合法决策。其主要特点可以概括为："以权利为基础，以平等为前提，以对话和协商为手段，以达成共识为核心原则，以合法决策、促进公共利益为目标。"

另外，要将实践协商民主放在中国特色社会主义伟大事业的整体格局中去理解。协商民主制度建设不是孤立的，它必然与政治建设、经济建设、文化建设、社会建设以及生态文明建设密切联系在一起。只有这样，我们才能够理解协商民主制度建设为什么能够有助于实现党的领导、依法治国与人民当家作主的有机统一，有助于实现民主监督并推进法治政府、责任政府、服务型政府、透明政府和廉洁政府建设，有助于促进公民有序的政治参与，有助于公民社会的健康发展，有助于在实践中形成健康民主社会所需要的政治文化，形成一种宽容、理解、对话、倾听和理性的民主氛围。

最后，实践协商民主，关键在于制度建设。协商民主的发展，需要完善的制度构造，需要制度作保证。有了制度，有了规则，大家按照规则办事，平等协商才能够实现，协商结果才能够有效。只有这样，才能够避免"想协商就协商，没意愿就不协商"、"有时间就协商，没时间就不协商"的现象。健全协商民主制度建设，构造协商民主制度，不仅仅是为了完善制度文本，更重要的是形成权威性的规则，发展出具体的程序机制，并使制度能够在实践中运转起来。

民主是人类共同追求的价值目标，也是中国共产党人的奋斗目标。在积极推进竞争性民主发展的基础上，深入推进协商民主制度建设，是当代中国民主与法治进程的重要战略选择。

（原载《学习时报》2013年1月14日）

健全协商民主制度，积极推进社会主义民主政治建设

——访中央编译局比较政治与经济研究中心陈家刚

编者按：党的十八大首次明确提出"健全社会主义协商民主制度"，并从国家政权机关、人民政协组织以及基层民主等层面全面规划了协商民主的未来发展。为了完整、准确地理解协商民主，深入探讨协商民主的理论意义和实践价值，以及对于我国社会主义政治文明建设的意义，《理论研究》编辑部特别邀请了国内协商民主理论研究的权威陈家刚博士，就我国社会主义民主政治建设的相关问题，进行了深入的对话。

编辑部（以下简称"编"）：陈博士，您好。您是国内介绍和研究协商民主的专家，感谢您接受我们的访谈。党的十八大报告在政治体制改革章节明确提出"健全社会主义协商民主制度"，这是"协商民主"提法首次出现在党代会报告中吗？在其他的正式场合如人大、政协会议的报告或者文件中，是否出现过？什么时候？

陈家刚（以下简称"陈"）：谢谢您的邀请。很高兴一起讨论协商民主理论。11月8日，党的第十八次全国代表大会明

确提出要"健全社会主义协商民主制度"。这是在党代会报告中首次正式提出"协商民主"的概念。但是,协商民主概念的提出、理论研究的深入和逐步拓展,有一个发展的过程。

最早是学术界关于协商民主的研究,这个最早可以到2003年。当时,俞可平教授发表了《当代西方政治理论的热点问题》的文章,介绍了国外对协商民主的研究,这是首次见诸于文。随后,我们中央编译局的学者开始系统地翻译、介绍和研究国外协商民主理论。我们先后翻译出版了两辑"协商民主译丛"共八本,出版了研究专著,发表了大量研究论文。国内相关的研究机构还多次召开了关于协商民主理论的学术研讨会。

在党和国家的文件或理论表述中,协商民主理论的提出最早是在2006年。当时,我们党在《关于加强人民政协工作的意见》中提出:"人民通过选举、投票行使权利和人民内部各方面在重大决策之前进行充分协商,尽可能就共同性问题取得一致意见,是我国社会主义民主的两种重要形式。"理论界将这一论述概括为"选举民主"和"协商民主"。这是第一次较为正式地提出协商民主的思想。2007年《中国的政党制度》白皮书第一次正式提出了"选举民主和协商民主"的概念。胡锦涛同志2009年"在庆祝中国人民政治协商会议成立60周年大会上的讲话"中再次重申了2006年《意见》中有关两种民主形式的论断,并且强调了坚持通过充分协商增进共识、凝聚力量,对坚持党的领导、人民当家作主、依法治国有机统一,对发展我国社会主义民主政治、充分调动各方面坚持和发展中国特色社会主义的积极性和主动性,具有十分重要的意义。由此,我们可以看出,虽然党的十八大首次提出"协商民主"的概念,但其形成有一个过程,是我们党深入思考社会主义民主政治发展的必然结果。

编：那么，十八大报告提出关于"协商民主"的论断，有什么特殊的背景？您怎样看待报告中关于协商民主的论述？

陈：首先，我们说："理论上的成熟是政治上坚定的基础，理论上的与时俱进是行动上锐意进取的前提。"不断推进理论创新是我们党实现科学执政、民主执政、依法执政的重要品质。在党的报告中明确提出"健全社会主义协商民主"的论断，不是心血来潮，也不是权宜之计，它是党和人民在理论创新、实践探索经验基础上深思熟虑的结果，是我们不断进行理论创新、实践探索的结果，它是一种科学的总结，是社会主义民主政治理论的新发展。我们党最为鲜明的特征和力量源泉就是这种清醒的理论自觉和自信。这种理论自觉和自信体现为对当代中国特色社会主义发展道路的坚定信念，体现为创造性地回答当代人类社会和中国发展过程中的重大问题。正因为如此，我们党才会既在理论上不断实现创新，也在实践中不断实现超越，从而取得了令世人瞩目的成就。协商民主就是在这样的背景下提出来的。

其次，十八大报告有专门的段落来论述协商民主。我看可以从这样几个方面来理解。第一是明确将健全社会主义协商民主制度作为我国政治体制改革的重要任务之一。第二，实现这一重要任务，主要从四个方面去展开。一是国家政权机关；二是政协组织；三是党派团体；四是基层民主。第三，主要路径是通过制度化建设健全协商民主。即："完善协商民主制度和工作机制，推进协商民主广泛、多层、制度化发展。"第四，健全协商民主的主渠道是人民政协，"充分发挥人民政协作为协商民主重要渠道作用"。只有这样完整理解十八大报告精神，才不会在理论研究和实践探索中偏废任何一个方面。

健全协商民主制度，积极推进社会主义民主政治建设

编： 十八大报告提出健全社会主义协商民主制度，在您看来，其理论意义和实践价值体现在什么方面？

陈： 首先，将"健全社会主义协商民主制度"作为一个重要内容写进党的代表大会报告，彰显了中央坚定不移地推进政治体制改革的决心和信心。社会主义协商民主制度的不断健全和完善，必将有助于拓展公民有序政治参与的渠道；有助于党和国家决策的科学化民主化；有助于改进党的领导方式和执政方式；有助于体现我国社会主义民主政治的特色和优势。

其次，我想，提出健全协商民主制度，也是对我国近年来民主政治发展实践的总结和发展。近年来，从党内到党外，从中央到基层，我国的民主政治建设取得了巨大的成就。在尊重人民群众知情权、参与权、表达权，鼓励公民有序政治参与，积极开展协商对话、促进合法决策等领域，许多创新表现出了非常积极的价值。这一论断将协商民主的理论和实践提高到了一个新的高度。

另外，提出协商民主，也是为了适应当前我国经济社会发展实际的需要。随着改革开放的深入，社会结构越来越分化、人们的价值观越来越多元、群众的利益诉求也越来越多样，群众对公共事务的参与热情也越来越高，各种矛盾、冲突也日益显现出来。如何更好地加强制度建设，构造规范的制度渠道，引导公民有序参与政治生活，合理化解社会矛盾与冲突，科学民主作出重大决策，是党和人民面临的共同挑战。采用协商民主的形式，可以有效地应对上述挑战。因为协商民主能够通过对话、讨论等过程使我们的立法和决策更科学、更合法；能够通过鼓励积极的参与、表达与倾听培养广大群众对公共利益的关注，养成相互理解、宽容和妥协的民主精神；能够通过协商的程序设计有效制约行政权力的膨胀，防止公权力被滥用，防

止侵害人民群众利益。

编：在十八大报告政治体制改革部分特别突出地专门提出"协商民主"，是否意味着政治体制改革将出现新的发展和变化？健全协商民主对于政治体制改革的意义体现在什么方面？

陈：关于政治体制改革，我们党有明确的路线图，改革的目标就是"以保证人民当家作主为根本，以增强党和国家活力、调动人民积极性为目标，扩大社会主义民主，建设社会主义法治国家，发展社会主义政治文明"；改革的根本原则是"坚持党的领导、人民当家作主和依法治国有机统一"；改革的核心内容就是"发展党内民主，扩大人民民主，推进基层民主和社会民主，坚持依法治国"；改革的路径就是从"摸着石头过河"到"顶层设计"；改革的方法就是"试验、提升、推广"；检验改革成败的标准，就是能否促进党和国家的长治久安，能否维护广大人民群众的根本利益，能否促进我国经济社会健康发展。我们党有决心、有智慧、有能力推进政治体制改革。这方面不应该存在什么质疑、疑虑或者担忧。

作为政治体制改革的重要任务，"健全社会主义协商民主制度"包括三个方面的具体内容：一是要"完善协商民主制度和工作机制，推进协商民主广泛、多层、制度化发展"，依靠制度建设保证协商民主；二是"通过国家政权机关、政协组织、党派团体等渠道"开展多种形式的广泛的协商；三是"积极开展基层民主协商"。

十八大报告专门提出协商民主，主要是为了使我国政治体制改革的内容更完善、更全面、更系统。我国的改革是社会主义制度的自我完善和发展，既包括经济体制改革，也包括政治体制改革，还有文化体制改革、社会管理体制改革等。而政治体制改革，既要坚持依法治国，坚持完善人民代表大会制度，也要发展协商民主推进政治协商制度改革，还要深化行政管理体制改革，以及继续推进基层民主和社会民主。政治体制改革是我国改革开放伟大事业的重要组成部分，是包括执政党在内的各政党、人民团体、社会各界和广大人民群众所共同肩负的崇高使命。尤其是，在完成这一崇高使命的伟大实践中，"人民政协应该也完全可以发挥更大作用"。

编： "协商民主"是个舶来品，如果从我国的政治制度和国情来看，应该怎样界定"协商民主"？

陈： 民主是人类共同追求的价值目标，也是中国共产党人的奋斗目标。但是，选择什么样的民主制度，走什么样的民主发展道路，则因为各国不同的历史、文化、传统与发展阶段而有着巨大的差异。民主的发展，不管是理论，还是实践，都是不断发展、不断创新、不断完善的过程。从古代的直接民主，到现代的代议制民主，以至近年来的协商民主，充分说明了民主在不断地改变人类的同时也被人类所改变。国外学者提出协商民主，就是为了矫正自由民主的不足，是对自由民主的超越，是基于代议制民主基础之上的对民主的思考和发展，是为了更为真实地、切实地实现民主的本质。

当代中国的政治发展，既要立足国情发展适合自身历史、传统与发展的制度和形式，又要充分吸收人类文明发展的优秀成果，前者尤为重要。协商民主也是如此。对于我国的政治发展来说，协商民主可以理解为"一种民主治理形式，其中，不同的政治行为者，包括执政党、各民主党派、社会团体、社会各界，以及社会组织和广大人民群众，在进行涉及国家利益、涉及自身利益的各项决策时，能够通过制度化的、规范的平台和渠道,共同参与政治生活,通过平等对话、讨论、协商,在尊重权利和理性的基础上,形成共识,做出符合公共利益的合法决策"。其主要特点可以概括为:"以权利为基础,以平等为前提,以对话和协商为手段,以达成共识为核心原则,以合法决策、促进公共利益为目标。"只有这样,我们才能够在理论上更好地完善协商民主,在实践中更切实地推进协商民主。

编:协商民主的制度表现形式有很多,我国的政治协商制度只是其在国家制度层面的一个体现。在您看来,在我国的理论和实践领域中,是否存在偏重政治协商制度而忽视"协商民主"其他制度形式的现象?

陈:我不这样认为。虽然在学术研究过程中,有些学者质疑将国外的学术词汇翻译为"协商民主"会在中国引起误读和误解,但是,从总体上讲,更多的学者,甚至官员,都能够准确地理解并掌握协商民主的内涵,以及协商民主的制度表现形式。在国外的政治实践中,协商民主有各种表现形式,例如市镇会议、参与式预算、焦点小组、协商民调等。协商民主不是一种民主的想象,它有着坚实的实践基础。在我国的政治生活中,同样存在着各种不同形式的协商民主,例如,人民政协的协商民主、基层的民主恳谈会、居民议事会、参与式预算、网络论坛等。

我们知道,人民代表大会制度是我国的根本政治制度,与此相适应的政党制度是中国共产党领导的多党合作和政治协商制度,这是我国的基本政治制度。中国人民政治协商会议是政治协商制度的重要机构,是发展社会主义民主的重要形式。从人民政协这个角度来看,十八大报告中提出"协商民主",一方面是对人民政协在我国革命与建设过程中作出的重大贡献的高度肯定，另一方面意味着将人民政协的地位和作用提高到一个新的高度。人民政协将担负着更加艰巨的任务、更为重大的使命。也就是"必须坚持把人民政协事业作为中国特色社会主义事业的重要组成部分，放在党和国家事业发展全局中部署和推进"。

但是，从另外的角度来看，十八大讲"充分发挥人民政协作为协商民主重要渠道作用"，是"重要渠道"，而不是"唯一渠道"；要"通过国家政权机关、政协组织、党派团体等渠道，就经济社会发展重大问题和涉及群众切身利益的实际问题广泛协商"。还要"积极开展基层民主协商"。这就说明我们党充分认识到协商民主制度形式的多样性。我们可以在深入挖掘政治协商制度的资源和优势、将其作为发展协商民主的主要制度平台的同时，积极在国家政权机关、党派团体、社会组织、基层组织等领域发展协商民主。

编： 您刚才提到协商民主有多种制度表现和实践探索，目前我国的"协商民主"实践现状如何？面临的挑战有哪些？这些实践对于健全协商民主制度有什么样的意义？

陈： 除了人民政协制度这一重要渠道之外，当代中国的协商民主实践还有非常丰富的表现形式，如立法机构决策前的听证制度，基层民主实践中的民主恳谈会、参与式预算，社区论坛和居民议事会等。其中，立法听证最早起源于贵阳市人大常委会的"市民旁听"制度，深圳市人大立法听证的力度也非常大。全国人大还就个税起征点召开过专门的听证。十六大以来，立法听证已经在不同层级的立法机构中得到广泛推行。听证范围涉及城市管理、污染治理和环境保护、社会保障等。

民主恳谈会，主要是浙江省温岭市的创造性实践，目前已经在温岭全面推广，浙江之外的许多省市也曾经来学习借鉴；参与式预算也是借鉴了国外的经验，在温岭新河镇、泽国镇、箬横镇等进行了试验，效果非常好。它主要是在基层人大预算决策前，以民主恳谈会的形式，鼓励民众参与预算讨论，就当地的年度预算形成初步的共识，然后再通过人大会的形式形成最终决定。它很好地实现了民众利益与公共利益的统一。此外，像江苏的无锡、河南的焦作、黑龙江的哈尔滨等地也都在试验参与式预算改革。

社区论坛、居民议事会、"农民议会"等公共论坛，自我国实行村民自治、社区自治之后，非常普遍地在居民的自治组织中开展起来。

虽然这些协商民主实践非常丰富，效果也非常明显，但作为一种创造性的实践，也还存在这样那样的不足。如立法听证，就存在着过于追求形式而忽略了各方意见真实表达的倾向；民主恳谈、参与式预算的实践范围还非常有限，需要在更广泛的领域推广等。

但是，对于健全社会主义协商民主来说，对于推动我国的政治体制改革来说，这些实践具有非常重要的意义。首先，这些民主实践为协商民主的发展和完善提供了鲜活的经验，奠定了坚实的基础，也为进一步完善协商民主提供了方向。其次，国家政权机构的改革和发展是我国政治体制改革的核心，这些领域的制度创新、体制机制改革对于政治体制具有决定性的影响。第三，基层民主是全部民主政治的基础，直接关系到广大人民群众的切身利益和权利，也有利于社会政治的稳定和健康有序发展。基层民主能够锻炼民主技能，养成民主习惯，形成民主意识，从而为全面推进政治体制改革提供良好的文化氛围。第四，民主实践向上发展、向核心推进已经并且仍将遭遇制度上的瓶颈，"下动上不动，越动越被动"。这就需要更高层的改革，需要自上而下的推动力量，需要实现由核心向外围推进民主。国家政权机构、基层民主面临的挑战为高层推动改革提供了思考的方向。

编："在进一步推进竞争性民主的基础上，大力推进协商民主是中国民主政治发展的明智的战略选择。"如何来理解这句话？是指协商民主比选举民主更适合中国国情吗？

陈：2008年，你们《理论研究》编辑部访谈我时，我说过"在进一步推进竞争性民主的基础上，大力推进协商民主是中国民主政治发展的明智的战略选择"。这是我对我国民主政治发展的一个基本判断。我们可以从这样几个方面来理解。一是，竞争性民主是全部民主政治的基础，没有这个基础，民主就不复存在。所谓竞争性民主，就是要通过"选举"这样一种形式，实现权力的授受，是权力的委托过程，是选择领导人的过程。这种形式是我国政治生活的基础，例如党和国家领导人的选举、地方各级领导人的选举、基层政权和自治组织的选举等。在推进竞争性民主的过程中，人民群众创造了许多新的形式，如"海选"、"两票制"、"公推公选"等，这些创造性实践已经上升为党和国家的政策与制度；二是，在选举之外，民主政治的发展，还要解决好民主决策的问题，协商民主就是权力运行过程中的民主形式，它通过鼓励利益相关方参与政治过程，通过偏好表达、利益诉求，同对话、沟通、协商等形式，最终就决策形成共识，这样就能够做出合法决策。而且，决策因为反映了各方利益，在实践中也能够顺利的推进。就我国的民主发展来说，竞争性民主和协商民主是两种主要形式，二者共同存在于我国的民主建设进程之中，相互补充、相互支撑、相辅相成，不能偏废任何一方。

任何国家的民主发展，都有其自身的规律和路径，不能说某种形式会优越于另外一种形式，民主是一个复杂的系统工程。民主既包括价值层面的内容，也包括制度、体制机制和程序方面的内容。我们不能简化民主。从总体上讲，我国的民主政治建设，也将遵循人类政治发展的基本规律，即：从人治走向法治，从专制走向民主，从管制走向服务，从神秘走向透明，从集权走向分权。

编：很多学者，包括您在内，都提到过我国政治发展面临很多严峻的挑战。相对于这些挑战，协商民主会是一个出路和解开难题的钥匙吗？

陈：我曾经说过，随着全球化、信息化、网络化的发展，在世情国情党情发生巨大变化的时期，我国的政治发展面临着巨大挑战，例如，如何在一个具有几千年封建专制政治传统的国度实现现代国家的顺利转型？如何合理界定与协调政党与国家的关系？如何实现限权政府、法治政府、透明政府和服务政府的转型？如何进一步推动社会建设？如何使民主的法律文本在实践中运转起来，变成鲜活的实践？如何学习和借鉴世界政治文明优秀成果？等等。这些挑战将长期存在于我国的民主政治建设过程之中。我们的民主政治建设不仅没有完成，不仅不能停滞，而且还具有相当的紧迫性，还需要实现新的突破。

我们可以说协商民主是应对各种严峻挑战的一种重要民主形式，例如协商民主能够实现科学的、民主的、合法的决策，能够规范广大群众有序的政治参与、利益表达和诉求，能够限制行政机构裁量权的无限膨胀，能够培养起群众的公民意识、公共意识等。但是，有效化解当代中国民主发展面临的挑战还需要其他各方面改革的配合，例如十八大报告所指出的，完善人民代表大会制度、完善基层民主制度、全面推进依法治国、深化行政体制改革、建立健全权力运行制约和监督体系等。其中，"加强对政府全口径预算决算的审查和监督"、"在人大设立代表联络机构，完善代表联系群众制度"，以及"深化行政审批制度改革，继续简政放权"，"更加注重发挥法治在国家治理和社会管理中的重要作用"等，都是切实可行而且具有深远影响的具体措施。

编：中国特色的协商民主政治应该是个什么样的？与国外协商民主的区别在哪里？

陈：无须讳言，当代西方协商民主理论与实践的发展，为我们推进中国特色社会主义协商民主提供了借鉴和参考。但是，二者还是存在着许多的差别。首先，国外的协商民主是20世纪后期在自由民主基础上兴起的一种新的民主理论范式和政治实践；我国的协商民主是在我国革命和建设实践中，在改革开放的伟大历史进程中形成的一种民主形式。其次，国外的协商民主更多强调政治生活参与者的主体平等性；在我国的协商民主实践中，政治过程的参与者，例如执政党与各民主党派、社会团体和界别代表等地位和作用是不一样的。第三，国外的协商民主着重于参与主体平等地利用理性，通过对话、反思、偏好转换、妥协并达成共识；由于地位的不平等，我国的协商民主更多是听取意见和建议，咨询的成分比较大。利益相关各方平等表达诉求、真实实现利益关切还有很大提升空间。第四，国外的协商民主建立在代议民主基础之上，强调一种广泛参与的民主，协商民主的制度形式具有多样性；我国的协商民主，在不同的层面表现出不同的参与广度和深度，真正实现广泛参与还要走很长的路。

同时，我们也要承认我国的协商民主与国外的协商民主之间，也存在着一定程度的亲和性。例如，二者都承认多元的社会现实，都以公共利益为最高诉求；二者都承认政治决策的利益相关者具有平等参与政治决策的权利；二者都承认参与过程是一种讨论、妥协的过程，强调共识对于决策的意义；二者都注重强化对政治权力的监督和制约。

我们不能在西方和中国协商民主的比较中，主管臆断哪个更优越、更有利，但我们可以说中国的协商民主是适合我国国情的一种民主形式。我们不会照搬西方的民主制度，就像西方不会照搬我们的政治制度一样。我国的协商民主可以描述为，在坚持宪法和法律至上、坚持中国共产党领导的政治框架下，通过制度建设，更积极、更广泛地推动各政党、社会团体、社会组织、广大人民群众，在利益表达、理性反思、协商对话的过程中，以公共利益为诉求，在达成共识的基础上，实现合法决策，实现民主治理。这一民主形式，在国家层面，可以充分利用作为基本政治制度的多党合作和政治协商制度，可以充分发挥立法机构决策前的协商讨论；在地方和基层，可以通过不同形式的制度平台，扩大公民参与、鼓励协商对话；在民主意识和文化养成方面，可以通过持续的参与实践，形成理性、宽容、妥协、共识的政治文化。

编：协商民主与党内民主、人民民主、基层民主、社会民主的关系是什么？

陈：党的十六大报告指出，"党内民主是党的生命"；党的十七大报告指出，"人民民主是社会主义的生命"。民主对于中国的建设与发展具有至关重要的意义。党内民主，其基础是保障党员民主权利,重点是完善党的代表大会制度和党的委员会制度,发展路径是改革体制机制;人民民主就是在坚持党的领导、人民当家作主、依法治国有机统一的前提下,坚持和完善人民代表大会制度、中国共产党领导的多党合作和政治协商制度、民族区域自治制度以及基层群众自治制度,不断推进社会主义政治制度自我完善和发展。

就我国的社会主义民主政治建设而言,党内民主是根本保证,人民民主是主体内容,基层民主是实践基础,社会民主是环境与氛围。具体到协商民主,会涉及上述几种民主形式,例如,在政党层面,协商民主包括有执政党与各民主党派的协商、执政党在人民政协的协商;在立法机构层面,协商民主实践体现在重大决策前的协商和共识;在基层层面,有着广泛的协商民主形式;在社会领域,着力于通过操练民主,形成民主发展所需要的观念、文化与意识。

编: 协商民主如何在过程中保证协商的平等?如何在结果上保证民主得到体现?对于中国来说,推进协商民主需要哪些制度设计?在当前中国普遍缺乏监督或监督弱化的情况下,协商民主的可操作性是否面临挑战?

陈: 这个问题是推进协商民主的关键。协商民主的发展,需要完善的制度构造,需要制度作保证。有了制度,有了规则,大家按照规则办事,协商平等才能够实现,协商结果才能够有效。否则,就是空谈。协商民主的制度建设,在实践中已经有了创造性的发展,例如广东省2011年颁发的《中共广东省委政治协商规程》,各地人大出台的《立法听证办法》或者《立法听证规则》、《参与式预算实施办法》,以及温岭市2002年出台的《关于民主恳谈制度的若干规定》等。这些制度措施,对于规范、发展协商民主具有积极的意义。但是,也还存在一些制度不足和挑战,例如协商民主制度体系的构造还不完善,协商意识不够,还存在着"想协商就协商,没意愿就不协商"、"有时间就协商,没时间就不协商"的现象。健全协商民主制度建设,将是我们下一步要努力的方向。构造协商民主制度,不仅仅是为了完善制度文本,更重要的是总结既有的协商实践经验,形成权威性的规则,发展出具体的程序机制,并使制度能够在实践中运转起来,发挥作用。

编:十八大报告提出,"要充分发挥人民政协作为协商民主重要渠道作用",特别突出了人民政协的作用,您觉得人民政协有怎样的优势,在推动协商民主发展方面还应该着力加强哪些方面的建设?

陈:十八大在规划我国的协商民主制度建设时,确实将人民政协的作用较为突出地表达了出来。这说明,人民政协在这方面具有天然的优势和条件。人民政协作为爱国统一战线组织,政治协商的重要机构,发扬社会主义民主的重要形式,联系广泛、代表性强、包容性强,在推进协商民主发展方面,具有坚实的政治基础。另外,人民政协有《中国人民政治协商会议章程》以及各项"规定"、"条例"、"通则"、"办法"为核心要件的完备的制度体系,能够在反映社情民意、开展协商对话、参与政治决策、加强权力监督方面发挥积极的作用,人民政协的人才和智力优势也能够为推动协商民主提供支持。

但人民政协也还面临着很多挑战,例如"想协商就协商,没意愿就不协商"的现象,"不越位"、"少争权"的顾虑,"提案回娘家"的制度悖论等。所以,我想,要真正落实十八大精神,切实推进协商民主的发展,人民政协自身还需要加强建设。这里我有几点想法，可以供你们参考。

首先还是要解放思想、转变观念，改革和完善执政党的领导制度，推进执政党党内民主建设，以党内民主的示范效应带动党际民主的发展，这一点不光是对政协说的，而是从总体上讲的。第二要坚持依法治国，在国家的法律层面形成权威性的制度规范，为人民政协发挥作用提供更加坚实的法律保障。第三是积极推进制度建设，提高制度化、规范化和程序化水平，例如制定《政治协商规程》等可操作性的程序设计。第四是不断加强人民政协的能力建设，努力提高实践协商民主的意识和能力。第五还要学会积极利用现代科技手段，深入推动人民政协工作上新台阶。

编：贾庆林主席在参加北京代表团讨论时指出，要深入研究和推进选举民主与协商民主的协调配合，使两种民主形式更好地优势互补、形成合力。您认为选举民主和协商民主的关系是怎样的？在当前中国，如何实现协调发展？

陈：2006年《中共中央关于加强人民政协工作的意见》明确提出社会主义民主的两种形式，将选举民主和协商民主有机结合起来恰恰是我国社会主义民主政治的重要特点与优势。选举民主和协商民主是民主政治过程中相辅相成、不可或缺的组成部分。选举民主是人民主权原则的体现，是解决权力授受关系的、是广大人民群众行使自己的权利选择领导人的一种形式。选举民主是民主政治的基石。协商民主是权力运行过程中的民主形式，是为了实现合法决策的目的。协商民主能够使民主更有效、更真实。选举民主保证了其产生的领导者能够广泛听取意见和建议，通过不同形式的协商制度形式，达成决策共识。如果没有选举这一周期性制约要素的存在，协商就有可能被操控、被利用；而如果没有协商，决策就会变成少数人的决定，公共利益就受到侵害和影响。同时，经过协商之后形成的共识，还需要通过票决制最终完成立法和决策，才能够付诸实施。推进协商民主，不是要简单地排斥选举民主，而是要将二者有机统一起来。

当前中国特色社会主义民主政治的发展，首先要大力推进竞争性的选举民主，同时要积极推进诉诸共识的协商民主。一方面，要坚持发展党内民主制度，继续完善人民代表大会制度和基层民主制度，在这方面坚持不懈地推进选举民主，真实地、有效地落实人民主权原则。同时在党政领导人产生过程中，开展广泛的协商，形成共识。另一方面，深入推进协商民主实践，在党和国家重大决策之前和决策执行过程中，开展充分协商，形成共识，例如"把政治协商纳入决策程序，就重大问题在决策前和决策执行中进行协商"。同时，利用票决的形式完成立法和决策。选举民主和协商民主实践体现在党和国家各个层面、各个领域。二者不是非此即彼的关系，不是零和博弈。选举民主、协商民主能够相互支撑、相互配合，共同促进我国的民主政治建设。

（原载《理论研究》2012 年第 4 期）

存量民主

存量民主：政治体制改革新路径

1978年，党的十一届三中全会以政治体制改革的形式开启了我国整体性社会变革的历程。与经济体制改革取得的显著成就并更多地吸引世人眼球的效应相比，围绕政治体制改革的目标、方向、路径和成就，国内外则明显存在许多误解，甚至批评和质疑。事实上，我国的政治体制改革有明确的路线图。遵循渐进改革，或增量改革的路径，围绕建设高度发达的社会主义民主和法治的目标与方向，我国的政治体制在诸如人权、法治观念变革，竞争性民主发展，党内民主的完善，协商民主的提出，行政审批制度改革和社会管理体制改革等领域取得了相当的成就。相对于当代中国经济社会发展面临的复杂性来说，政治体制改革的这些成就已经是非常巨大的进步了。

但是，在改革进入深水区和攻坚期之后，人们关于政治体制改革如何与经济体制改革相适应、"改革碎片化"与"顶层设计"、"改革共识"、"民主"与"法治"等一系列问题的争论，以及当前经济社会发展过程中出现的诸多严峻挑战，再次提醒我们：进一步推进政治体制改革的发展，必然要求我们在既有改革路径基础之上，选择一种新的发展路径，即实行存量民主改革。只有这样，才能够消除分歧，应对各种危险和挑战，积极促进社会主义民主和法治建设，实现中华民族伟大复兴的"中国梦"。

何谓"存量民主"？

所谓存量民主，是指围绕建设高度发达的社会主义民主和法治这一首要目标，在由"人民共和国"这一国体性质规定的一整套宪法法律制度基础上，充分利用既有制度优势，通过具体的体制机制和程序设计，将"沉淀的"、"文本的"制度规范用好，使制度的民主走向实践，使民主在实践中运转起来，集中力量解决政治体制改革的重点领域和关键环节，切实地维护人民群众的权利与利益，实现公平正义和社会和谐。

存量民主中的"存量"主要由三个方面的内容构成：一是自近代以来中华民族在追求民族独立、国家富强、人民幸福的过程逐步形成的民主政治观念和文化；二是自推翻统治中国几千年的传统政治体制之后经过逐步探索和多次反复而最终建立起来民主共和政治制度；三是基于自由、民主、平等、法治等价值观念和民主共和政治制度的长期民主实践所形成的成就和经验。建国以来，尤其是改革开放30多年来，当代中国民主法治建设积累了可观的存量，如基本民主制度的确立，包括人民代表大会制度、多党合作和政治协商制度、民族区域自治制度、基层民主制度等；民主政治实践的成就，包括基层选举、居民自治、依法治国、权力监督、政府决策、政务公开、公共服务等；最后是以自由、平等、公正、人权、法治等为核心理念的新型民主政治文化。

存量民主特别强调以下几个方面：第一，民主政治的发展尤其需要尊重既有的制度与结构。自近代以来中华民族追求的自由民主至新中国成立后建立起来的民主政治制度，是一切改革的最为基础的存量和出发点，任何改革不应该也不能脱离这个基础。第二，民主政治发展要在实质民主的基础上，积极推进程序民主建设，形成一系列保证公民实现自由平等和其他权利的机制与程序。宪法和法律的制度文本非常重要，但激活和运转这些文本内容的实际程序和机制更重要，民主要在实践中运转起来。第三，民主政治发展需要将"摸着石头过河"与"顶层设计"结合起来。政治体制改革既要注重地方改革创新的能动性，又需注重中央改革规划的指导性。地方改革空间的扩大和改革自主性的增强，将会为整体性的改革提供坚实的经验支撑。第四，价值观的力量是真正的软实力，民主政治制度生命力的核心即在于自由平等民主法治等价值观与民主政治文化的传承。

因此，在某种意义上，存量民主并不是一种政治制度的结构，而是发展和完善民主政治的一种模式。存量民主是相对于渐进民主和增量民主而言的。从改革侧重点来看，渐进民主是一种强调过程维度的改革路径，注重改革进程的循序渐进；增量民主则着眼于民主的结果，强调社会政治利益总量的增加。存量民主虽然也强调过程和结果，但更强调制度与结构，以及制度与结构的实践性。从改革方式上讲，存量民主路径，并不排斥渐进民主和增量民主，存量民主也必须与增量民主相结合，才能够更好地发挥作用。从改革逻辑上讲，因为强调既有的制度"存量"，存量民主明确地提出了推进中国民主进程的重点步骤与合理路径，即强调党内民主和人民民主，推进协商民主和基层民主。推动民主发展，实现从制度到程序、从核心到外延、从中央到基层、从竞争到协商的发展路径。根据存量民主的逻辑，我国的政治体制改革，要在既有制度和秩序的基础上，实现人民和社会利益的最大化。

存量民主何以可能？

与经济体制改革相适应，深入推进政治体制改革，这一点恐怕没有人会提出质疑。但是，通过什么样的路径，怎样推进民主政治建设，也许还存在着很多分歧，这也体现在近年来关于民主法治等一系列问题的讨论上。而当我们思考选择存量民主是否可以作为我国民主政治建设的恰当路径时，历史与现实已经为此准备了充分的支撑。

首先，马克思主义是无产阶级政党思想和行动的指南，马克思主义关于民主的理论思考和实践探索，为存量民主的发展奠定了坚实的思想基础，提供了恰当的观念形态。马克思主义认为，民主是"人民的自我规定"，权力最终掌握在人民手中；民主政治是一切国家形式的最终归宿，是国家的最终形式；无产阶级上升为统治阶级，第一步就是要"争得民主"；而只有在真正的民主政治中，国家才会走向消亡，人类才能获得彻底的解放。巴黎公社"给共和国奠定了真正民主制度的基础"，代表制、普选制、社会自治、政治参与、权力监督、廉洁政府和廉价政府等是无产阶级民主的基本形式。马克思主义经典作家指出，没有民主，就没有社会主义；在无产阶级政党的组织内部，应该"尽可能真正实行选举原则"，坚持少数服从多数的原则，同时要保障少数的权利；党内必须有"充分的普遍的批评自由"，等等。推动存量民主，是用马克思主义民主理论指导社会主义建设的必然要求。

其次,在民族危亡的紧要关头成立的中国共产党,面对复杂的国际国内形势,在坚持武装斗争的同时,始终坚持自由、平等、民主的价值追求,用民主理想开启民智;始终着力于制度设计,依靠程序保障民权。党的领袖以及整个党都明确地认识到,"中国人民是了解民主和需要民主的,并不需要什么长期体验、教育或'训政'。中国农民不是傻瓜,他们是聪明的,像别人一样关心自己的权力和利益。"毛泽东则直白地告诉民主人士,共产党人找到了跳出"历史周期律"的新路,"这条新路,就是民主。只有让人民来监督政府,政府才不敢松懈。只有人人起来负责,才不会人亡政息。"三湾改编将军队置于党的领导之下,同时也开始军队民主化的实践;"三三制"的试验,初步收获了建立民主政府的成果;老百姓用投豆子的方式选举领导人,打破了关于人民民主能力的怀疑。革命历史进程中的理论自觉和实践创造,为存量民主的发展积累了丰富的经验。

再次,人民共和国的建立,极大地激发了广大人民群众的创造热情。他们以忘我的精神、非凡的智慧,逐步发展起社会主义民主政治的重要支柱,即人民代表大会制度、多党合作与政治协商制度、民族区域自治制度和基层民主制度,社会主义民主政治制度基本确立。改革开放时期,我国的民主政治建设也在积极稳妥推进。党明确提出没有民主就没有社会主义,就没有社会主义现代化。人民民主是社会主义的生命,党内民主是党的生命。人民群众通过不断探索、不断总结,在实践中创造出两票制、公推公选、民主恳谈、协商对话、预算监督等民主机制,社会主义民主政治逐渐走向成熟和完善。社会主义民主政治体制的规范化、制度化和程序化建设客观上要求积极推动存量民主。

最后，与经济改革相适应，民主政治发展的增量改革面临的挑战迫切需要推动存量改革。增量改革的基本特征是：坚持在"存量"基础上实行"增量改革"或者"渐进改革"，遵循"从基层到高层、从外围到核心、从简单到复杂"的发展路径。但是，这种路径的局限是，当改革触及核心和"灵魂"时，就会遭遇严峻的挑战。例如，一些实际效果很好并深受人民群众欢迎的改革创新举措，迟迟得不到及时推广；"下改上不改，最后改回来"，基层创新的成功实践向上延伸遭遇体制瓶颈；一些富有创新精神的地方基层干部，也因为其改革创新的探索受到了不公正待遇；鼓励地方和基层改革创新的政策制度和措施远远落后于社会的实际需求；腐败现象蔓延、政府公信力下降、贫富差距扩大、社会冲突与对立、生态环境恶化等问题，越来越多困扰着民主政治建设。"按住葫芦起来瓢"、"顾头顾不了脚"，"政绩合法性"面临着严峻挑战。因此，"深化重要领域改革，攻克体制机制上的顽瘴痼疾，突破利益固化的藩篱"，迫切需要我们激活存量体制，积极推动存量改革。

如何推进存量民主？

存量民主的关键，在于充分发挥既有政治制度的优势，并通过程序设计激活以文本形式存在的民主制度。

积极推进存量民主，首先要进一步解放思想。没有思想的解放和观念的转变，就不可能有扭转中国历史进程的改革开放大业。社会政治进步的过程，就是新的思想观念不断战胜和超越落后的思想观念的过程，就是不断学习和借鉴其他国家先进治理经验的过程。改革和完善存量体制，往往会触动既有的利益格局和守旧力量，为其抵制和反对，这就需要有新思想新观念，需要有"敢为天下先"的勇气，为百姓谋利、为党和国家尽职的责任；需要"继续抱着谦虚的态度，学习借鉴其他国家的先进理念和发展经验"。激活存量，应该与时俱进，不能"身子"到了21世纪，"脑袋"还停在20世纪。

其次，积极推进存量民主，要充分认识到，中华民族近百年来孜孜追求而建立起来的民主政治体制架构，为完善和发展社会主义民主政治体制，奠定了最为坚实的政治基础。这种以宪法法律为基础的政治体制架构，是社会主义民主法治建设最为根本的存量和现实基础，是我国政治体制改革的合法性基础。既有的政治体制架构为改革创新准备了最为坚实的支撑。一切改革和发展，都应该以此为基础，并且不能违背现行宪法和法律框架。由此，必须消除一切对我国国体和政体等政治制度民主特性的质疑，这也是推进政治体制改革的底线共识。

第三，积极推进存量民主，必须重视"存量"之外的增量改革。改革开放以后根据增量路径创造出来的增量体制，一方面适应了经济社会发展所带来的新变化，满足了人民群众日益增长的利益诉求；另一方面也有效地推动了存量体制的发展与变化。增量改革是当代中国改革开放最初阶段的现实选择，对于政治体制改革发挥了积极的作用。因此，在推动存量民主改革时，并不是要完全排斥增量，而仍然要继续推动增量改革，以"增量"的成果倒逼存量，实现自上而下，从核心到外围的发展路径，从而实现体制的整体变革。

第四，积极推动存量民主要善于使"存量"从文本走向实践，赋予存量制度活力和可操作性，使民主运转起来。制度的基本价值在于实践，缺乏实践运作的制度是"沉睡的"制度、

"沉淀的"制度。我国的宪法和法律文本中建构了最为完善的公民权利保护规定；明确了最为清晰的政府权力边界；形成了比较合理的立法、行政、司法相互支持、相互制约的政治体制。然而，在实践中，宪政精神并未得到深入贯彻，公民权利并未得到充分保护，政府权力并未得到有效约束。存量民主改革就是要在实践中落实法律文本，激活制度文本。

第五，推动存量民主，要找准切入点，注重细节设计，激活"沉睡的"制度。推进存量改革，就需要针对新的挑战，新的问题，提出新的思路和办法。例如，如何激活宪法关于"地方各级人民政府每届任期同本级人民代表大会每届任期相同"的规定，从而避免"十年换了七任市长"等现象？"宪法的生命在于实施，宪法的权威也在于实施。"由此，宪法才能获得人民"发自内心的拥护"、"出自真诚的信仰"。宪法作为国家和社会治理的最高权威，党章作为党内民主发展的最高权威，都必须在实践中得到严格的维护。

我国政治体制改革的目标是发扬民主、推进法治，即建设高度发达的社会主义民主和法治。推进存量民主，其最终目的就是使既有的体制制度在现实中发挥其应有的作用，积极维护人民群众的经济社会政治权利，促进公共利益，进一步彰显既有制度的民主价值、法治价值和文化价值。只有推进存量民主，激活存量体制，才不会有"腿锯了才得到更好的服务"、"鞋子没进水脑子进水了"、"跑6次才办好护照"等现象，从而使人民群众感受到存量体制本身的合法性、民主性、公正性，提升政府的公信力；才有利于通过具体的设计，建构系统完善的体制机制和程序，为公民有序政治参与提供规范性渠道，促进利益表达，化解社会冲突，推动政府改革；才有利于在全球治理过程中，主动设置议题、开展平等对话、维护合法权益，不断提升文化软实力。

全面推进改革，深化重点领域的改革，实现社会公平正义，迫切需要以高超的政治智慧、巨大的政治勇气、非凡的政治魄力，积极推动存量民主的发展，使"沉睡的"制度构造"苏醒"过来，在实践中运转起来。只有这样，才能够建构起人们对国家、对党、对民族的高度认同，才能够真正做到"道路自信、理论自信和制度自信"，才能够清醒地看到我们面临的严峻挑战，并努力通过政治体制改革激发体制优势，最终实现中华民族的伟大复兴。

政府创新要善于激活"存量体制"

政府创新,就是政府管理体制适应新的时代和条件而进行的创造性的变革,是我国整体性社会进步的重要组成部分。党的十一届三中全会以政治体制改革的方式启动了改革开放的历史进程,社会主义市场经济建设带来的社会结构深刻变动、利益格局深刻调整、思想观念深刻变化,反过来要求政府管理体制改革向纵深发展。新一届中央领导明确提出推进政府创新和建设创新型国家的方向,要求我们必须不断推动政府创新,不断提高民主治理水平。

改革开放以后,我国各级党政机构遵循政治现代化的内在逻辑,围绕民主、法治、公平、责任、透明、廉洁、高效、和谐等目标,不断从管制走向服务、从全能走向限权、从人治走向法治、从集权走向分权、从神秘走向透明,政府创新取得了相当大的成就。例如"公推公选"凸显党内民主;"政务大厅"改善公共服务;"效能建设"提升政府效率;"信息公开"助推透明政府;"减少审批"促进简政放权;"阳光救助"彰显公平正义;"开放式决策"回应民众诉求;"民主恳谈"扩大公众参与;"管理创新"激发社会活力,等等。作为政治体制改革的重要组成部分,政府创新有力地推动了民主法治进程。

然而,随着世情国情党情的新变化,随着改革开放进入关键期和深水区,政府创新也面临着越来越多的挑战和困境。例如,因为缺乏战略视野和整体规划,改革变成了"左一个政策、右一个规定,上一个发现、下一个创新",改革逐渐"碎片化";一些实际效果很好、完全符合科学发展观并且深受人民群众欢迎的改革创新举措,迟迟没有上升为国家制度,从而得不到及时的推广;基层创新的成功实践向上延伸遭遇体制瓶颈,结果导致"下动上不动,越动越被动"、"下改上不改,最后改回来"的尴尬局面;一些富有创新精神的地方基层干部,也因为其改革创新的探索受到了不公正待遇;鼓励地方和基层改革创新的政策制度和措施远远落后于社会的实际需求;腐败现象蔓延、政府公信力下降、贫富差距扩大、社会冲突与对立、生态环境恶化等问题,越来越困扰着政府创新的实践。"按住葫芦起来瓢"、"顾头顾不了脚","政绩合法性"面临着严峻挑战。政府改革与创新的主观能动性和自主创新精神受到挫伤,政府改革创新的动力逐步弱化,政府创新的可持续性面临严峻挑战。

究其原因,中国的经济改革实行的是一种增量改革或渐进改革的路径。与经济改革相适应,政府创新改革走的也是一条增量改革之路。其基本特征是:坚持在"存量"基础上实行增量改革或者渐进改革,遵循"从基层到高层、从外围到核心、从简单到复杂"的发展路径。因此,当改革创新触及核心和"灵魂"时,"存量体制"的发展惯性就形成了阻碍进一步改革创新的体制性因素。在不触及庞大的"存量体制"的前提下,政府创新的步伐就会变得越来越沉重。进一步推动政府创新的可持续发展,"深化重要领域改革,攻克体制机制上的顽瘴痼疾,突破利益固化的藩篱",就需要在增量改革的基础上,有勇气、有智慧激活"存量体制",积极推动"存量改革"。

政府创新领域的"存量"是指已经形成的民主政治观念文化、制度结构以及民主实践的成就和经验。当代中国民主法治建设积累了可观的存量,如基本民主制度的确立,包括人民代表大会制度、多党合作和政治协商制度、民族区域自治制度、基层民主制度;民主政治实践的成就,包括基层选举、居民自治、依法治国、权力监督、政府决策、政务公开、公共服务等;最后是以自由、平等、公正、人权、法治等为核心理念的新型民主政治文化。推动"存量改革"就是要在既有宪政框架内,通过具体的体制机制和程序设计,把闲置的、沉睡的"存量体制"用好,集中力量解决体制改革的重点领域和关键环节,使民主在实践中运转起来,使制度文本的民主法治走向现实生活,切实地维护人民群众的权利与利益,实现公平正义和社会和谐。

推进"存量改革",首先要充分认识到,中华民族近百年来孜孜追求而建立起来的民主政治体制架构,是进一步完善和发展社会主义民主政治体制的最为坚实的政治基础。这种以宪法法律为基础的政治体制架构,是当前民主法治建设最为根本的存量和现实基础,存量体制是我国政治体制改革的合法性基础。既有的政治体制架构为改革创新准备了最为坚实的支撑。一切改革和发展,都应该以此为基础,并且不能违背现行宪法和法律框架。

其次,推动"存量改革"要明确改革创新的目标就是发扬民主,推进法治,即建设高度民主和高度法治的社会主义政治文明。政府创新的最终目的就是使既有体制在现实中发挥其应有的作用,积极维护人民群众的经济社会政治权利,促进公共利益,进一步彰显既有制度的民主价值、法治价值和文化价值。通过激活存量,使人民群众感受到"存量体制"本身的合法性、民主性、公正性,提升政府的公信力。

第三,积极推动"存量改革"要善于使"存量体制"从文本走向实践,赋予存量制度活力和可操作性,使民主运转起来。制度的基本价值在于实践,缺乏实践运作的制度是"沉睡的"制度。我国的宪法法律制度框架,为政府创新提供了巨大的实践空间。例如,在宪法和法律文本中建构了最为完善的公民权利保护规定;明确了最为清晰的政府权力边界;形成了比较合理的立法、行政、司法相互支持、相互制约的政治体制。然而,在实践中,宪政精神并未得到深入贯彻,公民权利并未得到充分保护,政府权力并未得到有效约束,等等。存量改革就是要在实践中落实法律文本、激活制度文本。

第四,积极推进"存量改革",必须重视"存量体制"之外的增量改革。改革开放以后根据增量路径创造出来的增量体制,一方面适应了经济社会发展所带来的新变化,满足了人民群众日益增长的利益诉求;另一方面也有效地推动了"存量体制"的完善与发展。增量改革是当代中国改革开放最初阶段的现实选择,并且有效地改善了政府管理体制。因此,在改革触及"存量体制"的同时,仍然要继续推动增量改革,以"增量"的成果倒逼存量,从而实现体制的整体变革。

第五,推进"存量改革"必须清醒地认识到现代科技的新发展以及由此带来的新变化。当前的时代是全球化、市场化、信息化、网络化的时代。用"老办法、硬办法、土办法"显然已经无法适应时代的要求,更不能:"身子"已经到了21世纪,"脑袋"和思维还停留在20世纪。与老百姓"吃在一个锅里",而不是"带着方便面"下乡,更有利于推进政府创新。

政府创新,或者说政府管理体制改革,是我国政治体制改革的重要组成部分。渐进改革,或者增量改革在改革开放关键期已经面临着越来越严峻的挑战。全面推进改革,深化重点领域的改革,实现社会公平正义,迫切需要以高超的政治智慧、巨大的政治勇气、非凡的政治魄力,有效触及"存量体制",使"沉睡的"民主法治制度构造"苏醒"过来,在实践中运转起来。只有这样,才能够对国家、对党、对民族充满信心,才能够真正做到"道路自信、理论自信和制度自信",才能够清醒看到我们面临的严峻挑战,并努力通过改革"存量体制"激发体制优势,才能够最终实现中华民族的伟大复兴。

(原载《学习时报》2013年9月2日)

在学习和实践中推进党内民主

2009年6月29日，胡锦涛同志在中央政治局第十四次集体学习时明确指出，推进党内民主建设是全面推进党的建设新的伟大工程的战略任务，全党必须"在实践民主中学习民主、在学习民主中实践民主"。党的十七届四中全会再次要求全体党员领导干部，要努力掌握和运用一切科学的新思想、新知识、新经验，把建设马克思主义学习型政党作为重大而紧迫的战略任务抓紧抓好。因此，在学习和实践中推进党内民主建设，领导人民开创中国特色社会主义伟大事业的新局面，已经成为新形势下党的建设的战略任务，执政党必须更全面、更系统地学习民主，更广泛、更深入地实践民主。

推进党内民主，必须以严肃认真的态度，系统地学习马克思主义民主理论。马克思主义是无产阶级政党的思想和行动指南，马克思主义不仅仅是革命的理论，也是建设的理论。马克思主义认为，民主是"人民的自我规定"，权力的最终来源掌握在人民手中；民主政治是一切国家形式的最终归宿，是国家的最终形式；无产阶级上升为统治阶级，第一步就是要"争得民主"；只有在真正的民主政治中，国家才会走向消亡，人类才能获得彻底的解放；巴黎公社"给共和国奠定了真正民主制度的基础"，代表制、普选制、社会自治、政治参与、权力监督、廉洁政府和廉价政府等确立了无产阶级民主的基本制度形式；没有民主，就没有社会主义；在无产阶级政党的组织内部，"尽可能真正实行选举原则"，坚持少数服从多数的原则，同时要保障少数的权利；党内必须有"充分的普遍的批评自由"；严格党内权力监督，等等。准确理解马克思主义关于民主的论述，对于我们推动党内民主建设有着极为现实的指导意义。

推进党内民主，必须具有宽广开放的视野，客观地学习借鉴其他国家在民主政治建设过程创造的优秀文明成果。民主的历史发展是多样性的，各国实践民主的模式也是千差万别的。不同国家、不同民族，都是根据自身的历史文化传统和具体国情选择自己的民主发展模式。但是，民主的价值是普世的，民主的基本原则、制度设计、运作机制，如民主对自由和平等的崇尚，民主对公民权利的保障，民主对权力制约的要求等，则是可以相互启发、相互学习、相互借鉴的。我国是一个具有长期深厚封建历史积淀的国家，缺乏民主传统和民主文化。执政党要以"民主新路"跳出"其兴也勃焉，其亡也忽焉"的"历史周期律"，必须以开放的、包容的姿态，有选择、有重点、有步骤地学习借鉴世界各国民主政治建设的优秀文明成果。学习借鉴必须从口头上、文字中走向实际、走向具体，否则就变成了一句空话。

推进党内民主，必须以我们当前正在做的事情为出发点，及时地、全面地学习那些在改革过程中创造并经过总结提炼的民主经验。30多年的改革开放，我国地方各级党委政府在党内民主建设的实践中创造了许多新鲜的、充满活力的经验。例如，公推直选基层党组织领导班子、党代表常任制、全委会常委会决策机制、党务公开，等等。基层党内民主的创造性实践，凝聚着基层广大党员干部实践民主的智慧和心血、责任和远见。总结、提升和推广这些创新，将其制度化，不断地在已有的经验基础上学习创新，并努力在不同地区和不同政府层级之间创造一种相互学习、相互借鉴、相互促进的风气，将会使党内民主建设向更深层次发展。

学习不是目的，实践才是落脚点。推进党内民主，只有付诸实践，才能够焕发出真正的活力。实践民主，必须要破除民主建设过程中出现的各种错误论调，实现整体联动，在法治框架下推进制度建设和机制创新，鼓励全体党员干部积极参与民主过程，锻炼民主技能，养成民主习惯，以制度化建设保证党内民主的生命力和可持续性。

实践党内民主，首先必须破除民主条件论和民主恐惧论，毫不迟疑地、脚踏实地地推进党内民主的实践。在民主的实践中，总有许多担心和反对的声音，一是认为民主实践的各种条件不具备，匆忙施行会导致挫折；二则视民主为"洪水猛兽"，会导致混乱、引发动荡。民主的成熟和完善，确实需要各种条件，如经济发展、制度构造、文化水平等。但是，民主从来都不是各种条件完备的结果，民主的条件从来都不是等来的，民主的条件是在民主的实践中创造的。民主条件论的实质，是以条件为借口而将民主的实践推向遥遥无期。恐惧民主的实质，或是担心自己的特权和特殊利益在民主中丧失，或是因为对民主不了解而想当然地认为民主会带来混乱和无序。毫不讳言，民主是要制约权力、限制特权、保障民权，这是民主的真谛，也是民主的价值所在。同时，民主是减压机制、释放机制，只有民主，才能够规范社会秩序，创造持久的社会和谐与稳定。

实践党内民主，必须实现党内民主、人民民主和社会民主的整体联动，必须在尊重宪法和法律的前提下，规范制度建设、机制创新和程序设计。在我国社会主义民主政治建设过程中，党内民主是核心，人民民主是主体工程，而社会民主则是基础。没有党内民主，民主政治建设就会失去指导和方向；没有人民民主，民主政治建设就会失去灵魂和制度规范；没有社会民主，民主政治建设就会失去动力和基础。实现党内民主带动人民民主，必须注意整体联动，不可单兵突进，不计其余。同时，民主与法治是相辅相成的，实践党内民主，必须在宪法和法律的框架下，以制度化建设保证党内民主的生命力和可持续性。党内民主的制度、机制和程序构建，能够规范民主的实践，避免无序和混乱、冲动和盲目。党内民主建设必须走向法治化、程序化和常态化。

实践党内民主，必须鼓励全体党员干部积极参与民主过程，在实践中锻炼民主能力，增强民主意识，养成民主习惯。党内民主，是每个党员的权利所系，职责所在。党的各级组织要鼓励党员参与各种民主实践，党员个人要发挥自身的积极性、主动性和创造性，在实践中以维护人民利益为出发点，充分表达利益、积极参与竞争、认真履行监督。通过实践，一点一滴地、逐步地锻炼自身参与竞争、表达和倾听等民主技能，养成尊重和宽容、理性和负责的民主习惯。当我们边学习边行动并通过行动来学习时，文化和结构、态度和行为之间就不断地发生相互作用，社会主义的民主政治文化就会成熟发展和完善起来。

只有居安思危，勇于变革，勇于创新，在学习和实践过程中大力推进党内民主建设，才能够在全球意识形态竞争中赢得话语权，在改革开放事业中创造新成就，在自身建设过程中锻炼新能力，最终促进中国特色社会主义事业的伟大复兴。

（原载《学习时报》2009年10月26日）

民主政治建设要有新突破

由次贷危机引发的全球金融风暴，使得以美国为代表的西方民主制度受到普遍的质疑，很多人认为，西方民主政治"内在的、无法克服的"矛盾，致使其无法有效地管理和应对危机，西方民主已经走到尽头。另一方面，也有很多人乐观地指出，从此次金融危机中的表现来看，中国的政治体制具有超越西方民主政治的独特的优越性，民主还是中国的好。后一种观点，甚至还得到某些国外学者的首肯，并反过来成为支持这种观点的论据。这样看来，似乎中国已经无须再为民主的发展和完善而费心劳神了。

然而，当我们在客观梳理中国政治发展所取得的成就，再深入剖析中国政治发展面临的挑战之后，我们就会清醒地认识到，中国的民主政治建设还有很长的路要走，中国的民主政治建设必须实现新的突破。

新中国成立60多年、改革开放30多年来，中国社会主义建设取得了举世瞩目的成就。这些成就不仅包括社会主义市场经济体制的建立和发展，也包括社会主义政治体制的改革和发展。总结起来讲，我国政治体制改革取得的成就包括这样十个方面：(1) 政治意识形态领域发生巨大变化，民主、法治、人权、公平正义等观念深入人心；(2) 社会主义法律体系逐步健全，依法治国，建设社会主义法治国家的方略得以贯彻施行；(3) 国家与社会的关系从高度一体化转向适度分离，党国、党政、政企、政事等实现初步分离；(4) 党内民主、人民民主、社会民主、基层民主逐步发展；(5) 阳光立法深入民心，政治决策从注重经验转向注重科学和民主；(6) 政府管理体制逐渐完善，服务型政府、法治政府、透明政府、责任政府建设逐渐深入；(7) 公民社会逐步发展，社会自治能力增强；(8) 民主的理性化、制度化、规范化、程序化建设不断发展；(9) 监督机制多样化，权力滥用和腐败受到相当的制约；(10) 一种健康有序的、宽容理性的公民政治文化逐渐形成。

虽然如此，在世情、国情和党情发生巨大变化的时期，当代中国的政治体制依然面临着巨大挑战，例如，如何在一个具有几千年封建专制政治传统的国度实现现代国家的顺利转型？如何合理界定政党与国家的边界？如何实现由传统政府体制向限权政府、法治政府、透明政府的转型？如何进一步推动社会管理体制改革，建设一个充满活力和健康的公民社会？如何具体地、有针对性地学习和借鉴世界政治文明优秀成果？如何在全球化的时代在各领域的竞争中赢得话语优势？等等。因此，社会主义民主政治建设不仅没有完成，不仅不能停滞，而且还具有相当的紧迫性，还需要实现新的突破。

建设民主，发展民主，完善民主，是当代中国共产党人、中华民族伟大复兴，以及当代中国社会进步和繁荣的必然选择。首先，民主政治建设一直是中华民族及其仁人志士近百年来孜孜以求的理想，也是中国共产党人为之努力奋斗的目标。中国共产党能够领导人民建立新中国，根本原因在于其顺应了历史潮流，代表了广大人民群众的利益，具有最深厚的群众基础。实现民主，实践民主是共产党人的神圣使命。实践无止境，创新无止境，民主发展无止境。其次，市场经济的深入推进必然要求民主政治发展的突破。市场经济发展所内生的平等、竞争和权利意识等，必然要求政治上层建筑逐步破除那些不适应经济发展的观念、体制、机制和环节。再次，与经济生活不同的是，政治发展有其自身的规律性。人类的政治发展总是遵循着从人治走向法治，从专制走向民主，从管制走向服务，从神秘走向透明，从集权走向分权这样的规律。西方如此，东方也是如此。最后，改革发展关键期应对社会问题、解决社会矛盾、消除腐败现象、增强党和政府的公信力、密切党同人民群众的血肉联系等，迫切要求用民主的方式作为政府管理和服务的首要手段。最后，随着更多地参与国际社会，参与世界网络，发达国家的民主政治实践、周边国家及新兴民主国家的政治发展，时刻影响和改变着我们的思维和行为。

民主发展的紧迫性和必然性，要求我们不仅要继续推进民主政治建设，还要在既有的基础之上，实现新的突破。改革开放30多年的发展经验表明：什么时候实现了突破，什么时候就能够比较快速健康地发展。"实践是检验真理的唯一标准"是对"以阶级斗争为纲"的突破，是对"两个凡是"的突破，这种突破顺利实现了党和国家工作重心的转移，顺利实现了拨乱反正，成功开启了改革开放的伟大事业。"计划和市场都是经济手段"、"不是社会主义与资本主义的本质区别"突破了姓"社"还是姓"资"的禁锢，积极推动了社会主义市场经济体制的建立。当前，我们又处在一个关键的时期，我们能否在政治体制改革领域、能否在民主发展等问题上实现突破，在相当大的程度上决定着中国特色社会主义伟大事业能否顺利发展，中华民族能否真正实现伟大复兴。

中国特色社会主义民主政治要实现新的突破，新的发展，必须要做到：

第一，必须旗帜鲜明地坚持民主价值的普适性与民主模式多样性的辩证统一。我们必须继续坚持解放思想，革除在政治体制改革问题上的形而上学和教条主义。只要有利于解放和发展生产力，有利于实现社会公平正义，有利于促进人的解放，共产党人就应该毫不犹豫地放下包袱，以负责的精神和务实的态度，以高超的智慧和真正的勇气，在充分尊重民主价值的条件下，积极主动探索民主的多样性实践。否则，我们就会丧失在民主问题上的主动性和话语权，丧失推动进一步改革开放的动力，丧失实现伟大复兴的战略机遇期。

第二，必须将民主和法治有机结合起来，充分发挥既有的制度空间，使民主运转起来。民主与法治是一个问题的两个方面，它们互为条件，不可偏废。没有宪法和法律的保障，人们的民主权利就会受到侵害；而没有民主政治的支撑，宪法和法律则有可能成为专制和独裁的工具。在我国保障人民民主权利的社会主义法律体系已经逐渐建立和完备的条件下，必须在实践中，充分利用既有的制度空间，使民主运转起来。在实现增量改革的基础上，逐步实现突破。

第三，必须真正将"学习和借鉴人类社会创造的一切文明成果"从口头上、书本中的表述，转为真正的实践操作。股份制、证券市场等这些曾经被当做专属资本主义的东西，在运用于社会主义市场经济之后，充分发挥了其配置资源的作用。那么，在民主政治建设方面，我们应该学习什么、借鉴什么呢？我们不会照搬西方的两党政治、三权分立等具体制度设计，但是分权、制衡和监督等基本原则是可以借鉴的。选举和预算改革是推进民主发展的两翼,我们必须在实践中积极推进竞争性选举和立法机构的预算监督,从而在权力制约和监督方面实现新的突破。

第四,必须将自下而上的民主发展路径,与自上而下的民主推动力量充分结合起来。基层民主是全部民主政治的基础,直接关系到广大人民群众的切身利益和权利,也有利于社会政治的稳定和健康有序发展。基层民主能够锻炼公民的民主技能,养成民主习惯,形成民主意识。但是,基层民主向上发展,已经并且仍将遭遇制度上的瓶颈,"下动上不动,越动越被动"。这就需要更高层的改革,需要自上而下的推动力量,需要实现由核心向外围推进民主。

民主在自身的历史发展过程中,不断地改变着人类社会,同时也被人类社会所改变。民主不断地遭遇危机、遭遇挫折,但民主也不断地从现实的政治经济和社会发展所面临的挑战中焕发出新的活力。金融危机没有终结民主,相反,它为中国认真反思民主、推动民主、深化和完善民主,提供了很好的契机。

(原载《学习时报》2009年12月28日)

尊重人民，以人民为师是民主政治建设的根本

2011年7月1日，胡锦涛同志在庆祝中国共产党成立90周年大会上的讲话中明确指出，人民民主是中国共产党始终高扬的光辉旗帜。人民当家作主是社会主义民主政治的本质和核心。每一个共产党员都要把人民放在心中最高位置，尊重人民主体地位，尊重人民首创精神，拜人民为师，把政治智慧的增长、执政本领的增强深深扎根于人民的创造性实践之中。而在此前的6月28日中央政治局第三十次集体学习时，胡锦涛同志也明确要求全党，要坚持以人为本，把最广大人民根本利益作为党全部工作的出发点和落脚点，深入做好群众工作，不断实现好、维护好、发展好最广大人民根本利益，使党始终得到人民群众支持和拥护。如此高频率地强调人民的地位和作用，充分说明我们党对人民在社会主义民主政治中的本质和作用、当前我们在推进民主政治进程中面临的挑战，以及未来民主政治建设的发展路径有了更为清醒、更为理性、更为科学的认识。

所谓民主，就是人民当家作主，人民是一切权力的最终源泉。不管各国政治制度的实践模式存在什么样的差异，在全球

化、信息化和现代化的时代,民主、自由、平等、公平正义等已经成为全人类的共同追求。在我国社会主义民主政治建设过程中,人民群众始终是基础性的支撑力量,没有人民,就没有人民共和国,就没有社会主义民主政治。

新民主主义革命时期,人民群众用鲜血和生命,时刻呵护着在大街小巷宣扬民主自由、抨击特权专制的共产党人,从而使人民革命的星火在华夏大地燎原;人民群众用投黄豆等方式,尝试如何跳出朝代兴亡的"周期律",从而在各抗日根据地推动了轰轰烈烈的民主政治;人民群众用小推车的滚滚洪流,推出了人民解放战争的胜利,推出了一个崭新的人民共和国。社会主义革命和建设时期,在中国共产党的领导下,广大人民群众以满腔的热情,以忘我的精神,以非凡的智慧和创造力,逐步发展起社会主义民主政治的重要支柱,即人民代表大会制度、多党合作与政治协商制度、民族区域自治制度和基层民主制度。社会主义民主政治制度基本确立。改革开放时期,随着社会主义市场经济的发展,我国的民主政治建设也在积极稳妥推进。党明确提出没有民主就没有社会主义,就没有社会主义现代化。人民群众也不断探索、不断总结,在实践中创造出两票制、公推公选、民主恳谈、协商对话、预算监督等民主机制,民主的制度化、规范化、程序化程度不断加强,社会主义民主政治逐渐走向成熟和完善。

在中国共产党的领导下,在人民群众的艰辛探索中,我国社会主义民主政治建设取得了重大进展。人民群众也因为这些进展而享受到社会主义民主政治的利益。由于公民有序政治参与的不断扩大,人民实现了内容广泛的当家作主;由于深入了解民情、充分反映民意、广泛集中民智、切实珍惜民力的决策机制的形成,政治决策更加符合人民的利益和愿望;由于建立健全了广纳群贤、人尽其才、能上能下、充满活力的用人机制，各方面优秀人才能够更多地脱颖而出；由于依法治国方略的构建，宪法和法律的权威开始在全社会树立起来；由于建立健全权力运行制约和监督体系，人民群众的合法权益得到越来越强有力的保护。

然而，在世情、国情、党情发生深刻变化的新形势下，社会主义民主政治建设面临许多前所未有的新情况、新问题和新挑战，执政考验、改革开放考验、市场经济考验、外部环境考验将始终伴随着社会主义民主政治建设的整个过程。执政党精神懈怠的危险、能力不足的危险、脱离群众的危险、消极腐败的危险，更加尖锐地摆在全党、全国人民面前。而脱离人民群众、违背人民意愿、侵害人民利益和忘记为人民服务的宗旨是社会主义民主政治建设过程中的最为严峻的挑战。

在当今全球化、信息化、市场化不断发展的时代，有些党员领导干部忽视理论学习，理想信念动摇，对马克思主义信仰不坚定，对社会主义民主政治建设信心不足，"替党说话，还是替老百姓说话"的典型，明确将党和人民群众对立起来，在根本上忘记了为人民服务的宗旨；有些领导干部高高在上，不愿深入实际，不愿与人民群众打成一片，言行不一、弄虚作假，铺张浪费、奢靡享乐，个人主义突出，形式主义、官僚主义严重，在行动上逐渐脱离了人民；因为忘记人民，因为脱离人民，有些党员领导干部不了解民意，不尊重民意，不关心民生疾苦，长官意志膨胀、作风霸道、独断专行，不讲原则、不负责任，在实践中明显违背了人民意愿；有些党员领导干部法治意识、纪律观念淡薄，跑官要官、买官卖官、贪污腐败，借着手中掌握的人民赋予的权力，为所欲为，从而在实际上不断地侵害人民利益。

因此，在中国共产党成立90周年之际，我们既要看到经过近百年来奋斗、创造和积累所取得的成就，即建立和确立中国特色社会主义的道路、理论体系和制度，也要清醒地认识到全党、全国人民所面临的严峻挑战。密切联系群众是我们党的最大政治优势，脱离群众则是我们党执政后的最大危险。我们必须始终把人民利益放在第一位，把实现好、维护好、发展好最广大人民的根本利益作为一切工作的出发点和落脚点，充分认识到尊重人民、以人民为师是社会主义民主政治建设的根本和力量源泉。

尊重人民、以人民为师首先必须清醒地认识到国家的一切权力来自于人民，我们党执政的合法性来源于人民群众的认同和支持，而不是其他。党的十七届四中全会指出，"党的先进性和党的执政地位都不是一劳永逸、一成不变的，过去先进不等于现在先进，现在先进不等于永远先进；过去拥有不等于现在拥有，现在拥有不等于永远拥有。"我们须时刻抱持危机意识。历史已经反复证明，水能载舟，亦能覆舟。尊重人民、敬畏人民，才能够使我们的事业走得更长远、更稳健。

其次，尊重人民、以人民为师，必须深入人民群众，倾听人民群众呼声，切实解决人民群众面临的问题和困难。古人云："知屋漏者在宇下，知政失者在草野。"只有我们的党员领导干部，少在餐桌酒店觥筹交错，多到田间地头体察民情，不作秀、不煽情，认真解决群众反映强烈的征地拆迁、食品安全、教育医疗、环境保护、安全生产等方面的突出问题，切实维护人民群众的利益，群众才会信任我们，才会把我们放在心上，才会把我们当亲人。

再次，尊重人民、以人民为师，就必须放下身段，善于学习，善于总结和推广人民群众在鲜活的实践中创造的宝贵经验。小岗村群众的"承包制"改变了中国经济发展的路径,梨树村群众的"海选"开启了民主政治建设的新征程。事实证明,最基层群众的创造性实践成就了改革开放的伟大事业。只有"放下臭架子、甘当小学生",相信群众的创造力和智慧,鼓励并支持群众的改革实践,才能够使我们的政策更符合实际、更符合人民的利益。

最后,尊重人民、以人民为师,就必须敢于接受人民的监督、勇于接受人民的批评。我们手中的权力是人民赋予的,只能用来为人民谋利益,而不能把它变成牟取个人或少数人私利的工具。如果我们的党员领导干部不给犯颜谏诤者"穿小鞋"、不对公开曝光者"警力抓捕"、不影响人民群众生活"一辈子",老老实实为人民服务、对人民负责并自觉接受人民监督,创造条件让人民群众监督和批评政府,那么,我们就会得到人民的信任和支持,社会主义民主政治建设才会逐步得到完善和发展,国家才会长治久安。

来自人民、植根人民、尊重人民、以人民为师,既是我们党永远立于不败之地的根本,也是我们全部工作的出发点和落脚点。历史已经并将继续证明,人民群众是历史的创造者,是社会主义民主政治建设的牢固基础和力量源泉。在社会主义民主政治建设的实践中,相信只有远离骄傲,才可得到谦逊;只有放下特权,才会赢得平等;只有牢记历史,才能创造未来。

(原载《学习时报》2011年7月11日)

顶层设计

政治体制改革需要顶层设计

1980年，邓小平同志指出，为了适应党和国家政治生活民主化的需要，为了兴利除弊，必须改革"党和国家的领导制度"；1986年，邓小平同志指出，"经济体制改革每前进一步，都深深感到政治体制改革的必要性。不改革政治体制，就不能保障经济体制改革的成果，不能使经济体制改革继续前进，就会阻碍生产力的发展，阻碍四个现代化的实现。"作为改革开放的总设计师，邓小平同志不仅以其巨大的勇气、高超的智慧和丰富的经验，推动了中国社会的改革开放，而且科学地预见了政治体制改革对于中国未来发展的重要意义。这些论断今天依然闪耀着智慧的光芒。2012年3月14日的两会记者会，温家宝总理再次指出，"现在改革到了攻坚阶段，没有政治体制改革的成功，经济体制改革不可能进行到底，已经取得的成果还有可能得而复失。"中国改革发展的实践已经证明，顶层设计政治体制改革、整体推进政治体制改革势在必行，每个有责任的党员和领导干部都应该有紧迫感。

从1978年十一届三中全会开启改革开放伟大事业的航程至今，我国的社会主义现代化建设取得了举世瞩目的成就，经济建设、政治建设、文化建设、社会建设、生态建设、党的建设等各个方面都实现了前所未有的突破。其中，经济建设尤其突出，成就令世人惊叹。而在政治建设领域，似乎显得特别缓慢和滞后，甚至成为西方国家批评、指责中国的理由。事实是，中国共产党成立90多年来，新中国建立60多年来，改革开放30多年来，政治体制改革和发展的成就尤其突出，意义尤其深远。总结起来讲，政治体制改革取得的成就包括这样一些内容：民主、法治、人权、公平、正义、尊严、幸福等观念深入人心，政治意识形态领域发生巨大变化；宪法和法律的权威性逐步确立，依法治国方略逐步形成；党内民主稳步推进，以党内民主带动人民民主的发展路径逐步明确；领导干部职务终身制已经废除，党和国家政权机关、领导人员的世代更替逐步规范化、制度化；从注重经验转向注重科学和民主，政治决策更加符合人民的利益和愿望；服务政府、法治政府、透明政府、责任政府建设积极推进，政府管理体制逐渐完善；社会自治能力不断增强，一个充满活力的公民社会正在形成；政治生活的理性化、制度化、规范化、程序化程度不断提高；权力制约和监督体系日益法治化，权力滥用和腐败受到相当的制约；一种开放有序的、宽容理性的公民政治文化逐渐形成。

然而，如果我们始终保持一份清醒和冷静，坚持倾听群众的意见和建议，勇于直面现实的问题和忧患，我们就会认识到，我国的政治体制改革还有很长的路要走。在政治体制改革问题上，我们依然需要更多的勇气和智慧，需要更多的规划和设计，需要更广的胸怀和视野，需要更多的实践和落实。顺应历史发展的趋势与逻辑，适应经济生活发展的内在要求，顶层设计、整体推进政治体制改革，并实现新的突破，已是迫在眉睫。

只有顶层设计、整体推进政治体制改革，才能够适应社会主义市场经济发展的需要，有效化解经济发展的阻力、压力和瓶颈，取得经济改革攻坚战的胜利。改革开放以来，通过深入推动政府职能转变，明晰产权制度，积极发挥市场在配置资源过程中的基础性作用，社会主义市场经济体制已经逐步建立起来。但是，目前经济改革在财税金融体制、收入分配制度、价格体制、所有制、国有企业、契约关系与诚信等领域改革逐步进入"深水区"；经济体制每前进一步，都会日益感到政治体制的压力和瓶颈。政府掌握过多资源而抑制市场作用、权力与资本相结合形成固化既得利益，都成为市场经济体制建设的巨大挑战。发展和完善社会主义市场经济，必须进行政治体制改革、社会改革。

只有顶层设计、整体推进政治体制改革，才能够有效避免改革的碎片化，避免改革利益部门化、部门利益个人化、个人利益合法化。改革不是昨天的事、今天的事、明天的事，改革持续地存在于社会主义现代化建设的整个历史过程之中；改革不是一个政党的事、一个团体的事、一个部门的事，改革是整个国家的事、整个民族的事；改革不是左一个政策、右一个规定，上一个发现、下一个创新，改革是有方向、有目标、有路径的。从战略高度对改革作出总体设计，破除陈旧观念的束缚，允许探索，才是正常健康的、整体系统的、符合人民利益的改革。

只有顶层设计、整体推进政治体制改革，才能够合理建构社会减压阀，利用各种规范性渠道，促进利益表达，舒缓压力、克服矛盾、消除冲突、化解纠纷、保持稳定。经济体制改革给整个社会带来巨大收益，但同时也将收益固化并形成阻碍改革的既得利益，也诱发和暴露了各种矛盾与冲突。经济发展和社会转型所诱发的经济结构问题、发展方式问题、社会冲突与对立、贫富差距和腐败、公信力下降、群体性事件、脱离群众、生态恶化等问题，普遍存在于社会生活之中，越来越困扰着改革进程。"按住葫芦起来瓢"、"顾头顾不了脚"。现存制度的公正性越来越受到质疑，"政绩合法性"面临严峻挑战。经济改革引发和形成的问题，不能仅仅依靠经济改革的方式来解决，整体的、综合的社会政治体制改革尤为必要。

只有顶层设计、整体推进政治体制改革，才能够积极参与全球治理，大力推动国际经济政治新格局的构建。全球化的发展，改变了全球治理的格局。全球能源安全、金融危机、气候变化、环境问题、传染病、恐怖活动等问题，对整个人类都构成了威胁。作为发展中的大国，我国更深入地融入国际社会、更多地参与国际政治，发挥更大的国际作用已经是必然趋势。但是，在现代国际事务中赢得尊重、发挥影响，单纯依靠经济援助、减免债务已经远远不能适应了。在国际社会发挥主导作用，必须遵循国际社会主流价值观，进而从价值观的宣示、利益结构调整、交往策略改变等方面发展出适合自身利益的整体战略。认同共同的价值观，能够得到更多的朋友。只有积极推动政治体制改革，积极参与多边事务和全球治理，增进战略互信，拓展合作领域，才能推动国际秩序朝着更加公正合理的方向发展。从而避免因为不敢宣扬自由、民主、平等、人权、法治和公正等共同价值，而将自身置于相对立的、孤立的境地。

顶层设计政治体制改革，整体推进政治体制改革，不仅是我国社会主义现代化建设事业的内在逻辑，同时也是中华民族实现伟大复兴的必然要求。半个多世纪的探索，我们已经初步形成了具有中国特色的社会主义理论、体系和道路。当前，我们正处于这样的节点，在全球化的时代，如何更积极、更理性、更客观地顶层设计政治体制改革,有效地维护国家利益,不断地完善自身社会政治体制,为人类的文明和发展作出自己的贡献,从而使中国发展道路,在超越传统社会主义模式、西方国家发展道路的基础上,进一步促进世界历史进程具有非常重要的意义。

顶层设计政治体制改革,首先必须在意识形态上实现新的突破,进而推动改革实现新的突破。历史和实践已经证明:什么时候实现了突破,什么时候就能够比较快速健康地发展。"实践是检验真理的唯一标准"是对"以阶级斗争为纲"的突破,是对"两个凡是"的突破,这种突破顺利实现了党和国家工作重心的转移,顺利实现了拨乱反正,成功开启了改革开放的伟大事业;"计划和市场都是经济手段"、"不是社会主义与资本主义的本质区别",突破了姓"社"还是姓"资"的禁锢,积极推动了社会主义市场经济体制的建立。当前,我们又处在一个关键的时期,我们能否在政治体制改革领域、能否在民主发展等问题上有勇气和智慧实现突破,在相当大的程度上决定着中国特色社会主义伟大事业能否顺利发展,中华民族能否真正实现伟大复兴。

顶层设计政治体制改革,其次要在全党、全社会凝聚共识,充分认识到社会主义的政治上层建筑,必须"更加适应经济基础发展变化"。马克思曾明确指出,"人们在自己生活的社会生产中发生一定的、必然的、不以他们的意志为转移的关系,即同他们的物质生产力的一定发展阶段相适合的生产关系。这些生产关系的总和构成社会的经济结构,即有法律的和政治的上层建筑竖立其上并有一定的社会意识形式与之相适应的现实基础。物质生活的生产方式制约着整个社会生活、政治生活和精神生活的过程。"政治上层建筑,即政治法律制度和设施、政治意识形态必须适应经济基础的变化而变化。改革开放30多年来，我国社会主义市场经济体制建设取得了巨大的成就，所有制关系、分配方式以及社会利益格局等方面都发生了巨大的变化，而经济基础的这些变化，必然要求政治上层建筑的完善与发展与之相适应。积极推进社会政治体制改革，既是全面改革的重要组成部分，也是保证经济体制改革成果的客观要求。

第三，顶层设计政治体制改革，必然要求我们超越"摸着石头过河"，更加重视"总体规划，明确改革优先顺序和重点任务"，对改革的目标、路径、阶段、条件、困难和前景等有清醒的认识和总体规划与设计。改革开放之初，从总体上讲，我们对自身革命和建设历史经验的总结与分析还不深入，对世界各国的发展状况的了解还不全面，所以，我们在改革策略上，始终坚持实践的原则，试验性地不断探索，承认有限理性，"摸着石头过河"有其历史必然性和历史合理性。而现在，我们有了一定的经济基础，有了正反面的很多的经验教训，有了很好的人才积累和思想库，我们对自身的认识、对各国发展模式的认识比以往任何时候都清晰，因此，我们完全有条件和能力以战略的思维设计和规划未来的改革与发展，系统地明确目标、方向、领域、重点、体制机制等。不能再"脚踏西瓜皮，滑到哪里是哪里"。做好总体设计和规划，必须坚持：在目标上，要"顺应各族人民过上更好生活新期待"；在动力上，"继续将改革作为加快经济发展方式的强大动力，必须以更大决心和勇气全面推进各领域改革"；在重点和顺序上，必须"大力推进经济体制改革，积极稳妥推进政治体制改革，加快推进文化体制、社会体制改革"；在主体方面，必须"进一步调动各方面改革积极性，尊重群众的首创精神"。

第四，顶层设计政治体制改革，客观上要求我们坚持"增量改革"的路径，在既有的政治与法律框架内，积极推动"民主"与"法治"从文本走向实践，使民主运转起来。从共和国建立，到改革开放，在宪法和法律文本中，党和国家建构了最为完善的公民权利保护规定；明确了最为清晰的政府权力边界；形成了比较合理的立法、行政、司法相互支持、相互制约的政治体制。然而，在实践中，宪政精神并未得到深入贯彻，公民权利并未得到充分保护，政府权力并未得到有效约束。人大、政协、政府、司法、政党等制度的实践运作依然残留传统政治的痕迹，长官意志明显，政策随意性强，规则意识不足。整体推动政治体制改革，必须真正使人大发挥最高权力机关的作用；改变政协赋予民众荣誉表征的定位，将政治协商纳入决策过程；鼓励司法机关独立行使权力，规避行政机关、社会团体和个人的干涉；促进社会组织、普通民众在国家、市场之间发挥建设性的作用。在实践中落实法律文本，激活制度文本，我们有着广阔的空间。

最后，顶层设计政治体制改革，需要我们以开放的心态、宽广的视野，学习借鉴人类政治文明的一切优秀成果。在具有几千年封建政治传统的中国建设民主、法治，没有任何先例可循。要创造比资本主义社会更发达的民主，我们只有认真、系统学习人类政治文明的一切优秀成果。在经济领域，我们已经借鉴了公司制、股份制这些曾经被看成是资本主义专属的东西，并有效地利用市场配置资源。在政治体制改革过程中，我们不会照搬照抄西方的具体模式，但民主、法治、自由、人权、平等、博爱等不是西方的专属，它们是人类共同的文明成果，是人类共同追求的价值观。社会主义当然需要民主法治。没有民主，就没有社会主义，就没有社会主义的现代化。

与经济体制改革相比，政治体制改革的滞后已是不言自明的事实，而进一步着手顶层设计，积极推进政治体制改革也是基本的共识。但在推进政治体制改革的问题上，尤其需要警惕几种错误的认识与僵化观念。第一，政治体制改革会带来动荡、破坏稳定，从而丧失经济发展的大好局面。事实上，没有政治体制改革的稳定，是表面的、缺乏活力的稳定，真正保持稳定需要深入推进政治体制改革。必须把权力关进笼子里，才能有效地消除冲突，实现真正的稳定。在观念上，我们仍须破除"妖魔化"民主的倾向。第二，政治体制改革应该"毕其功于一役"、可以"一劳永逸"。政治体制改革是一个过程，不同的阶段有不同的目标，顶层设计政治体制改革，并不是凭空想象一个终极的目标。第三，政治体制改革有整体的规划和设计，需要政策的一致性。顶层设计不是整齐划一，不是一刀切。顶层设计，依然需要基层的试点实践和探索。顶层设计政治体制改革，在尊重多样性、复杂性现实的基础上，也为基层改革的深度推进创造了条件，从而使基层走出"下改上不改，最后改回来"的尴尬境地。

　　一个国家实行什么样的政治制度、走什么样的政治发展道路，取决于这个国家的具体国情和历史文化条件，取决于执政党和广大人民在应对各种复杂问题时所表现出来的智慧和勇气，但归根结底取决于这个国家最广大人民的意志。我们要始终牢记历史上党"密切联系群众"的传统，清醒认识当前人民群众"主动联系"我们的现实，时刻准备未来人民群众"不再联系"我们的挑战。政治体制改革，必须坚持实事求是的原则，以客观、理性和宽容的态度，而非极端的、情绪化的诉求，着眼于解决实际问题，而不是空喊口号。只有这样，我国的社会政治体制改革才能够积极稳妥扎实推进。改革的艰巨性、复杂性，要求我们必须在新的高度上谋划改革的方略，实现改革从量变到质变的飞跃。增强忧患意识远比歌功颂德更有利于长期执政。

（原载《学习时报》2012年4月30日）

"顶层设计"之辩

2011年3月,国家"十二五"规划纲要明确提出,"以更大决心和勇气全面推进各领域改革,更加重视改革顶层设计和总体规划,明确改革优先顺序和重点任务。""顶层设计"概念一出,便受到党政官员、专家学者、普通群众的追捧和热议,言必顶层设计似乎已经成为时尚。于是,便有了"政治体制改革需要顶层设计"、"经济体制改革需要顶层设计"、"社会建设需要顶层设计"、"公立医院改革顶层设计应有突破"、"高招改革须进行顶层设计"、"文化产业需要顶层设计";也就有了"顶层设计"与"社会自主"、"顶层设计"与"地方设计"之辩。然而,在此起彼伏的讨论中,要么过于宏大,要么过于琐碎。而对于为什么在改革关键期提出顶层设计、如何顶层设计、顶层设计应该避免怎样的误区等问题,人们似乎尚未形成更为深入的、具体的认知,或者说,人们在概念叠加与重复的浮躁中,逐步丧失了对问题的针对性探讨。

实际上,提出顶层设计在逻辑上有其必然性,构架顶层设计在现实中有其合理性,实施顶层设计在操作上有其针对性。顶层设计不是一时的心血来潮,也不是好大喜功,而是在全球化、信息化、市场化大背景下，结合我国基本国情，以及改革开放以来历史经验基础上，着眼于我国改革发展大局所作出的战略构想。

改革遭遇挑战，内在地要求顶层设计

1978年，在党和国家面临向何处去的重大历史关头，党的十一届三中全会胜利召开，确定了"解放思想、开动脑筋、实事求是、团结一致向前看"的指导方针，果断停止使用"以阶级斗争为纲"的口号，明确作出了"把党和国家工作重心转移到经济建设上来"、"实行改革开放"的历史性决策。十一届三中全会以政治体制改革的形式开启了以经济体制为核心的改革内容。而由此在随后的30多年的改革开放历程中，我们党始终秉承"以经济建设为中心"、"发展是第一要务"、"发展是硬道理"等指导方针，不断推动中国特色社会主义市场经济体制建设，在经济领域取得了巨大的成就。经济增长、经济总量、人均收入、贫困人口下降，以及城镇化建设等领域的发展，创造了世界经济史上的奇迹。

但也正因为如此，我国的改革在总体上表现出浅层次、碎片化和非均衡性的特点。首先，因为没有先例可循，我国的改革始终遵循先农村后城市、先试点后推广、先容易后艰巨的路径。在较为表层的、容易的改革领域与环节取得初步成效之后，涉及体制机制等深层次改革，以及政府掌握过多资源而抑制市场作用、权力与资本相结合形成固化既得利益等"瓶颈"，对进一步的改革形成了巨大挑战。其次，因为试验性的探索，我国的改革在某种程度上就演化成了今天一个政策、明天一个规定，上面一个发现、下面一个创新，改革变成了某些领导者个人推动、某些部门单独热衷的事情。"东一榔头、西一棒槌"，"顾头不顾脚"。结果，"碎片化"的改革，带来了"改革利益部门化、部门利益个人化、个人利益合法化"的现象。最后，改革着力于在经济体制领域实现单兵突破，并期望带动以及给其他改革提供经验。但也因此使社会改革、政治体制改革明显放缓，或者说落后于时代的发展。结果，国际社会在肯定我国经济改革的同时，也对于我国社会政治领域改革提出了许多建设性的质疑。当然也印证了邓小平同志1986年的忧虑："经济体制改革每前进一步，都深深感到政治体制改革的必要性。不改革政治体制，就不能保障经济体制改革的成果，不能使经济体制改革继续前进，就会阻碍生产力的发展，阻碍四个现代化的实现。"

改革开放给我们整个社会带来巨大收益，但同时也将收益固化并形成阻碍改革的既得利益，诱发和暴露了各种矛盾与冲突。经济结构和发展方式问题、贫富差距悬殊和社会冲突问题、公信力下降和腐败问题等，开始在社会生活之中凸显出来。经济体制改革形成和诱发的问题，不能仅仅依靠深化经济改革来解决，所有这些挑战内在地要求进行整体的、综合的顶层设计，从战略高度规划改革、推动改革。唯有如此，才能破除陈旧观念的束缚，才能作出符合人民群众利益的改革举措。

顶层设计要实现新的"超越"

顶层设计的提出，既是对过去改革开放成就、经验以及存在不足的分析与总结,也是对未来改革发展方向、路径、前景的战略构想。顶层设计基于经验,但同时也要超越经验。没有超越,就必然耽迷于既有方式方法,不敢有所创新、有所突破。

顶层设计,必然要求我们要超越"摸着石头过河",更加重视"总体规划,明确改革优先顺序和重点任务",对改革的目标、路径、阶段、条件、困难和前景等有清醒的认识和总体规划与设计。改革开放之初,从总体上讲,我们对自身革命和建设历史经验的总结与分析还不深入,对世界各国的发展状况的了解还不全面,所以,我们在改革策略上,始终坚持实践的原则,试验性地不断探索,承认有限理性,"摸着石头过河"有其历史必然性和历史合理性。而现在,我们有了一定的经济基础,有了正反面的很多的经验教训,有了很好的人才积累和思想库,我们对自身的认识、对各国发展模式的认识比以往任何时候都清晰,因此,我们完全有条件和能力以战略的思维设计和规划未来的改革与发展,系统地明确目标、方向、领域、重点、体制机制等。不能再"脚踏西瓜皮,滑到哪里是哪里"。做好总体设计和规划,必须坚持:在目标上,要"顺应各族人民过上更好生活新期待";在动力上,"继续将改革作为加快经济发展方式的强大动力,必须以更大决心和勇气全面推进各领域改革";在重点和顺序上,必须"大力推进经济体制改革,积极稳妥推进政治体制改革,加快推进文化体制、社会体制改革";在主体方面,必须"进一步调动各方面改革积极性,尊重群众的首创精神"。

顶层设计,必然要求我们超越"二元思维"模式。人类的思维方式可以是一元的、二元的,甚至是多元的,但很多时候是二元的。在二元思维框架下,人们习惯于非黑即白、非友即敌、非善即恶、非对即错的方式。这种思维方式否定了存在多样性的可能，并容易在实际生活中形成"拒绝"的表达。针对顶层设计的各种争议，也是如此。当我们习惯了摸着石头过河，习惯了基层和地方为改革开道、为改革牺牲之后，突然听到顶层设计，便觉得一切都要上面说了算，一切都要仔细规划好，一切都会有现成的方案，自主性没了，首创精神没了，地方和基层只需照着做就好了。于是，便有了对顶层设计的"拒绝"。事实上，顶层设计恰恰是在改革开放30多年经验教训基础上提出的。因为地方和基层的创造性改革遭遇制度"瓶颈"，因为改革出现巨大分歧、改革动力逐渐弱化，所以，才有顶层设计对改革的坚持，对方向的明确，对改革者的激励。顶层设计，设计的不是细枝末节，而是方向、决心、勇气和智慧。简单地将顶层设计等同于理性建构主义、等同于否定地方和基层的积极性、否定人民群众的首创精神，等同于一刀切，等同于一些先知先觉、神通广大的人给改革一个清晰、完整的路线图，实际上是简单的望文生义，简单的非此即彼的二元思维模式。

顶层设计，必然要求我们超越既有利益格局。改革走过30多年，虽然还存在许多的不如意、不完善，但毕竟我们很好地解决了温饱问题，宽松多元的社会正在形成，民主和法治也逐步走上正轨。但也正是在取得各种成就的同时，在我们自身都变成了改革受益者之后，我们也自觉不自觉地被编织进了既得利益格局之中。个人的、集体的、集团的、群体的利益超越了公共利益、超越了未来的发展。既得利益格局，将收益固化并深刻地影响了进一步的改革与发展。因此，顶层设计，着眼于国家的长治久安，着眼于广大人民群众的根本利益，遵循增量改革的路径，要着力打破阻碍改革与发展的既有利益格局。顶层设计的本质是改变现状,而不是维护现状,就是以巨大的勇气和魄力革自己的命、打破既有利益格局,构筑符合公平正义原则的新利益格局。

使顶层设计运转起来

顶层设计的提出,表明了我们党和广大人民群众对于进一步推动改革发展的决心、勇气和智慧,但顶层设计不能简单地归结为几个机构的事情,也不是几个精英的所谓使命感责任感能胜任的。当务之急是进一步解放思想,发挥既有制度优势,构造达成共识的渠道与平台,大力推进集体行动。

顶层设计需要"开动脑筋"。随着改革的逐步深入和难度的加大,随着新的利益格局的形成,很多人开始不自觉地放慢了脚步,有些甚至因为改革成就而有点自鸣得意了、不思进取了。当改革进入深水区、进入攻坚阶段,我们的思想反而变得保守了、观念也跟不上现实了;人们对于要不要继续改革、遵循什么样的路径进行改革也开始出现越来越多的分歧。某些摇摆、举棋不定,甚至停滞和后退,不敢大胆出击、不敢打破既得利益格局等,似乎变成可以接受和合理的了。改革如逆水行舟,不进则退,但思想、观念领域的变革却需要相当的知识、智慧和勇气。借由顶层设计,推动改革发展,需要再现"实践是检验真理的唯一标准"大讨论、"计划和市场不是社会主义与资本主义的本质区别"明晰定位等在历史上发挥解放思想、推动进步的巨大作用,凝聚全党全国人民的改革共识,下决心推动改革实现新突破。

顶层设计需要"迈开步子"。顶层设计实际上就是从广大人民群众的根本利益出发，站在国家的层面，对制约我国未来改革发展的全局性、关键性问题进行科学判断，提出解决的整体思路和框架，最大限度地化解改革的阻力，降低改革的风险，确保改革的顺利推进。所谓"不谋全局者，不足谋一域；不谋万世者，不足谋一时"，因此，顶层设计首先要求中央迈开步子，党和国家应该在认真听取人民心声的基础上，拿出"壮士断腕"的勇气，直面挑战，就改革的方向、原则、阶段、路径等形成总体构想；其次，顶层设计鼓励地方和基层也要迈开步子，改革不是"等靠要"，不是"干坐着"。没有广大民众的强烈愿望和思想火花、没有"因地制宜、灵活多样、看菜吃饭"的原则，没有基层创造力的释放和"先行先试"，就没有我们改革的伟大成就。

顶层设计需要"动起手来"。顶层设计怎么设计、设计什么，不能总挂在嘴上，而要落到实处，需要有对目标、方向、路径和框架的总体规范。顶层设计终究是要人来做的。因此，正如改革开放之初有"体制改革委员会"一样，当前，推动顶层设计同样需要中央层面的组织协调与总揽的机构，其根本职能是负责改革的总体设计，明确我国改革发展的方向与目标、阶段与步骤、条件与重点、挑战与前景。它在本质上应该超越各种利益，不能既做裁判员，又做运动员。其次，动手作顶层设计，还需要建立一套现代的决策咨询体系。除了继续加强党政机构内部的研究机构、高校、社科院、党校等机构的作用之外，尤其要鼓励建立相对独立的、第三方的现代决策咨询系统，从而及时反映和汇集社会各种意见和需求，为改革发展提出新的思想观点、价值目标和决策参考。第三，顶层设计要充分发挥社会自主性，广泛吸收各党派、各团体、各阶层、各级地方党政机构，以及广大人民群众的利益诉求，根据人类社会自身的发展规律，因势利导，作出符合公共利益的、符合社会发展方向的科学设计。没有民众的参与，顶层设计就会变成无本之木、无源之水。

顶层设计，不仅需要开动脑筋、迈开步子、动起手来，更重要的是要执行有力，落实下去。基层群众大胆突破既有格局的勇气，中层智识力量提供的理性支撑，高层果断决策大力推动的智慧，下、中、上互动，才能进而形成制度的良性变革。有令不行，有禁不止，上行下不效，再好的规划和设计，也于实际无益。只有执行得力，顶层设计才能运转起来，才能够转化为全社会的动力，也才能够真正促进改革和发展。

（原载《人民论坛》2012年第6期）

从政府管理走向政府治理

2013年11月9—12日,中国共产党十八届三中全会在北京举行。会议研究了全面深化改革若干重大问题,认为改革开放是党在新时代条件下带领全国各族人民进行的新的伟大革命,是当代中国最鲜明的特色,是决定当代中国命运的关键抉择,是党和人民事业大踏步赶上时代的重要法宝。会议明确指出:"科学的宏观调控,有效的政府治理,是发挥社会主义市场经济体制优势的内在要求。"这是在党的重要文献中首次使用了"政府治理"的概念。从政府管理走向政府治理,表明我们党在世情国情党情发生深刻变化的背景下,清醒地认识到我国改革开放事业深入发展所面临的严峻挑战,进一步明确了全面推进中国特色社会主义伟大事业的战略布局,是我们党治国理政的巨大进步。

所谓政府治理,就是在现代政治活动中,政府作为重要的政治行为者,与社会组织、企事业单位、社区以及个人等不同的行为主体,通过平等的合作伙伴关系,依法、民主、科学地对国家的经济政治社会文化等事务进行规范和管理,最终实现公共利益最大化的过程。与政府管理相比,政府治理具有以下比较突出的特点。

第一，政府管理主要侧重于政府对国家经济社会等各项事务的主导，政府是管理活动合法权力的主要来源；而政府治理强调合法权力来源的多样性，社会组织、企事业单位、社区组织等也同样是合法权力的来源。政府治理的主体是多元的，任何一个单一主体都不能垄断全部规范和管理的实践过程。

第二，政府管理很容易表现为政府凌驾于整个社会之上，政府权力的行使是自上而下的，政府习惯于扮演"全能型选手"，包揽一切经济社会事务，甚至混淆裁判员与运动员的区别，直接参与市场竞争；而政府治理更多的是在多元行为主体之间形成密切的、平等的网络关系，它表明原先由国家和政府承担的责任正在越来越多地由各种社会组织、私人部门和公民志愿团体来承担。政府更多发挥的是宏观的规范、调控作用，有效的管理是各主体之间的合作过程。

第三，政府管理更多地是表现为从自身主观意愿出发进行管控，习惯于对社会进行命令和控制，习惯做"清官大老爷"；而政府治理是当代民主的一种新的现实形式，它更多地强调发挥多主体的作用，更多地鼓励参与者自主表达、协商对话，并达成共识，从而形成符合整体利益的公共政策。

第四，政府管理的实践主要依靠政府的权力，依靠发号施令；而政府治理则在运用权力之外，还形成了市场的、法律的、文化的、习俗的等多种治理方法和治理技术。政府治理行为者有责任使用这些新的方法和技术来更好地对公共事务进行控制和引导。例如，政府应更多地引导和更少地管制；社会组织可以更多地承担社会治理的责任；市场力量在社会治理创新中发挥日益重要的作用；社会创新和社会企业成为改善社会治理的重要因素，等等。

在我国进入改革发展的关键时期，转型发展给我国发展进步带来巨大活力，同时也诱发了这样那样的矛盾和挑战。例如城乡、区域、经济社会发展很不平衡，人口资源环境压力加大；就业、社会保障、收入分配、教育、医疗、住房、安全生产、社会治安等方面的问题比较突出；民主法制还不健全，体制机制尚不完善；社会成员诚信缺失、道德失范，一些领导干部的"本领恐慌"与新形势新任务不相适应；一些领域的腐败现象仍然比较严重。要化解这些矛盾、解决这些问题、应对这些挑战，必须深入推进政府治理变革，切实转变政府职能，深化行政体制改革，创新行政管理方式，增强政府公信力和执行力，建设法治政府和服务型政府，"推进国家治理体系和治理能力现代化"。

积极推进政府治理变革，首先应该进一步解放思想，促进观念的转变。解放思想，就是不墨守成规，不瞻前顾后，要有胸怀容差异、有勇气干事业、有智慧闯新路，要敢于摆脱僵化的、教条的思想，路线和政策要根据实际的需要来决定，而不仅仅依靠前人的言论、已有的经验和固有的模式。政府治理变革，要求执政党必须充分认识到，国家和政府治理，是由多元主体共同构成的治理结构来完成的。原来政府控制和管理的观念必须让位于规范、调控和服务的观念，管理的观念应及时转变为治理的理念。

积极推进政府治理变革，必然要求在政府、社会、市场、公民个人之间的合作与良性互动，形成新型的伙伴关系。政府必须放下身段，学会尊重，懂得平等对待合作伙伴、管理对象；善于放权，学会弹钢琴，学会为自己减负；同时，政府必须增强自信，信任社会，理解社会。

积极推进政府治理变革，更需要社会组织、市场主体、广大人民群众的最主动的、最自觉的参与。改革开放，社会进步，靠的是广泛参与；今后的发展、实现"中国梦"，同样需要最广泛的参与。全面深化改革和促进发展的根本动力，就存在于民众之中。应当尽快建立和完善适合广泛公共参与的制度框架，让更多的力量通过合法的方式、制度化的渠道有序地参与公共生活的管理。

积极推进政府治理变革，必须坚持民主、法治的原则。民主和法治是人类社会治理的基本路径，是推进社会治理发展的制度性保障。缺乏民主的法治，容易走向集权与专制，而没有法治的民主，则容易走向混乱和无序。不坚持民主和法治，政府治理变革就无法有效地规范社会秩序，无法积极促进社会和谐发展。

积极推进政府治理变革，必须将学习借鉴现代文明的优秀成果与尊重自身实际结合起来。在国家治理、政府治理、公民参与等方面，人类已经创造了诸多好的经验，我们应该有勇气和智慧从中学习和借鉴其适合我国国情的要素，同时，结合本土的经验，在实践中创造政府治理变革的中国路径。"摸着石头过河"，就是要从"此岸"到"彼岸"，从"必然王国"到"自由王国"。"身子"到了21世纪，"脑袋"和思维就不应该停留在20世纪。

大力推进政府治理变革，提升国家治理能力，作为我们党改革开放事业的重大战略构想，对于发展经济、推进民主、改善民生，对于进一步探索中国特色社会主义发展道路，对于丰富人类社会现代文明成果，具有极其重要的意义。但是，我们依然要清醒地认识到，政府治理的转型并非一朝一夕之功，还会遇到这样那样的困难，尤其需要努力避免一些错误的观念和做法。一是习惯于"治理腐败"、"治理污染"的思维路径，将"政府治理"扭曲为"治理社会"、"治理市场"、"治理群众"。二是将政府治理的目标仅仅理解为维护稳定。稳定是政府治理转型的重要条件,但稳定的形成,不是靠强力、压制和打击,而是靠协商、对话与合作,政府治理变革,更多的是要实现公共利益的最大化。三是借口"不搞西方那一套",故意忽视我们党长期坚持的"借鉴国外有益经验",拒绝学习人类有益文明成果。只有清醒认识存在的各种挑战和困难,坚持实事求是,立足于当代世界和中国发展变化的实际,积极探索,才能够深入推进中国特色社会主义伟大事业,才能够实现中华民族伟大复兴的"中国梦"。

(原载《文汇报》2013年11月18日)

政府创新与民主：一个分析框架

政府创新，是政府观念、体制、过程的创造性变革。这种变革的根本动力是社会的经济和政治发展。随着我国社会主义市场经济的深入发展和世界经济全球化趋势的日益明显，政府主动进行创新是政府发展的必然趋势，其价值取向表现为民主、效率与公正。政府创新应该使决策更民主、行政更有效率，社会也更公正。建设与完善民主是政府创新的首要选择，发展民主是政府创新的根本方向。政府应该在民主创新过程中发挥着积极的主导作用，通过创造性的实践，使民主更完善、更成熟。

一、民主：政府创新的核心价值

民主，是一个古老的政治词语，它指的是人民的统治，或者说民治的政府。在现代用法中，它指的是人民政府或人民主权，代议制政府及直接参与政府；甚至可以指共和制或立宪制政府，也就是说法治政府。[①]在人类政治生活的早期，民主被看成是各种政体中的一种，而18世纪以后，民主政治已经成为评价政府体制的一个主要标准而不仅仅限于一种政体形式。20世纪至今的政治发展实践表明，从价值和制度两个方面建构并完善民主，已经成为世界各国政治实践追求的目标。

（一）民主政府的基本内涵

所谓民主政府，是指公共权力的最终来源在于人民、人民是主权的拥有者的一种政府体制。从完整的意义上讲，民主政府这一概念内涵四个层面的内容：一是在价值层面，民主政府将人民作为其权力的最终来源，人民拥有至高无上的主权；二是在制度安排层面，民主政府有一套配置合理的政治制度以保证实现其内在价值；三是在运作机制层面，民主政府的权力运作是相互制约的，同时接受社会与人民的监督；四是在文化层面，民主政府的基础在于社会民主的生长，在于民主精神的弘扬。

以民主政府的本质为基点，我们可以从以下几个具体环节来详细地解读民主政府的内涵。首先，从其产生来看，民主政府源自人民的授权，政府合法性在于人民的认同。人民授权组成政府的形式和路径是借助于选举，委托其代表组成政府并管理公共事务。其次，从权力的相互制约来看，民主政府的权力受人民制约并对其负责，人民通过包括舆论在内的各种形式监督政府，因为政府是由人民授权组成的；同时，在政府结构内部，立法、行政和司法部门之间的权力也存在着制约关系。合

---

① 参见《布莱克维尔政治学百科全书》，中国政法大学出版社1992年版，第188—190页。

理的权力制约可以防止政府滥用公共权力。第三，从决策角度来说，民主政府的决策必须保证人民最大限度的参与，保证人民自身的利益得到最充分的表达，保证在综合各种利益诉求并达成共识的基础上形成决策。第四，从其服务对象看，民主政府的政治行为是以公民的需要为导向，人民是政府提供公共产品的消费者。怎样提供优质的公共服务是民主政府的重要职责。第五，从其行为评估角度看，政府绩效的评估者不是政府自身，而是来自社会，来自民众，来自第三方。只有这样，才能保证评估的公正性、独立性、科学性、合理性。

(二) 发展民主的必然性

1. 政府的民主创新是民主价值的本质要求。从字面上讲，民主是人民的权力，权力属于人民，由人民直接行使，或经选举产生的人民代表行使。用林肯的话来说，民主就是"民有、民治、民享"的政府。民主政府的基本原则是少数服从多数、多数保护少数的原则，公民根据多数原则作出政治决策。但是，多数裁定原则是与对个人权利的保护相结合的，这样做是为了保护少数人的利益。我国是社会主义国家，国家的一切权力属于人民。因此，建设民主、发展民主、完善民主，真正从制度安排与制度实践上保证人民当家作主是其本质要求。从另一方面讲，1949年以来，在中国共产党的领导下，我国人民在建设民主政治方面取得了巨大成绩，确立了以宪法为基础的法制体系，建立了各级人民代表大会制度，形成了独立的司法体制，继续巩固并完善了中国共产党领导下的多党合作与政治协商制度，建立了民族区域自治制度，广泛地开展了以村民自治和社区自治为基础的社会民主实践，等等。但是，作为一个发展中国家,一个有着几千年封建传统、自身缺乏民主文化底蕴的国家,我国社会主义民主政治建设在客观上一直受到中国历史文化传统、封建主义、经济发展水平、特殊革命道路等复杂因素的影响和制约,造成民主法治意识淡薄、政府行为过度扩张、社会自主性严重不足等弊端。我国的民主政治建设与民主价值的要求之间还存在着一定的差距。因此,社会主义民主政治还需要更进一步地完善与发展。

2. 社会主义市场经济的发展客观上要求必须深化民主。马克思主义认为,经济基础决定上层建筑,经济社会水平发展到一定程度,必然要求政治上层建筑作出一定的调整以适应经济发展。政府创新、促进民主发展是社会主义市场经济发展到一定阶段的必然结果。民主是社会主义的本质。"没有民主就没有社会主义,就没有社会主义的现代化。当然,民主化和现代化一样,也要一步一步地前进。社会主义愈发展,民主也愈发展。"①

在社会主义条件下,民主必然会随着经济的发展而发展。经济的发展必然会推动包括民主在内的全部政治发展。市场经济所通行的一些基本规则,诸如平等、自主、竞争、公开、公平、公正、效率、信用、妥协、法治等,不可避免地延伸到人们的政治生活领域。改革开放以来我国政治建设所取得的重大进展,也验证了社会主义市场经济对于民主政治建设的意义。坚持和完善人民代表大会制度成效明显;共产党领导的多党合作和政治协商制度取得新的进步;调整中央和地方的关系,下放权力,地方政府充满活力;进行机构改革,实行政企分开、转变政府职能取得一定成效;改革干部人事制度;社会主义法

---

① 《邓小平文选》(第2卷),人民出版社1994年版,第168页。

制建设成绩显著；公民的权利得到进一步的实现和保障；加强和改善党的领导，开始走上依法治国的道路；全党和全国人民的民主法制意识得到极大提高。

3. 发展民主是我国政治体制改革和社会主义政治文明建设的重要内容。政治体制的重要内容就是采取何种方式行使政治权力。我国是社会主义国家，必然要求采取民主的方式行使政治权力。随着社会主义市场经济的发展，我国的政治体制改革也已经提到议事日程。"现在经济体制改革每前进一步，都深深感到政治体制改革的必要性。不改革政治体制，就不能保障经济体制改革的成果，不能使经济体制改革继续前进，就会阻碍生产力的发展，阻碍四个现代化的实现。"[1]政治体制对经济体制改革的阻碍说明社会主义民主政治还需要完善，还需要进一步的发展。因此，进行政治体制改革实质上也就是社会主义民主政治建设。也就是说，进行政治体制改革是促进社会主义民主政治的完善，提高社会主义民主程度。

作为执政党，中国共产党非常明确地坚持将发展社会主义民主政治、建设社会主义政治文明作为我国政治体制改革的目标。党的几次代表大会都明确指出了这一发展方向。党的十三大指出："进行政治体制改革，就是要兴利除弊，建设有中国特色的社会主义民主政治。改革的长远目标，是建立高度民主、法制完备、富有效率、充满活力的社会主义政治体制。"十四大明确指出："我们的政治体制改革，目标是建设有中国特色的社会主义民主政治，绝不是搞西方的多党制和议会制。"十五大提出政治体制改革的要求是："进一步扩大社会主义民主，健全社会主义法制，依法治国，建设社会主义法治国家。"

---

[1] 《邓小平文选》（第3卷）人民出版社1993年版，第176页。

而党的十六大报告指出:"发展社会主义民主政治,建设社会主义政治文明,是全面建设小康社会的重要目标。"要坚持从我国国情出发,总结自己的实践经验,同时借鉴人类政治文明的有益成果,绝不照搬西方政治制度的模式。要着重加强制度建设,实现社会主义民主政治的制度化、规范化和程序化。政府创新是政治体制改革的重要内容,以民主为方向,以社会主义为根本,才能使政府创新在具体层面上实践民主价值。

4. 全球化对各国政府的民主化程度提出了严峻挑战。

全球化为我国民主政治建设提供了有利的国际环境,全球化能够使我们在政治多极化、经济全球化、世界各国的联系越来越密切的过程中,积极参与国际活动;全球化有利于我国吸收世界政治文明的积极成果,探索和丰富社会主义民主的实现形式。全球化的发展,能使我们更直接、更及时和更全面地从社会主义民主和资本主义民主的比较中,从中外政治制度的比较中,从国际政治合作、经济合作和文化交流中,借鉴人类政治文明的有益成果,加快政治体制改革步伐,从而促进社会主义民主政治的制度化、规范化和程序化。

但是,全球化也对我们建设社会主义民主政治提出了严峻挑战。西方发达国家在全球化过程中趁机宣扬其政治价值观,力图在全球推行其政治制度。全球化带来的民主化已经成为世界发展的趋势,但各国走向民主的路径却存在着明显的差异。我们的政治价值定位必须是社会主义的民主政治。"一切民族都将走向社会主义,这是不可避免的,但是一切民族的走法却不会完全一样,在民主的这种或那种形式上,在无产阶级专政的这种或那种形态上,在社会生活各方面的社会主义改造的速度上,每个民族都会有自己的特点。"①因此,为了应对全球化带来的政治挑战,必须完善社会主义民主政治,建设符合自身国情的民主政治制度。社会主义市场经济的发展为中国建设民主政治提供了物质上的可能,而只有从体制层面上进一步贯彻和完善民主制度才是应对全球化挑战的关键。只有这样,才能在全球化过程中与发达或不发达的、具有不同政治制度的国家交往,才能在复杂的国际关系中掌握规则主导权,才能在国家制度的比较中显示自身制度的吸引力。

二、民主创新与政府角色

任何一种性质的民主都有从不完善到完善的发展过程,这是由该国的政治、经济、文化发展水平决定的。我国经历了长期的封建专制社会,小农经济、皇权意识、专制体制传统、等级思想等极大地阻碍着我国的民主政治建设。而长期处于社会主义初级阶段的事实也决定了政府必须积极地推动经济、文化的发展与完善,奠定民主创新的基础。

(一) 民主创新实践中的政府定位

1. 现代化进程的政府。从现代化的角度来说,我国属于典型的后发现代化国家。我国目前仍然处于现代化进程之中,实现工业化、民主化和城市化是社会主义现代化建设的重要任务。但是,我国没有经历过资本主义的充分发展阶段,所以,

---

① 《列宁专题文集(论社会主义)》,人民出版社2009年版,第398页。

经济发展、政治建构和文化建设必须依靠政府来动员各种社会力量,重新配置国家资源。只有充分利用政府的力量,工业化才能优先发展起来。也只有充分利用国家的力量,才能更好地培育公共领域,建设民主的政治文化,促进政治结构的民主转型。

2. 全球化进程中的政府。20 世纪后期世界历史发展的最重要表征就是全球化。全球化的显著特征就是全球公民社会的形成以及全球治理的出现。包括国际组织、非政府组织、跨国公司、民间组织等在内的非国家行为主体,对民族国家的政府产生了强大的冲击。"全球政治舞台可以被认为是一种多头政治的'混合主体体系',在这一体系中,政治权威和政治行动的源泉广泛分布",①各种非国家行为体登上全球舞台并发挥着日益重要的作用。虽然政府在全球化进程中变成了各种行为体中的一种,但是,因其掌握的权力资源、社会资源和经济资源等有利条件,仍然是主导各国国内和国际政治的主要力量。在民主成为人类共享的普遍价值条件下,各国怎样实现民主、建设民主,通过何种路径走向民主,主要还是取决于各国具体的国情和历史,取决于各国政府的选择和引导。

3. 治理实践中的政府。在经济全球化、政治民主化和文化多样化的今天,善治已经成为人类政治发展的理想目标。善治就是使公共利益最大化的社会管理过程和管理活动,其本质在于政府与公民对公共生活的合作管理,是政治国家与公民社会的一种新颖关系。另外,越来越多的非国家组织开始分享原来属于国家所有的政治权力,权力主体比以前明显地增多了。但是,在人类政治发展的今天及可以预见的将来,国家及其政府

---

① [英] 戴维·赫尔德等:《全球大变革》,杨雪冬等译,社会科学文献出版社 2001 年版,第 69 页。

仍然是最重要的政治权力主体,政府无疑具有压倒一切的重要性,代表国家的合法政府仍然是正式规则的主要制定者。在现实的政治发展中,政府仍然是社会前进的火车头,政府对人类实现善治仍然有着决定性的作用,善政是通向善治的关键;欲达到善治,首先必须实现善政。①因此,没有政府的表率作用,没有政府的推动或引导,没有政府的规范和监督,民主建设也就无从谈起。

(二) 民主创新过程中的政府作用

1. 政府应当成为民主创新的表率。政府是国家政治权力的实际掌握者,是政治经济制度的建立和各种政策法规的制定者。政府的一举一动都极大地影响着全体公民的思想和行为,影响着社会的稳定与发展,政府自身的改革和创新对社会进步具有特别重要的意义。一个良好的现代政府不仅应当是精简、高效、廉洁的政府,而且应当是民主、开拓和创新的政府。因此,政府应该首先从自身做起,以民主理想、民主价值为诉求,建构合理、科学的政府体制,促进政治权力的协调运作,为公民参与提供各种顺畅渠道,实现最大限度的社会公正。

2. 政府应该成为民主建设的积极推动力量。民主是目前发现的最适合人类政治活动的理想政治制度。人类对自由、平等、权利、正义的价值追求需要通过民主制度来实现。但民主也是现实的政治实践,民主的建构和发展需要坚实的基础。首先是社会的经济发展条件,工业化、识字能力和教育的发展,城市化、财富的增加以及收入和财富差距的缩小能够为民主创

---

① 俞可平:《善政——走向善治的关键》,载《文汇报》2004年1月19日。

新奠定坚实的基础。其次是文化条件，自由、平等公民能够形成一种宽容、妥协、寻求共识的精神是民主发展的文化基础。创造民主发展的基础、条件是掌握政治资源的政府的重要任务，积极推动民主建设是现代政府的职责。政府必须能够审时度势，利用国际国内两个平台，利用各种社会资源，积极创造民主发展的经济和文化基础。

3. 政府应该明确引导意识，规范民主建设过程。民主建设是个长期过程，不是一蹴而就的，希望一夜之间建成高度发达的民主政治是不可能的。政府应该把握并引导民主建设的方向，这个方向就是社会主义的民主政治，不是西方发达国家的三权分立、多党政治。在我们这样的社会主义民主国家，民主政府是代表人民利益的政府，从本质上说，主权在民而不在政府，人民是国家政治权力的最终来源，政府受人民委托行使权力。因此，执政为民，是民主政府的起码要求。政府要时刻牢记，民主创新的最终目的是服务于人民大众，而不是少数人、少数利益集团；规范民主建设的过程，民主过程是复杂的、长期的，在这个过程中，政府要努力促进民主，不断提高民主的程度，必须做到：第一，根据宪法和法律，确保政府的各级官员真正由公民通过自由而公正的选举产生，让人民按照法律最大限度地自由选择自己的管理者，从制度上保证政府官员成为人民利益的真实代表。第二，建立一套公民约束和监督政府权力的有效机制，保证政府官员按照大多数选民的意愿办事，当政府官员违背大多数选民的利益时，公民能够按照法律和制度有效地剥夺违法或不称职官员的权力。第三，培育现代民主政治所需要的政治文化，使民主的精神内化于每个公民的日常行为之中，建构民主政治的社会基础。

4. 政府推进民主建设的重要作用还表现在政府官员要脚踏

实地地践行民主。我国是社会主义国家，人民是国家的主人，政府官员掌握的权力是人民赋予的。因此，政府官员要牢固树立民主观念，树立权力是人民赋予的的观点；努力创造各种有利于民众利益表达的机制，在决策过程中广泛听取民意；坚持为人民谋利益，主动接受人民群众和社会的监督。这是民主创新对共产党人全部活动出发点和归宿的要求。政府官员要珍惜人民赋予的权力，越是在长期执政的条件下，越是在改革开放和发展社会主义市场经济的环境中，越要认真思考权力是谁给的，应该怎样使用。要常思贪欲之祸，常怀律己之心，常修为政之德。唯有如此，才能够真正地推进民主政治建设。

三、社会民主：民主创新的基础

民主产生以后，在很长的时间里都指的是政治民主，即民主只意味着政治民主。而现在，人们也从非政治意义上谈论民主，例如社会民主、经济民主等。其中，社会民主的发展是非常重要的方面，民主政府的确立需要作为民主社会基础的社会民主的生长。当民主真正成为整个社会的共识、成为普遍的社会文化、成为人们的行为规范时，民主政府才能够真正得以建构和发展。释放社会力量，在政府与社会之间形成良性互动，不仅仅有利于培育民主政治的社会基础，而且也会形成一个充满竞争活力的民主政府。

（一）社会民主的内涵

1. 什么是社会民主。社会民主是一种社会状态，是一种精神氛围,或者一种生活方式,它是民主的社会前提。在这种状态中,每个人在身份、参与、风俗习惯等方面都是平等的。除了要求人民享有不被国家侵犯的自由和权利之外,社会民主还表现在确保人民享有合理的经济生活、社会生活,保障人民在经济和社会领域中的自由、平等与参与,以及对于社会的责任。在萨托利看来,社会民主就是作为社会状态的民主,在这种状态中,民主的精神遍及整个社会,是一种普遍的生活方式,它建立在平等价值基础之上,并且为这种价值所渗透。社会民主是指其民族精神要求它的成员认为自己有平等社会地位的社会。① 社会民主的基本精神是对人的价值的强调,所以,社会民主是从整体的角度考虑公民个体在社会生活中的作用、角色、参与和权利。

2. 社会民主的表现形式。社会民主可以指基层民主结构、小社区和自愿结社。这种网络可以繁荣整个社会,从而为政治上层建筑提供社会支柱和基础结构。一个有着民主结构的团体组成的多单位社会,同样具有社会民主的性质。另一方面,社会民主既是在社会层面上运行,更在于其自发性和内生性,社会民主是自下而上的。社会民主存在于广泛的社会生活领域,往往以社区民主、基层民主、团体民主等形态表现出来。在一个现代民主国家,社区民主生长于社会的基层,繁荣于社会的千千万万个社区单位和自治团体,以至形成广泛的社区民主网络。

3. 社会民主的意义。对于民主创新来说,社会民主是政治民主的基础,建构在社会民主基础之上的民主政治才是健全的、有活力的。民主变革可以在短时间内完成的,而整个社会

---

① [美]乔·萨托利:《民主新论》,东方出版社1998年版,第9—10页。

的民主化，是要经过几代人的逐渐的连续的过程。社会民主能够为公民精神的培养提供直接的、可操作的实践，更好地形成宽容、理性、对话的氛围。社会民主的充分发展有利于政治民主的成熟和完善。

（二）社会民主建构与政府作用

社会民主的建设是一个长期的过程。政府在这个长期过程中，应该始终处于主导地位，努力引导并积极建构社会民主。

1. 尊重公民权利，并建构保护公民权利的制度机制。政治民主和社会民主是民主的两个最基本的方面。如果说社会民主是政治民主的基础，那么政治民主就是社会民主的前提和保障。政治民主侧重于国家层面，社会民主则强调社会层面。其次，社会民主建设的前提在于自由、独立、享有宪法权利的公民个体。社会民主对公民的要求是必须形成对民主的认同，自觉承担责任和义务，有选择地接受各种社会价值观，参与公共事务，具备独立思考的能力并能明智地采取行动等。在整个民主建设过程中，政府要依靠法治，充分利用各种合理的政治制度、法律和民主意识形态来保障公民权利，只有如此，才能够从制度上维护公民个体的独立性，从制度上明确公民个体的社会和政治责任，才能够从制度上为公民参与公共事务提供健全的渠道。

2. 鼓励公民积极参与公共事务，在全社会形成民主精神与氛围。具有民主素养的公民是社会民主必不可少的要素。社会民主要求公民具有良好的社会责任感、积极的参与意识，以及妥协合作的精神，通过相互协商达成共识，促进社会的稳定、有序和活力。公民应该积极参与社会和国家的公共事务，没有这种广泛而持续的参与，民主就会枯萎。正是因为有来自社会各阶层的人积极参与公众事务，民主国家才能够经受得住席卷整个社会的、不可避免的经济和政治风暴，而不必牺牲自由和权利。在民主社会中，公民参与公众事务，不仅仅是竞选和参与投票，公民还可以在各种社会机构中服务，或组织社区团体；公民也可以参加持续进行的公共事务辩论，或者参加政党、工会或其他志愿组织。健康发展的社会民主，取决于是否有广大公民在了解情况的条件下持续参与公众事务。民主是一个过程，是在一起生活和工作的一种方式。民主需要全体公民的合作、妥协和容忍。需要全社会都形成一种尊重规则、尊重他人权利、协商、依靠共识作出决定的氛围。

3. 积极建构充满活力的公民社会。公民社会是指介于国家与家庭或个人之间的一种社会生活领域以及与之相联系的一系列社会价值或原则。其基本原则或价值表现为权利、多元、公开、参与和法治。公民社会对于民主政治的意义在于：第一，公民社会为公民的利益表达提供了多样性的形式与渠道，保证公民利益的通畅表达。"一个充满活力的公民社会，不但提高了民主政治的责任能力，而且提高了民主政治的代表性和生命力。"[1]第二，培养公民的民主意识、民主文化和民主参与技巧。公民的民主权利和意识得到培养和提高，会使民主的价值与原则在民主政治中越来越稳定。第三，公民社会对自由、平等、权利和公正的追求，是民主政治正常运行的必要条件，为民主政治的发展提供强大的动力。第四，公民社会可以将来自民间的孤立的资源与能量汇聚起来，从而对政治系统和政府官员形

---

[1] Larry Diamond, "Three Paradoxes of Democracy", in Larry Diamond and Marc Plattner eds., *The Global Resurgence of Democracy*, Second Edition, Baltimore: Johns Hopkins University Press, 1996, pp. 227-40.

成强大的社会压力,使其始终在宪法和法律允许的范围内行使权力,从而对政治权力起到约束和制约作用。防止政治权力的无限膨胀和腐败。第五,公民社会在利益多元化的基础上,促使政治过程走向开放。政治过程的开放性使各种社会力量与国家的力量相互交织而构成政治国家的政治行为,不断推动政治活动的民主化。因此,政府必须积极培育健康和充满活力的公民社会。

4. 从实际出发,大力推进社会民主建设。在我国现阶段,社会民主建设的最突出现象就是村民自治组织和城市社区组织的民主进程。根据我国相关法律的规定,村民委员会和居民委员会是我国基层群众的自治组织,是人民群众直接行使民主权利,依法办理自己的事情,实行自我管理、自我教育、自我服务的社会民主制度。它们不是国家政权组织,而是独立的社区自治组织,是社会民主的最直观表现。大力推进基层自治组织的民主建设是促进社会民主发展的重要内容。

1987年《村民委员会组织法(试行)》施行至今,中国农村基本上全部实行了村民直接选举村委会成员的做法。农村基层民主的成就体现在这样几个方面:一是通过选举产生了保证社会民主的制度化结构,如村民大会、村民代表会议等。二是选举制度越来越完善。如选举委员会产生办法、提名制度、竞选制度、秘密划票制度,以及公开点票制度,以及罢免制度、监督制度等。三是在村民自治的实践中,鲜活的民主实践使广大群众的民主意识、权利意识、责任意识逐渐增强,公民政治文化逐渐形成。四是民主决策、民主管理与民主监督开始真正具有实质性意义。1990年,我国就开始施行《居民委员会组织法》,但直到1999年,才开始进行了社区自治的试点。近年来,城市社区自治的建设取得了很大成就,居委会、居民会议、老年人协会、计划生育协会等都变成了重要的社会民主建设的自治组织。社区功能日益完善，自治组织的选举、管理也日益成熟。

实践表明，村民自治和城市社区自治的初步成功打开了社会民主建设的大门。而在这种基层自治组织的实践中，选举制度是其真正的灵魂。社会民主的建设必须首先引入直接选举制度，通过选举制度的实践，才可能真正产生民主决策、民主管理、民主监督，社会民主才有可能真正形成并完善起来。

四、民主创新的基本内容

民主政治建设的"主体工程"是国家政权的民主化，它包括民主价值的普及、民主政治结构的建立和完善、民主机制的顺利运行。因此，我们要在积极推进社会民主建设的同时，不失时机地进行政治体制改革，大力推进政府自身的民主建设。

（一）发展党内民主，提高党的执政能力

党内民主是民主基本原则和精神在党内生活中的具体体现。就是党基于自身性质、任务和宗旨，依据民主集中制的基本原则，对党的组织、体制和过程所作出的民主的制度规定以及由此所形成的党内政治生活。列宁曾经指出，"党内的一切事务是由全体党员直接或者通过代表，在一律平等和毫无例外的条件下来处理的；并且，党的所有负责人员、所有领导成员、所有机构都是选举产生的，必须向党员报告工作，并可以

撤换。"①党内民主的最基本目标是：全面推进党内的制度建设和制度落实，推进党的领导制度化和现代化进程；全面调动党的各级组织和全体党员的积极性和创造性，保持党的生机与活力；在党内真正形成生动活泼的政治局面，提高党的执政能力。

在我们党从领导人民为夺取政权而奋斗的党转变成领导人民掌握全国政权并长期执政的党的情况下，发展党内民主必须与党在改革开放条件下有效领导国家建设、实现长期执政相结合，具体来说，就是必须与在新的历史条件下建设一个什么样的党和怎样建设党这个基本问题，以及与如何进一步解决提高党的执政能力和领导水平、提高拒腐防变和抵御风险能力这两大历史性课题相结合。中共十六届四中全会通过的《中共中央关于加强党的执政能力建设的决定》，以及《中国共产党党员权利保障条例》的施行，就是发展党内民主的重要举措。

发展党内民主，制度建设是根本，健康的政治生活是基础。制度建设的重点在于完善和发展各种党内制度：（1）党代会制度，其中包括党代表大会、党代表会议和党员大会等，党内重大事务必须经过党代会。（2）党委制度，是集体领导的重要环节。党委会的集体领导："一是重大事项一定要通过党委会集体讨论决定；二是党委会内成员一人一票，少数服从多数；三是集体领导与个人分工负责相结合。"②（3）选举制度，是发展党内民主的内核，其基础是尊重和维护党员的权利，保障党员行使各种权利。具体包括各级党的代表大会代表的选

---

① 《列宁专题文集（论无产阶级政党）》，人民出版社2009年版，第346页。

② 《关于党内政治生活的若干准则》（1980），《三中全会以来》（上），人民出版社1982年版，第417—419页。

举、各级党的委员会的选举。(4) 监督制度，是保障党内民主健康发展的制度保证。包括政治监督、纪律监督、权力监督和作风监督。没有监督，党员的权利就无法保障，党的集体领导就会受到个人专断的威胁。

其次，形成健康的党内政治生活，形成党内民主发展的坚实基础。要教育党员领导干部带头树立民主观念，养成民主习惯，培养民主作风，形成民主传统，并以自己的模范行为带动自己工作领域的民主建设。普通党员也要增强民主意识，敢于和善于提出和坚持自己的正确意见，积极参与重大问题的讨论，充分行使好自己的民主权利，自觉地同损害党员民主权利的现象作斗争。

(二) 实现自由公正的选举，确立公民授权机制

从本质上说，民主政府的主权在民而不在政府，人民是国家政治权力的最终来源，政府受人民委托行使权力。要确保政府永远是一个民主的政府，并且不断地提高民主的程度，最重要的是做到必须根据宪法和法律，确保政府的各级官员真正由公民通过自由而公正的选举产生，让人民按照法律最大限度地自由选择自己的管理者，从制度上保证政府官员成为人民利益的真实代表。

实现自由、公正和竞争性的选举，是民主政府的核心。民主选举赋予现代政府以政治合法性，定期举行自由而公平的选举是使政府官员向民众负责的制度基石。只有从制度上保证政府向人民负责并接受人民监督，政府及其官员才会真正地成为社会的公仆并全心全意地为人民服务。

近年来，我国各地地方政府的民主创新在选举方面有许多

鲜活的经验，例如，三轮两票选举乡镇长、直选乡镇长候选人等。从竞争性选拔到竞争性选举，其实质是真正从制度上实现人民主权原则，是改变上级党和政府授权而确立公民授权机制的创造性变革。就此而言，应该纠正长期以来形成的几种偏见：一是群众文化素质低，不适合实现民主选举；二是选举会导致不稳定，黑恶势力、家族势力会操纵基层政权；三是发展经济是首要任务，等到经济发展到成熟阶段后才搞民主选举。事实上，民主选举的成功实施需要各种支撑性要素，但是，这些要素不是拒绝民主选举或无限期延迟民主选举的借口。公民文化可以在民主制度的实践中形成，民主制度建设反过来会更有利于经济发展，社会的稳定是动态而非静态的稳定，选举实践可以提高公民素质，增强公民责任感，促进多元利益的表达、妥协、共识的形成，促进社会的稳定与发展。

（三）建构合理的权力制约机制

公共权力来自民众并且是为民众服务的。但是，如果缺少制约和监督，公共权力也最容易被滥用，最终侵害民众的利益。因此，提高政府的民主程度，还必须建立起一套约束和监督政府权力的有效机制，保证政府官员按照大多数选民的意愿办事，当政府官员违背大多数选民的利益时，公民能够按照法律和制度有效地剥夺违法的或不称职的官员的权力。

首先，只有以权力制约权力，防止权力过分集中，权力滥用的现象才能得到有效遏止。"权力过分集中，妨碍社会主义民主制度和党的民主集中制的实行，妨碍社会主义建设的发展，妨碍集体智慧的发挥，容易造成个人专断，破坏集体领导,也是在新的条件下产生官僚主义的一个重要原因。"① 政府内合理的分权、制衡,是建立权力监督制约机制的基础。权力监督的最终源泉在于民众的意愿,而体现民众意愿的权力载体就是民选的立法机构,在我国就是由人民选举产生的各级人民代表大会及其常务委员会。建立起政府结构内的权力监督,首要的是完善和充分发挥好人大的监督权。即从选举、预算与审计、述职与质询、执法检查、罢免等方面入手,建立起合理的权力监督制约机制。

其次,以社会制约权力,是保证权力民主运作的关键要素。一个相对独立于国家的、多元的、自我管理的社会,是民主政治的重要基础,也是制约权力的重要力量。一个存在利益多样性的社会,可能在权力制约方面补充,或者解决制度设计所无法解决的问题和困境。目前我国正处于利益分化、利益多元化的关键时期,中国公民社会正在兴起,合理引导并化解各种利益冲突、调整利益关系、规范利益格局将会促进社会的健康和谐发展,并最终形成对公共权力的社会制约。

(四) 改进决策机制,实现决策的科学化、民主化

随着社会主义市场经济的发展和政治文明建设的推进,科学、民主决策逐渐成为我国各级政府的当务之急。科学的和民主的决策直接关系到人民民主的发展和政府民主程度的提高,关系到行政效率和经济效益,关系到人民对党和政府的信任,直接关系到社会的政治稳定。因此,民主创新必然要求实现决策的科学化和民主化。

---

① 《邓小平文选》(第2卷),人民出版社1994年版,第321页。

实现政府决策的民主化、科学化，必须改革和完善现有的决策机制，建立起科学民主的决策机制，即深入了解民情、充分反映民意、广泛集中民智、切实珍惜民力的决策机制，推进决策科学化民主化。首先，完善决策的规则和程序，规范各级决策机关的重大决策；其次，促进信息公开化，保证决策信息的准确性、全面性和系统性；再则，重大决策要经过科学论证，广泛发扬民主，建立论证制度与责任制度；另外，建立健全由领导、专家和群众相结合的决策机制，推进决策科学化、民主化；最后，通过科学规范的评估，促进决策的发展与完善。实际上，在我国地方政府的决策实践中，已经创造出许多科学的决策机制，如实行民主恳谈、村务大事公决制度、市民旁听、听证会制度、专家咨询制度等。

五、政府民主创新的路径选择

发展民主、建设民主政府是政府创新的首要内容，政府发挥着关键的主导性作用。那么，政府在推动社会民主发展、加强自身民主建设的过程中，应该遵循哪些基本路径与方法呢？

（一）民主创新的基本原则

1. 坚持党的领导、人民当家作主和依法治国的有机统一。党的领导、人民当家作主和依法治国是社会主义政治文明的三个有机组成部分和三大战略目标。党的领导保证着政治文明建设的社会主义方向。人民当家作主是社会主义政治文明的核心内容。依法治国、建设社会主义法治国家是社会主义政治文明建设的法律保障。同时这三者之间又有着密不可分的联系。如果把这三者割裂开来、对立起来，社会主义政治文明的内容就会残缺不全，社会主义政治文明建设就会偏离其战略目标而出现偏差。发展社会主义民主政治，推进地方政府民主创新，要在党的领导下逐步进行，绝不能削弱或抛开党的领导。另一方面，民主政府的建设和完善，要求改革党的领导方式和执政方式，加强党的执政能力建设。把党的领导、人民当家作主和依法治国有机统一起来，并且最终统一到人民当家作主上来，是建设社会主义政治文明必须遵循的根本方针。

2. 将民主创新与政治发展统一起来。政治发展既是不发达政治系统向发达政治系统变迁的过程，同时也是传统政治文明向现代政治文明的演进过程。由于历史、文化和国情的不同，各国政治发展道路和模式不尽相同。政治发展重在建设，即政治文化、政治制度和政治能力建设。社会主义民主政治的发展和完善，需要政治改革，发展民主，建设更民主的政府体制，进一步焕发社会主义制度的生机和活力。建设社会主义政治文明，需要通过积极稳妥地推进政治体制改革，建设民主法治国家，建立廉洁高效政府，维护司法独立和公正，保障公民自由和权利。民主创新与政治发展的有机统一，实际上就是建设社会主义政治文明的必由之路。

3. 在民主创新中巩固和发展社会主义。社会主义的政治制度是人类最高类型的政治制度，社会主义政治文明是最符合广大人民群众利益的政治文明。但是，诸多条件的制约，社会主义政治制度与政治文明的优越性还没有完全发挥出来，社会主义民主政治的程度还需要进一步提高。坚持社会主义的原则，才能够使民主创新沿着正确的航向前进。坚持社会主义是民主创新健康发展的重要保证。同时，社会主义的巩固与发展也只有在民主创新中才能够得以实现。因为民主创新、建设民主政府体制是社会主义政治制度的自我完善和发展，发展民主是社会主义的本质内容。社会主义基本政治制度只有通过改革、创新才能够不断地加以完善，才能更好地加以坚持，而社会主义政治制度只有显示出自己的优越性才能更好地坚持马克思主义的指导地位和坚持走社会主义道路。

4. 借鉴人类政治文明的有益成果，并将理论创新、制度创新和实践创新统一起来。社会主义政治文明是人类政治文明进步的产物，只有吸收借鉴人类社会包括资本主义发达国家创造的政治文明的一切有益成果，社会主义政治文明建设才能少走弯路、少遇挫折。民主创新、建设社会主义政治文明，需要学习、借鉴和引进人类政治文明特别是现代政治文明的价值资源、制度资源和技术资源等优秀成果。但是，因为价值取向、制度设计、运行机制等方面的差异，所以，借鉴人类政治文明的有益成果不是简单照搬西方政治制度模式。民主创新要从我国的实际情况出发，总结自己的实践经验，推进政治建设方面的理论创新、制度创新和实践创新。批判地借鉴人类政治文明的有益成果，将理论创新、制度创新和实践创新有机统一起来，社会主义政治文明才能真正地超越资本主义政治文明，在更高的程度上实现民主、自由、平等和解放。

（二）民主创新的路径

现代民主政府的建构、完善与发展，也必然走创新之路。实践的发展要求一个民主的政府需要从理论、制度、技术和机制等几个方面进行创新，完善民主制度，提高民主程度。

1. 理论创新。民主政府理论的创新是规范民主政府建设的理论依据。首先，理论创新是民主理论本身的特征，从古典民主理论，到近代民主理论，以至社会主义民主理论，民主理论总是随着实践的发展在不断地完善和发展。其次，随着社会主义市场经济的发展、全球化趋势的迅速发展，社会主义民主理论的创新也变得尤为重要。只有在实践基础上发展和创新社会主义民主理论，才能更好地从事社会主义民主实践。理论创新必须解放思想、实事求是，大胆研究和回答社会主义时期民主建设和社会发展中遇到的新情况、新问题；以群众的社会实践为智慧源泉，总结和升华广大人民群众的实践创造；以现实为基础，着眼于对实际问题的理论思考，着眼于新的实践。

2. 制度创新。民主的制度创新是指规范民主实践的制度结构、各项具体的政治制度设计和安排。在我国现阶段，民主的制度创新主要在于充分利用、挖掘现有制度设计中"空置"的民主资源。我国宪法对公民权利、选举制度等设计还存在很大的利用空间。人民代表大会制度作为民主设计的最主要体现，也需要更多的实践来实现其制度允许的原则和价值。民主创新在这里也意味着将民主的制度设计充分地运用于实践之中，在实践中操练民主。

3. 技术创新。民主的技术创新，是指在实践民主制度的过程中所需要的具体的程序性安排。民主是实质民主与程序民主的统一，缺少实质的民主是没有灵魂的，而缺少程序的民主则是空泛的民主。长期以来，我国社会主义民主制度的价值主要是因为缺乏具体的程序性设计而无法完全体现出来。近年来，随着我国基层民主实践的逐步推开，民主的技术创新也开始进入理论与实践的视野。以村民自治为例，村民民主选举中的"秘密写字间"或者"划票间"的设计，就是民主技术创新的典型。民主政府的建构必须以民主程序、民主技术的具体设计为基础。只有这样,民主才是具体的、现实的。

4. 机制创新。推行民主和透明的政治运行机制,是实现民主政治的关键环节。中国经济和社会的转型导致利益分化与重组,也改变了传统的利益表达方式。因此,面对由市场经济发展而诱发的利益多元化及利益表达的多样性时,政府机制必须能够作出调适以化解非制度的、极端的利益表达所诱发的政治压力甚至动荡。就具体的机制而言,建构与发展协商民主是我国民主政治建设的关键。协商民主是指在政治参与的过程中,参与者能够理性表达自身利益并充分考虑他人的偏好,在讨论、审议和偏好转换中达成共识,从而赋予立法和决策以合法性的治理形式。协商民主为多元利益表达提供了平台,为社会利益主体达成共识准备了空间,为立法和决策拓展了合法性基础。因此,在实践中大力发展协商民主将是我国民主政府机制创新的重要环节。

(三) 民主创新的具体方法

遵循民主创新的原则和层次,各级地方政府在进行民主创新时,首先必须坚持学习的方法。作为一种政治文明,民主是外来的。传统中国没有本土的民主理念和民主实践,因此,我们必须从世界政治发展的历史中学习、借鉴各种民主政治的先进经验和做法。这是一个方面。另一方面,中国各地地方政府的情况千差万别,不同地区、环境和不同时间的政治实践产生的结果也会表现出极大的差异。民主创新在时间上表现出来的差序也是不一样的,因此,后来者完全可以在学习先行者的基础上进行民主创新。学习型创新可以吸收前人的经验、教训,可以在此基础上以更完善的设计实践民主。

其次，民主创新必须坚持试验的方法。民主价值是普遍的，但民主制度在各国之间就存在着明显的差异，而国内各地之间的具体民主程序设计也可能表现出不一致。因此，某种具体的民主创新是否适合本地实际情况完全是未知的。只有试验、尝试，才能够总结出民主实践的基础、条件，从而最终促进民主的发展。

结　论

在人们的印象中，我国改革开放以后的成就主要体现在社会主义市场经济体制的建设方面，政府的改革与创新，或者说政治体制的改革一直没有多少起色。实际上，在市场经济体制改革的同时，我国党和政府一直在努力推进政治体制改革，推进政府的民主建设。邓小平同志在1985年就指出，在国内各项政策中，最重大的有两条："一条是政治上发展民主，一条是经济上进行改革。"[①]民主政治建设对于社会主义事业具有十分重要的作用。

而如果深入到中国政府的实践中去，我们就会发现，改革开放以来，我国的政府改革与创新取得了显著的成效。首先，国家出台了许多促进民主政治建设的政策法规，例如，《村民委员会组织法》、《居民委员会组织法》、《行政许可法》、《中国共产党党内监督条例》、《中国共产党党员权利保障条例》等；其次，各地的政府在诸如改革传统政府体制、实现决策民主化、推广并完善选举制度、加强权力监督与制约等方面已经

---

① 《邓小平文选》（第3卷），人民出版社1993年版，第116页。

作出了成功的尝试。地方政府的这些民主创新,为社会主义政治文明建设提供了新鲜的材料和经验;再则,政府创新的理论研究与实践越来越紧密地结合在一起。由中央编译局比较政治与经济研究中心、中央党校世界政党比较研究中心和北京大学中国政府创新研究中心联合发起的"中国地方政府改革与创新"项目,按照科学的学术标准,从民间的角度对政府行为进行评估和奖励,有效地推动了地方政府的改革实践。

当然,由于历史与现实各种因素的影响,加强民主政治建设的努力还面临着许多的问题,如传统对民主建设的制约、民主创新对既有体制的冲击、民主创新的可持续性与推广、建立健全党内民主等。但是,正因为这些问题的存在,才会更进一步地促进我们在理论上思考民主创新的基础、条件与制度设计,促进我们在实践中进行更具创造性的努力。在社会主义市场经济体制充分发展的基础上,政府的民主建设也必然会越来越完善。

(原载《学习与探索》2006 年第 2 期)

生态文明

生态文明与生态治理

生态文明是一种新的文明形态，是迄今为止人类文明发展的最高形态。它具体是指，人类在改造自然以造福自身的过程中为实现人与自然之间的和谐所作的全部努力和所取得的全部成果，它表征着人与自然相互关系的进步状态。生态文明包括人类为实现这种和谐所创造和建构的技术、组织、法律、制度、意识以及实际行动。生态文明是人类文明发展的一个新的阶段，即工业文明之后的人类文明形态。

实现生态文明，需要一种新的治理形式。这种治理形式强调在人与自然、人与社会的关系中，以公共利益为最高诉求；强调多元参与、协商对话和共识。这种治理形式就是生态治理。

1. 生态治理是一种节约资源的治理。我国是一个资源紧缺的国家。人均水资源占有量仅相当于世界人均水资源占有量的1/4，人均耕地只有世界平均水平的1/4。人均森林面积只有世界平均水平的1/5。因此，生态治理要求必须重视节约资源、有效利用资源，使有限的资源实现效益的最大化。建设节约型社会是实现生态治理的重要举措，关系到人与自然和谐相处。政府必须充分考虑资源的承受能力和涵养、接续能力,在合理增加资源的有效供给的同时,努力节约资源,保护环境,缓解资源硬约束。每个公民都应当增强资源意识和节约意识。

2. 生态治理是一种多元参与的治理。随着经济的发展,社会主体越来越多样化,利益格局也表现出多元性。因此,生态治理是一种多元主体共同参与的治理。这些主体包括政府、非政府组织、社会中介政治、民间组织、公民个体,以及企业等。治理的主体既可以是公共机构,也可以是私人机构。治理是政治国家与公民社会的合作、政府与非政府组织的合作、公共机构与私人机构的合作、强制与自愿的合作。同时,我们需要创造出适合公民参与的制度。这种制度,既能让我们作为个体加以接受,又能让我们产生社群意识并重新体验民主。参与需要重新唤起公民意识,需要强调社群的共同利益,也需要遵循民主过程解决冲突。

3. 生态治理是一种良性互动的治理。生态治理的一个重要特征是,多元主体在追求公共利益过程中,形成良性互动的和谐关系。治理明确肯定了在涉及集体行为的各个社会公共机构之间存在着权力依赖。进一步说,致力于集体行动的组织必须依靠其他组织;为达到目的,各个组织必须交换资源、协商共同的目标;交换的结果不仅取决于各参与者的资源,而且也取决于游戏规则以及进行交换的环境。生态治理是人与自然的和谐相处的动态过程,它要求人类的经济活动必须维持在生态可承载的能力之内;生态治理是人与社会的良性互动过程,它主要通过合作、协商、伙伴关系、确立认同和共同的目标等方式实施对公共事务的管理;生态治理的良性互动机制,建立在市场原则、公共利益和认同的基础之上,其权力向度是多元的、相互的，而不是单一的和自上而下的。

4. 生态治理是一种建立在基层民主之上的治理。基层民主要把公共政策领域通常自上而下的方法反过来，让民众和社群有权决定自己的生态命运和社会命运，也让民众有权探寻一种对环境和社会负责任的生活方式。生态社会立足的基础是，其公民有能力通过积极参与自治，创立一个有爱心、可持续的共同体。公民参与自治的过程被称为直接或参与型民主。基层政治的基础就是培养一种有关政治权力、个人价值和胜任能力的感觉，这种感觉将需在行使公民权的过程中得到具体的体现。

5. 生态治理是一种通过善政走向善治的治理。善治就是使公共利益最大化的社会管理过程和管理活动。善治的本质特征，就在于它是政府与公民对公共生活的合作管理，是政治国家与公民社会的一种新颖关系，是两者的最佳状态。善治的基本要素包括：合法、法治、透明、责任、回应、有效、参与、稳定、廉洁、公正等。尽管经济全球化确实已经对传统的政治模式和公共管理产生了巨大的冲击，但是，在人类政治发展的今天和我们可以预见的将来，政府仍然是社会前进的火车头，政府对人类实现善治仍然有着决定性的作用。善政是通向善治的关键；欲达到善治，首先必须实现善政。

生态治理是全球化话语下善政与善治的新体现，是个体、社会组织与政府之间的多向互动。它追求一种更高意义上、更现代意义上的社会公正与和谐。其前提和基础是作为社会资本的公民社会。参与公共事务是每个公民不可或缺的意识与责任。生态治理是一种多元治理，强调公民参与、对话、协商、共识与公共利益。生态治理是以民主为基础的，民主是生态治理的前提。生态文明建设，必须与民主结合起来，生态文明呼唤一种新的知识语境与话语体系。它在社会公正的基础上寻求社会效率，使公正与效率达到一种动态的和谐。

（原载《学习时报》2006年7月17日）

生态文明与协商民主

从发展史来看，人类文明已经经历了原始采集文明、农业文明和工业文明。在工业文明时代，人类取得了前所未有的辉煌成就，但也遇到了前所未有的危机，经济的、社会的、政治的、环境的等。在既有的制度框架内，人类无法有效消除这些危机和困境。因此，人类必须寻找一条新的发展道路，实现由工业文明向生态文明的转型。如果说以工业生产为核心的文明是工业文明，那么，生态文明就是以生态产业或产业生态化为主要特征的文明形态。生态文明是人与社会进步的重要标志。生态文明是一种新的文明形态。本文将在分析生态文明的内涵、目标和价值的基础上，初步勾勒出实现生态文明的内在要求和必然选择，即生态治理和协商民主政治。

一、生态文明的内涵、目标与价值

1. 生态文明的内涵

生态文明是一种新的文明形态，是迄今为止人类文明发展的最高形态。它具体是指，人类在改造自然、促进社会进步和发展的过程中，实现人与自然、人与人、人与社会之间和谐共生关系的全部努力和成果，包括人类为实现这种和谐所创造和建构的技术、组织、法律、制度、意识，以及实际行动。生态文明包括两个层面的内容。

从狭义上讲，生态文明就是人类在改造自然以造福自身的过程中为实现人与自然之间的和谐所作的全部努力和所取得的全部成果，它表征着人与自然相互关系的进步状态。[1]根据这种对生态文明的理解，它包含人类保护自然环境和生态安全的意识、法律、制度、政策，也包括维护生态平衡和可持续发展的科学技术、组织机构和实际行动。而从广义上来讲，生态文明是人类文明发展的一个新的阶段，即工业文明之后的人类文明形态。[2]生态文明是指人类文明发展的新阶段和新形态。它是指人们在改造客观物质世界的同时，不断克服改造过程中的负面效应，积极改善和优化人与自然、人与人、人与社会关系，建设人类社会整体的生态运行机制和良好的生态环境所取得的物质、精神、制度方面成果的总和。它包括人与自然关系的和谐、人与人之间关系的和谐，以及人与社会之间关系的和谐，而不仅仅局限于人与自然的关系。

文明是历史的、具体的。首先，生态文明是文明形态发展的必然。根据广义的理解，生态文明是有人类以来采集文明、农业文明和工业文明之后的一种文明形态。目前，人类文明正

---

[1] 俞可平：《科学发展观与生态文明》，载《马克思主义与现实》2005年第4期。

[2] 《论生态文明》，载《光明日报》2004年4月30日，中国社会科学院邓小平理论和"三个代表"重要思想研究中心，执笔：李景源、杨通进、余涌。

处于从工业文明向生态文明过渡的阶段。如果说以工业生产为核心的文明是工业文明，那么，生态文明就是以生态产业（或产业生态化）为主要特征的文明形态。生态文明是人与社会进步的重要标志。其次，生态文明是人类对传统工业文明进行理性反思的产物。在工业文明时代，人类取得了前所未有的辉煌成就，但也遇到了前所未有的危机。工业文明的社会危机主要表现为：巨大的贫富差距、不公正的国际秩序、核战争的威胁、恐怖主义、人口膨胀、传统道德的失范及信念危机等；生态危机主要表现为：环境污染、资源短缺、物种灭绝、自然灾害、疾病和生态失衡等；经济危机主要表现为：通货膨胀、金融危机、泡沫经济、投机等；更为严峻的是，上述危机总是以"症候"的形式出现在人类面前。"今天，由于资本主义市场的全球化与信息化，劳动异化与交往异化也被进一步强化，不仅外部自然正以全球规模被破坏，而且在发达资本主义社会，人的所谓社会性、共同性这种人性的最深层的内部自然也正被破坏。"[①]工业文明时代的社会、经济、生态等方面的危机，无法在自身框架内解决，人类必须寻找一条新的发展道路，实现由工业文明向生态文明的转型。

就其与物质文明、精神文明和政治文明的关系而言，也包括两个方面的理解。第一，生态文明在人与自然关系方面所创造的生态环境为物质文明、精神文明、政治文明建设提供了必不可少的生态基础，而后者则是在生态基础上创造出来的物质、精神和制度成果。四种文明共同构成文明建设的体系。第二，作为人类文明的最高形态，生态文明体现了物质文明、精神文明和政治文明建设的升华，是后者的落脚点。物质文明建

---

① ［日］尾关周二：《共生的理想：现代交往与共生、共同的思想》，卞崇道等译，中央编译出版社1996年版，第147页。

设主要是处理人与自然的关系,政治文明主要是处理人与人的关系,精神文明是指改造人的主观世界,提高人的自身素质。而生态文明不仅改造人与自然的关系,消除社会不公,使人与人的关系协调发展,而且还把许多新观念、新内容引进精神领域,全面推进人类文明的发展和进步。

2. 生态文明的目标:社会公正

社会公正是社会的政治利益、经济利益和其他利益在全体社会成员之间合理的分配,它意味着权利的平等、分配的合理、机会的均等和司法的公正。"社会正义(公正)不单强调公平地分配物品,它也必然指平等地分享保健、教育、食物、住所、文化娱乐、个人和社群的自由表达,以及政治权力。"① 生态的价值观尊重平等对待世界,包括自然界与人的世界。这也意味着奉行社会正义。生态社会将是一个公正的社会,不管人们住在哪里,这个社会都会赋予他们能力和手段,去追求一种健康的、愉快的、可持续的生活方式。对待自然界也是这样。从理想的状态来说,在实现了社会正义的社会里,没有人会损人利己地追求地位或聚敛财富,因为人们都充分认识到,全体的福祉会促进个人的福祉,而反之亦然。社会公正是社会主义的本质要求,是衡量社会全面进步的重要尺度。

建设生态文明社会必须坚持公正原则。首先,社会公正能够有效地凝聚社会各领域、各阶层的力量,推动符合广大人民利益的改革。而政府应该被赋予承担维持社会公正的责任,只有这样,才能够在利益多元化的社会现实中,推动各项政策的有效实施。第二,社会公正反映了社会多数群体的意愿,而维护这种意愿需要公正的制度安排、程序设计。唯有通过制度化

---

① [美]丹尼尔·A.科尔曼:《生态政治:建设一个绿色社会》,梅俊杰译,上海译文出版社2002年版,第126页。

建设，建立体现社会公正的法律和制度，才能确立消除社会不公的制度规范，有助于在既有体制和政治结构中推进改革。第三，实行体现社会公正的政策，弱化利益冲突和社会对立。社会公正既能推动社会进步，也能避免因为利益过度分化带来的激烈冲突。第四，形成社会公正意识，重建文化和道德秩序，从深层结构方面提高文明水平，维护社会公正。

生态文明所理解的公正，包括人与自然之间的公正、当代人之间的公正、当代人与后代人之间的公正等。具体而言，涉及这样几个方面：一是实行公正的政治，包括公正、公平、公开的政治参与和政治决策；二是建立法律面前人人平等的法治，抑制司法腐败；三是建立公正的经济运行机制，实施公平竞争原则；四是形成公正的社会监督，充分发挥社会舆论和体制外的监督力量；五是追求环境正义，尊重环境作为人类社会发展重要因素的权利和地位，实现可持续发展，在当代与后代之间维持一种公正的代际关系。

要全面维护和实现社会公正，必须从法律上、制度上、政策上努力营造公正的社会环境，保证全体社会成员都能够比较平等地与自然相处、与他人相处、与社会相处，并努力形成一种和谐的关系。

3. 生态文明的价值诉求

（1）多样性。生态文明的价值观首先强调人、自然、社会的多样性存在。现代性要求规范、标准，倾向于整齐划一，试图让人们按照同样的方式生活，使用同样的资源和技术。但生态的价值观强调尊重多样性，"各不相同的地区千差万别的生活经历理应导致全球范围内多姿多彩的文化经历和各具特色的生活方式"①。尊重多样性将带来多样的社会形式；尊重多样性，还注意那些身受社会与环境问题之苦而又无能为力的社群所具有的多样性特点。

（2）可持续性。可持续社会不是一意孤行地把人力资源和自然资源化为资本，而是把人从残酷竞争的异化中解放出来，让人有时间、有机会继续接受教育和从事探究活动，从而打开人类想象与创造的源泉。作为这一社会的基石，人们应理解到，可持续性不仅意味着尊重自然环境，而且意味着公平地分配经济的和社会的报酬和机会，这样，所有人都能休戚与共地奔向共同的未来。②社会的发展意味着既满足当代的需要，又不损害子孙后代满足他们需要的能力和资源。可持续性强调代际平衡与协调。

对于寻求社会公正的人们来说，可持续性也是基层运动组织的重要准则。组织发动的方式必须能够促进大众参与，防止半途而废，同时自觉面对阻碍持续发展的种种困难。工业社会向生态社会的转型要求建立起可持续的组织，以此为建设可持续社会率先垂范。

（3）整体性。科尔曼曾经指出："没有胸怀全球的思考，便不能树立环保的严正性与完整性。全球责任并非限于考虑全球性的利弊得失，它也意指应用一种整体思维方式，改变公共政策和公民行为中屡见不鲜的支离破碎、见木不见林的思维方式。"③全球责任从根本上反对对任何地区的人民进行经济的或政治的剥削，它理解到这种情况不仅从人道主义角度而言是无

---

① ［美］丹尼尔·A. 科尔曼：《生态政治：建设一个绿色社会》，梅俊杰译，上海译文出版社2002年版，第117页。
② 同上，第122页。
③ 同上，第132页。

法接受的，而且从务实的现实角度而言也将无法维系环保的严正性与完整性。生态问题不是局限于特定的区域、特定的国家之内，生态危机是全球性的。因此，建设生态文明也需要从整体上、从全球的角度来考虑问题。

（4）责任。生态社会强调个人责任，但是，这种责任还必须与社会责任相融合。生态价值观认为："个人责任的行使必须纳入社会责任的框架，因为我们的行为只有在兼顾我们与他人的关系时才可取得最显著的效果。过度地关注个体的行为不仅不是解药，在某种程度上正是疾患本身。归根结底，是社会、社会结构、社会决策酿成了地球的灾难。"①个人和社会责任宣扬普遍联系背景中的相互依存性，追求整个社会而不仅仅局限于个人，是生态运动的积极目标。生态社会应当放心地把自我治理的责任托付给了解情况的公民。

（5）权力下放。生态社会的一个主要特征是权力下放，这样才能保持对环境多样性和社会多样性的敏感度。权力下放，意味着最贴近环境而生活的人最了解环境，有关的决策权和监督权应当掌握在他们手中。为行之有效，权力下放的原则必须应用于政治和经济的权力领域，以此作为加强基层民主运动的一部分。在一个对生态负责的世界秩序中，国家的和国际的组织必须重新定位，以扶持那些能使直接基层民主在地区层面乃至在全球层面发挥作用的组织形式。

---

① ［美］丹尼尔·A. 科尔曼：《生态政治：建设一个绿色社会》，梅俊杰译，上海译文出版社2002年版，第128页。

二、生态治理：实现生态文明的必然要求

生态文明的核心内容就是，在健康的政治共同体中，政府、个人与社会中介组织，或者民间组织，将公共利益作为最高诉求，通过多元参与，在对话、沟通、交流中，形成关于公共利益的共识，做出符合对大多数人利益的合法的决策。这种多元参与、良性互动、诉诸公共利益的治理形式，就是生态治理。生态治理是一种新的治理模式。

1. 生态治理是一种节约资源的治理。我国是一个资源紧缺的国家。人均水资源占有量仅相当于世界人均水资源占有量的1/4，人均耕地不足1.5亩，只有世界平均水平的1/4。最近七年间，我国耕地总量已从19.5亿亩降至18.89亿亩。因此，关系实现全面建设小康社会的目标，必须实现生态治理。生态治理要求必须重视节约资源、有效利用资源，使有限的资源实现效益的最大化。建设节约型社会是实现生态治理的重要举措。建设节约型社会关系到人与自然和谐相处。政府部门必须充分考虑资源的承受能力和涵养、接续能力，在合理增加资源的有效供给的同时，努力节约资源，保护环境，缓解资源硬约束。每个公民都应当增强资源意识和节约意识，从身边的小事做起，节约一张纸、一度电、一滴水、一块煤。

2. 生态治理是一种多元参与的治理。随着经济的发展，社会主体越来越多样化，利益格局也表现出多元性。因此，生态治理是一种多元主体共同参与的治理。这些主体包括政府、非政府组织、社会中介政治、民间组织、公民个体，以及企业等。治理的主体既可以是公共机构，也可以是私人机构。治理

是政治国家与公民社会的合作、政府与非政府组织的合作、公共机构与私人机构的合作、强制与自愿的合作。治理的主要特征"不再是监督,而是合同包工;不再是中央集权,而是权力分散;不再是由国家进行再分配,而是国家只负责管理;不再是行政部门的管理,而是根据市场原则的管理;不再是由国家'指导',而是由国家和私营部门合作"[①]。在生态治理中,需要权威,但不存在固定的、统一的权威。政府不是国家唯一的权威中心。各种公共的和私人的机构只要其行使的权力得到了公众的认可,就都可能成为在各个不同层面上的权威中心。

但是,在现代社会中,体制将我们规范成个体而不是社群一员或社会政治团体一员来发挥作用和看待自己。因此,我们需要创造出适合公民参与的制度。这种制度,既能让我们作为个体加以接受,又能让我们产生社群意识并重新体验民主。参与需要重新唤起公民意识,需要强调社群的共同利益,也需要遵循民主过程解决冲突。

3. 生态治理是一种良性互动的治理。生态治理的一个重要特征是,多元主体在追求公共利益过程中,形成良性互动的和谐关系。治理明确肯定了在涉及集体行为的各个社会公共机构之间存在着权力依赖。进一步说,致力于集体行动的组织必须依靠其他组织;为达到目的,各个组织必须交换资源、协商共同的目标;交换的结果不仅取决于各参与者的资源,而且也取决于游戏规则以及进行交换的环境。生态治理是人与自然的和谐相处的动态过程,它要求人类的经济活动必须维持在生态可承载的能力之内;生态治理是人与社会的良性互动过程,它主要通过合作、协商、伙伴关系、确立认同和共同的目标等方式

---

① 俞可平主编:《治理与善治》,社会科学文献出版社2000年版,第111页。

实施对公共事务的管理；生态治理的良性互动机制，建立在市场原则、公共利益和认同的基础之上，其权力向度是多元的、相互的，而不是单一的和自上而下的。

4. 生态治理是一种建立在基层民主之上的治理。基层民主要把公共政策领域通常自上而下的方法反过来，让民众和社群有权决定自己的生态命运和社会命运，也让民众有权探寻一种对环境和社会负责任的生活方式。"生态社会立足的基础是，其公民有能力通过积极参与自治，创立一个有爱心、可持续的社群。公民参与自治的过程被称为直接或参与型民主。因这一过程让广大民众介入其日常生活，人们也称之为基层民主。"[①]基层政治的基础就是培养一种有关政治权力、个人价值和胜任能力的感觉，这种感觉将需在行使公民权的过程中得到具体的体现。

5. 生态治理是一种通过善政走向善治的治理。善治就是使公共利益最大化的社会管理过程和管理活动。善治的本质特征，就在于它是政府与公民对公共生活的合作管理，是政治国家与公民社会的一种新颖关系，是两者的最佳状态。善治的基本要素有以下 10 个：合法性，法治，透明性，责任性，回应，有效，参与，稳定，廉洁，公正。[②]尽管经济全球化确实已经对传统的政治模式和公共管理产生了巨大的冲击，但是，在人类政治发展的今天和我们可以预见的将来，国家及其政府仍然是最重要的政治权力主体。在现实的政治发展中，政府仍然是社会前进的火车头，政府对人类实现善治仍然有着决定性的作

[①] [美] 丹尼尔·A. 科尔曼：《生态政治：建设一个绿色社会》，梅俊杰译，上海译文出版社 2002 年版，第 162 页。

[②] 俞可平：《善政——走向善治的关键》，载《文汇报》2004 年 1 月 19 日。

用。一言以蔽之，善政是通向善治的关键；欲达到善治，首先必须实现善政。抽象地说，善政的内容，一般都包括以下几个要素：严明的法度、清廉的官员、很高的行政效率、良好的行政服务。只要政府存在一天，善政都将是公民对于政府的期望和理想。在全球化背景下，政府应当具备以下8个要素：民主、责任、服务、质量、效益、专业、透明和廉洁。[①]

生态治理是全球化话语下善政与善治的新体现，是个体、社会组织与政府之间的多向互动。它追求一种更高意义上、更现代意义上的社会公正。其前提和基础是作为社会资本的公民社会。参与公共事务是每个公民不可或缺的意识与责任。生态治理是一种多元治理，强调公民参与、对话、协商、共识与公共利益。生态治理是以民主为基础的，民主是生态治理的前提。生态文明建设，必须与民主结合起来，生态文明呼唤一种新的知识语境与话语体系。它兼收并蓄了社会主义的公正与公平原则，在社会公正的基础上寻求社会效率，使公正与效率达到一种动态的和谐。

三、协商民主：生态治理的路径选择

生态治理是一种鼓励参与和对话、尊重差异、增强能力以及促进协调的治理，但是，现代工业社会兴起、发展的同时，伴随着对私有产权、个人权利的追求与界定，并通过规范的形式将个人利益合法化，由此，在政治上形成了一个以解决利益冲突为目标的过程，其理想状态是实现权力的平等分配，进而

[①] 俞可平：《善政——走向善治的关键》，载《文汇报》2004年1月19日。

在制度设计上,创造出"一人一票"的机制。但是,某些人实际上会比其他人获得更多的权力,并会以此进一步扩大彼此间的差距。既有的自由民主政治已经无法承担通过生态治理建设生态文明的任务。因此,"建立生态社会的战略必须依靠合作型生态地区的方式,只有这种方式才能以一种重新唤起的与社群利益休戚相关的意识去替代对竞争优势的不懈追求。与此相关,也应调动参与型民主制的政治艺术,因为这种民主制既力求平均分割权力、化解彼此冲突,又努力维护公民社群内的多样性"①。生态文明预示着人类的政治发展需要一种新的替代性选择,生态文明建设需要与民主联系起来。这种治理形式,在某种意义上就是建立在公民广泛参与基础之上的协商民主政治。

所谓协商民主,它指的是这样一种治理形式,平等、自由的公民借助对话、讨论、审议和协商,提出各种相关理由,尊重并理解他人的偏好,在广泛考虑公共利益的基础上,利用理性指导协商,从而赋予立法和决策以政治合法性。所以,作为一种治理形式,协商民主有助于人类建设生态文明。

1. 协商民主鼓励公民参与,在尊重不同利益和观点的基础上,遵循理性反思,从而促进合法决策。作为一种新的文明形态,寻求人与人、人与自然、人与社会之间的和谐是生态文明的内在要求。为此,就需要避免因为人类对自然的掠夺式开发造成的生态灾难,克服因为制度性障碍而导致的社会不公和非正义,以及消除因为利益、观点分歧而形成的人与人之间的不信任。导致这些危机的政府政策必须转向建立在平等自由公民的广泛参与基础之上。"政府政策必须对那些受此政策制约的

---

① [美]丹尼尔·A. 科尔曼:《生态政治:建设一个绿色社会》,梅俊杰译,上海译文出版社2002年版,第173页。

公民意愿负责，如果它们想成为合法的话。"①合法的政策才能有利于生态文明建设。

而"协商过程的政治合法性不仅仅出于多数的意愿，而且还基于集体的理性反思结果，这种反思是通过在政治上平等参与尊重所有公民道德和实践关怀的政策确定活动而完成的"②。首先，所有受决策影响的利益相关者都能够平等地参与决策过程，政治讨论包容所有的主体，没有人具有超越任何其他人的优先性。协商民主政治的程序自由和平等价值，意味着行为者不仅应该有平等参与政治决策的机会，也应该有平等的机会获得政治影响的权利。其次，决策是在公民及其代表的公共讨论和争论过程中形成的，理性具有超越个体自我利益与局限的优势。协商过程的实质性特征应该是以理性为基础。再则，形成决策的过程是将说服而非强制看做是政治的核心。参与者应该可以在获得最具说服力信息的基础上修改自己的建议，并接受对其建议的批判性审视。通过相互理解和妥协的过程达到一致，而不是将自己的观点强加给别人。

2. 协商民主尊重差异，并能够通过对话形成共识，从而化解冲突。在全球化的背景下，面对文化多元主义的事实，协商民主能够充分考虑少数族群和边缘群体。在全球化的过程中，具有文化独特性的少数民族和种族群体、不同的宗教信仰群体、原住民群体、弱势群体等，因为差异而产生了普遍的冲突和分歧。这些冲突已经不仅仅局限于经济利益，而且还涉及道德、原则等方面。因此，传统的代议制或其他政治设计已经不

---

① 薛晓源、周战超主编：《全球化与风险社会》，社会科学文献出版社 2005年版，第259—260页。

② Jorge M. Valadez, *Deliberative Democracy, Political Legitimacy, and Self-Determination in Multicultural Societies*, USA Westview Press, 2001, p. 32.

再是充分的解决冲突的路径。如何处理普遍文化冲突造成的挑战变成了现代政治生活的关键问题。"在这些条件下,民主协商是合理的,如果其特征是民主公民理性指导下的动态应用多元公共理性。各种解决多元道德冲突的路径源自这种协商,包括合作、制度分化和道德妥协。"①生态社会需要一种既能包容冲突又能化解冲突的民主设计,协商民主就是这种制度安排。在协商民主中,共识是协商的结果,是政治过程参与者在对话、沟通、交往基础上形成的,对所讨论问题表现出的一致性。共识是合法决策的基础,并能充分化解冲突。在生态治理过程中,存在分歧和差异是正常的,但无法形成共识,就无法避免冲突,因而也就无法促进生态文明的转型。

3. 协商民主能够通过参与明确责任,并使行为者个体以及社会共同承担建设生态文明的责任。协商过程的参与,使行为主体能够在对话过程中,明确自身与他人的责任,明确促进公共利益的政策建议来自各方的共识。在此基础上,公民有责任维护并促进公共利益,更好地确定支持特定政策的机构、政党和组织。参与协商过程的公民承担着一系列的特定责任。(1)提供理由说服协商过程中所有其他参与者的责任;(2)对其他作为理由和观点的理由与观点作出回应的责任;(3)根据协商过程提出的观点和理由修正各种建议以实现共同接受的建议的责任。②因此,科技时代所引发的任何危机,都可以把责任归结给个人、团体、政府及其他的相关组织。他们都应该为其所作所为承担相应的后果。责任需要成为普遍性的伦理原则。在

---

① James Bohman, *Public Deliberation: Pluralism, Complexity and Democracy*, The MIT Press, Cambridge, Massachusetts, London, England, 1996, p. 104.

② Maurizio Passerin D'entrèves ed., *Democracy as Public Deliberation: New Perspectives*, Manchester University Press, 2002, pp. 90 - 2.

"责任原则"之下，没有人能够逃避彼此休戚相关的责任要求。

4. 协商民主能够在交往与互动中培养公民精神。协商能够使公民看到个人行为与较大共同体利益之间的联系。作为协商民主的核心，协商过程是对当代自由民主中流行的个人主义和自利行为的矫正。通过公开审视个人决策的结果和假设，协商民主将使人们清楚地看到，政治共同体的每个人都是更大社会的一部分，其福利有赖于其承担属于自身的那份集体责任的意愿。此外，协商民主能够培养出维护健康民主所必需的公民美德，如政治共同体成员之间的相互理解、相互尊重。协商民主通过理解和尊重他人的需求和道德利益，不是强迫遵守那些无法了解的、与我们相疏离的道德要求，而使人们培养妥协和节制个人需要的意愿。"一般来说，交往在民主的发展中，需要有使个性与共性的完善发展的能力，即在主张自我的同时，也具有推测、了解、同情对方立场的能力。"[①]协商民主中的交往与互动强调倾听和表达的技巧，以及设身处地体谅他人的能力。这种交往本身就会创造一个熟练驾驭民主方式的公民群体。

协商民主过程的交往与互动诉诸公共利益，依赖于参与者对政治过程本身的共同理解。就像古代雅典民主那样，把推理、论辩、伦理、武术等诸方面的公民教育当做政治制度的核心，意在形成一个知识面宽、责任心强的公民群体。

价值观是有效行动的支柱，一种生态文明的价值观，不同于人类中心主义的价值观，也有别于自然中心主义的价值观。单纯关注自然，而不是在自然与人的关系中把握，对于旨在建设一个可持续的生态文明形态是无益的。因此，狭隘的价值观应该转向整体的视野，这样，才可以启发人们朝生态社会的目

[①] [日]尾关周二：《共生的理想：现代交往与共生、共同的思想》，卞崇道等译，中央编译出版社1996年版，第96页。

标迈开步伐。生态文明反映了人类处理自身活动与自然界关系的进步程度,是人与社会进步的重要标志。生态文明必将超越和替代工业文明。而只有经由广泛参与的协商政治之路,通过生态治理,才能实现人类文明的飞跃。

(原载《当代世界与社会主义》2006年第2期)

图书在版编目(CIP)数据

协商民主与国家治理:中国深化改革的新路向新解读/陈家刚著.
—北京:中央编译出版社,2014.1
(前瞻未来系列/俞可平主编)
ISBN 978-7-5117-1934-8

Ⅰ.①协…
Ⅱ.①陈…
Ⅲ.①政治体制改革-研究-中国
Ⅳ.①D6

中国版本图书馆 CIP 数据核字(2013)第 278734 号

协商民主与国家治理:中国深化改革的新路向新解读

出 版 人	刘明清
出版统筹	薛晓源
责任编辑	苗永姝　薛迎春
责任印制	尹　珺
出版发行	中央编译出版社
地　　址	北京西城区车公庄大街乙5号鸿儒大厦B座(100044)
电　　话	(010)52612345(总编室)　(010)52612335(编辑室)
	(010)66161011(团购部)　(010)52612332(网络销售)
	(010)66130345(发行部)　(010)66509618(读者服务部)
网　　址	www.cctphome.com
经　　销	全国新华书店
印　　刷	北京中印联印务有限公司
开　　本	787 毫米×1092 毫米　1/16
字　　数	220 千字
印　　张	19.75
版　　次	2014 年 1 月第 1 版第 1 次印刷
定　　价	58.00 元

本社常年法律顾问:北京市吴栾赵阎律师事务所律师　闫军　梁勤
凡有印装质量问题,本社负责调换,电话:(010)66509618